Ruth C. Cohn

Es geht ums Anteilnehmen

Die Begründerin der TZI
zur Persönlichkeitsentfaltung

Herder
Freiburg · Basel · Wien

Ergänzte Neuausgabe 1993
Herstellung: Freiburger Graphische Betriebe 1993
Umschlaggestaltung: Joseph Pölzelbauer
Umschlagbild: Robert Delaunay, Rythme, joie de vivre,
Privatsammlung

ISBN 3-451-04224-X

Inhalt

Einleitung: Es geht ums Anteilnehmen 7

Mit Menschen leben, arbeiten und Gruppen leiten . . . 12
Die Themenzentrierte Interaktion (Englisch: 1971)

Vom Sinn des Lebens und Lernens in der heutigen Zeit . 55
Gesprächspartner: Elmar Osswald (1983)

Ruth Cohns spontane Äußerungen (1981) 63

„Persönlich" 65
Gesprächsrunde mit Heidi Abel (1985)

Das „Du" und das „Sie" 88
Ein Leserbrief (1979)

Das menschliche Miteinander von Mann und Frau . . . 90
Gesprächspartnerin: Mechtild Buschmann (1986)

Gedanken zum Leben – Politisches in unserer Zeit . . . 103
Gesprächspartnerin: Dorothee Meili (1987)

Resignation als Chance zur Innovation? 113
Die Verantwortung der Wirtschaft für die Zukunft (1984)

„Wir können noch sehr viel tun" 118
Gesprächspartner: Burkhard Treude (1980)

„Sich zur eigenen Autorität und Fehlbarkeit bekennen" 127
Gesprächspartner: Albert Biesinger/Thomas Schreijäck (1985)

„Zuwenig geben ist Diebstahl – zuviel geben ist Mord!" . 142
Gesprächspartner: Otto Herz (1981)

... und wie fandest du deinen Weg? 153
Gesprächspartnerin: Eva Mezger (1985)

Vom Widerstand gegen Gewalt 165
Gesprächspartner: Lukas Hartmann (1986)

Flüchtlinge schaffen – Flüchtlinge aufnehmen (1988) . . 177

Ohne-Heimat-und-Adresse 179
Ein Gedicht von Ruth C. Cohn (1987)

Machbare Schöpfung – oder? (1987) 182

Vorurteile und Feindbilder (1987) 185

Wir brauchen Signale des Entsetzens (1987) 189

Angst im Alter 193

Literatur zur TZI 205

Die genaue Quellenangabe findet sich jeweils auf der ersten Seite des einzelnen Beitrags. – Den Autoren und Verlagen sei an dieser Stelle nochmals Dank gesagt für ihr Einverständnis und ihre Mithilfe am Zustandekommen dieses Taschenbuchs. – Die Titel der Gespräche sind nachträglich formuliert worden.

Einleitung

Es geht ums Anteilnehmen ...

Der Titel dieses Buches ist der Ausdruck meines Glaubens, daß Anteilnehmen an der eigenen Entwicklung, an anderen Menschen und an der Welt Aufgaben sind, die uns zufallen. Diese Aufgaben sind heute buchstäblich lebenswichtig. Es geht ums Anteilnehmen der einzelnen an der Gemeinschaft des Lebens. Es geht ums Anteilnehmen der Gemeinschaft am Leben der einzelnen.

Denn: Vereinzelung oder Vermassung sind gleichermaßen lebensfeindlich. Ich gehöre zum Universum als ein unendlich kleiner Teil. Ich nehme Anteil am Universum als Mensch.

„Wir können die Erde nicht mehr retten. Das müssen wir einfach akzeptieren. Ich bin überzeugt, daß es woanders im Universum Leben gibt oder geben wird. Die Erde wäre sowieso gestorben; ob das nun ein paar Jahrmillionen früher oder später passiert, durch den Menschen oder sowieso, ist doch egal. Wir Menschen sollten uns nicht so wichtig nehmen."

Solche Sätze höre ich oft. Das klingt ja auch vernünftig. Im Verhältnis zur Unendlichkeit scheint das zu stimmen.

Jedoch: „Nur mit dem Herzen sehen wir richtig. Das Wesentliche bleibt unseren Augen verborgen."

Etwas stimmt nicht an der Weltuntergangsprognose! Ist es mir gleich, ob meine Eltern oder meine Kinder zuerst sterben? Ist es mir gleich, ob ich ermordet werde oder natürlich sterbe? Nein! Es ist mir nicht gleich wann und wie. Ich will nicht ermordet werden. Ich will nicht die Erde töten!

Mein Glaube ist tief: Wir dürfen nicht töten; höchstens wenn wir Pflanzen und vielleicht Tiere zum Leben brauchen.

Als Menschen haben wir die geheimnisvolle Fähigkeit zu

wählen, was wir tun: Wir können abstrahieren, denken, Gut und Böse erspüren oder wenigstens darüber nachdenken. Wir versuchen, zwischen Echtheit und Falschheit, Güte und Bösartigkeit, Schönheit und Häßlichkeit zu unterscheiden.

Wir sind geboren mit Wahlberechtigung und Wahlverpflichtung. Sowohl Bedingtheiten als auch Freiheit sind uns auferlegt in unserem Erwachsenwerden; Gene und Geburt, Wahrnehmungs- und Einschätzungsfähigkeit, Voraussehen und Erinnern, dies alles gehört zu unserer lustvollen und qualvollen Freiheit in Begrenztheit.

*

Anteilnehmen gehört zu uns als Teilhabende an dieser Welt. An was und wie wir anteilnehmen, beruht auf unseren Fähigkeiten und unserer persönlichen Geschichte. Wir nehmen wahr, wir sind motiviert und wir handeln durch unsere Gefühle, Gedanken, Werte. Als Anteilnehmende antworten wir auf Geschehnisse – sind wir ver-antwort-lich.

Nachrichten gibt es im Überfluß. Sie können uns bis zur Resignation überschwemmen, zum Abstellen bringen, zur Wählerapathie. Zuviel wollen oder zuwenig wollen macht ohnmächtig. Wenn ich zuviel oder zuwenig anteilnehme an zuvielen oder zuwenigen Botschaften aus meinem Körper, an Nachrichten aus der Familie oder von Freunden oder aus der großen Welt, erschlafft etwas in mir; ich kann zum Gegner meines eigenen Lebens werden.

Doch ich kann mich auch als unendlich kleiner Teil der Welt ernst nehmen, wenn ich bewußt anteilnehme. Denn ich bin nicht ohnmächtig; ich kann nicht gar nichts. Ich bin nicht allmächtig, ich kann nicht alles. – Auch im Anteilnehmen und im Tun geht es ums menschliche Maß.

*

Stell Dir vor: ein Fisch im großen Glas, Rosendünger im Wasser. Rosendünger enthält ein Gift, das Fische krank macht und tötet. Ein Filmemacher und ein Programmverantwortlicher des Fernsehens wissen das. Sie haben das Gift und den Fisch im Wasser zusammengebracht.

Die Männer schauen zu und verewigen das Sterben des Fisches im Film. Die Qual des Fisches, einer Äsche, ist unübersehbar und un-überfühlbar. Die beiden Männer leiden mit ihm und danken ihm, wie die Indianer Kräutern und Jagdtieren danken, bevor sie sie essen. Dies stelle ich mir jedenfalls so vor. Denn diese Äsche war für die Männer so lebenswichtig wie Jagdtiere für den indianischen Volksstamm; denn sie denken an die Fernsehmenschheit und wollen im Film zeigen, was im Fluß Rhein durch einen Chemieunfall in Basel passiert war; nicht *einem* Fisch, sondern Tausenden von Fischen aller Art.

Die Männer wollen, daß die Zuschauenden sich den verzweifelten Todeskampf der Äsche ansehen und ihn nicht vergessen können. Das viele Minuten lange andauernde Leiden des umsichschlagenden Fisches ist sehr viel schwerer zu verdrängen als eine Zeitungslinie über zehntausend verendete Kreaturen. Die Filmemacher wollen, daß uns bewußt wird, wie Tiere in unseren Flüssen, Seen und Meeren täglich und nächtlich elendiglich umkommen. Vielleicht wollen sie noch mehr: nämlich daß wir uns das eigene Vergiftetwerden vorstellen, das von uns mehr oder weniger zur Kenntnis genommen wird und das auf uns zukommen kann mit unserem „business as usual".

Peter Aschwanden, Filmregisseur, und Walter Büschi, Fernsehprogrammleiter, wurden vor Gericht geladen wegen Verletzung des Tierschutzgesetzes und zu einer Buße von je hundert Franken verurteilt. (Vorläufig ist noch kein Strafverfahren in Sicht gegen die großen Verursacher des Fischsterbens durch die Giftseuche im Rhein, 1. Nov. 1986.). Vielleicht ist das auch gerecht. Wenn wir *alle* uns mit *weniger* bescheiden würden, gäbe es auch weniger Sondermüll.

Ich habe keinen Zweifel daran, daß die beiden Männer den Fisch verletzt und ermordet haben. Ich zweifle auch nicht, daß sie besten Willens waren und dem Fisch innerlich Abbitte leisteten; wahrscheinlich waren sie ebenso wie Indianer überzeugt, daß ihre „Jagd" zum Leben nötig war, um der physischen und ethischen Existenz der Menschheit willen. Ich bin nicht ganz so sicher, ob sie dies gewünschte Ziel erreicht hätten, selbst wenn der Film uns gezeigt worden wäre. Vielleicht würden viele Zuschauer den Film so aufnehmen, wie Brutalos, die wohl eher zur Verrohung und Nachahmung führen, als zum Verzicht. Das weiß ich wirklich nicht. Sowenig wie ich weiß, ob Mörder eines einzigen Fisches oder eines einzigen Menschen schuldiger sind, als Mörder eines Fischzugs oder der Menschheit. Dies zu beurteilen liegt außerhalb menschlicher Kompetenz.

Doch was ich weiß, ist, daß dieser arme kleine sterbende Fisch nicht wußte, warum er so leiden mußte – sowenig wie die Millionen anderer Fische, die in Seen, Flüssen und Meeren qualvoll sterben, und die nie gefilmt wurden.

Es genügte die Schwerkraft eines einzigen fallenden Apfels, der einem Menschen, Isaac Newton, zur Erkenntnis eines Naturgesetzes verhalf. *Ein* kleiner sterbender Fisch, gefilmt von sehenden Menschen, könnte vielleicht die „schwere Kraft" *eines* Apfels haben, der fiel wie andere auch, jedoch gesehen und bedacht wurde.

*

Viele Kinder der Armen werden nicht aus Freude geboren, sondern als Funktionsträger zur Familienerhaltung; auch Kinder der Reichen können Funktionen haben – vielleicht als Verwalter der Sippenmacht. Die Angst voreinander drückt sich aus in monströsen Gift- und Großwaffen und im Terrorarsenal von Kleinsttötungsinstrumenten. Beide, große und kleine, werden feuern und vergiften bis zum bitteren Ende, wenn nicht ...

Wenn nicht „die da oben", „die Politiker", wenn die „Diedas" ... „irgend jemand sollte doch" ...

Jeder ist Teil der Menschheit und des Lebens. Ein Millionstel, ein Trillionstel. Wenn Wassertropfen Bewußtheit hätten, wüßten sie, daß sie alle zusammen ein Meer bilden.

In jedem Krieg hat dies jeder Mensch gewußt und entsprechend gehandelt. Für den eigenen Stamm, für das Land, für die Nation. Es wurde gespart, an Gütern und Energie; es wurde rationiert, d.h. verteilt. Jedes Stück Boden, jede Kraft wurde genutzt; genutzt zur Unterstützung der Freunde und fürs Töten der Feinde.

Schon jetzt sorgen wir vor, mit Notrationen und Bunkern, für einen nächsten Krieg, – den zu verhindern eine Illusion sein soll. Und wie wäre es, wenn wir unsere Güter und Gaben dem Mutterland Erde und dem Vaterland Nation zugleich weihen würden? „Global denken und lokal handeln." Könnten wir nicht in kalten Kriegs- und Friedenszeiten vorsorgen für einen wärmenden Frieden?

Ich weiß, denn ich habe es erlebt, daß es heute sehr viele Menschen gibt, die mit dem Herzen das Wesentliche schauen und handeln. Es gibt diese Menschen. Sie solidarisieren sich in Netzwerken der Bewußtheit und der Hoffnung. Laotse: „Das Weiche besiegt das Harte."

Könnte es nicht sein, daß eine göttliche Schöpfer- und Liebeskraft, die sich auch im Menschen ausdrückt, uns hilft, Anteil zu nehmen am Leben der Unterdrückten und der Armen, so daß auch wir, Privilegierte, unsere Angst vor Armut und Elend und der Rache der Armen verlieren könnten.

Könnte es sein, daß ein Glaube, der Göttlichkeit oder Gott für sich selbst zu vereinnahmen erlaubt, absurd ist, Gott *gegen* die anderen – die Schwarzen oder die Weißen, die Reichen oder die Armen, die Juden, Türken, Tamilen, Zigeuner oder die Mächtigen? Gott gegen den Geist des Lebens? Das *ist* absurd.

Wenn wir alle Nachrichten der Welt und alle Güter in ein großes Gefäß füllten, und es schüttelten, würden wir wissen, daß genug da sein kann von Allem für Alle.

Hasliberg-Goldern im Frühjahr 1989
Ruth C. Cohn

Mit Menschen leben, arbeiten und Gruppen leiten

Die Themenzentrierte Interaktion (TZI)

Mit freundlicher Genehmigung der Herausgeber Gloria und Monroe Gottsegen und Leonard Blank und dem Macmillan Verlag, New York. Der Artikel erschien unter dem Titel „Living-Learning Encounters“ in „Confrontations: Encounters in Self- and Personal Advances“ (1971).

Diese Arbeit erschien ursprünglich in einem Sammelband von Artikeln amerikanischer Kollegen über erlebnistherapeutische und humanisierende Methoden und Techniken. Ich habe die Beispiele aus meiner amerikanischen Praxis der späten sechziger Jahre unverändert gelassen, da sie auch heute noch die wesentlichen Prinzipien der TZI widerspiegeln. Ich glaube, daß die damalige Darstellung die Lebendigkeit ihrer Neuheit besser vermitteln kann, als ich es heute vermöchte. Ich habe jedoch einige Modifikationen und Revisionen vorgenommen.

Wenn Menschen eine Sache, eine Aufgabe oder ein Thema lebhaft und bewegt miteinander besprechen, befinden sie sich in einer Situation Lebendigen Lernens (Living-Learning). Wenn Menschen sich bemühen, einander über ihre funktionalen Bezüge hinaus (z. B. „das ist der Busfahrer“ oder „dies ein Verkäufer“) wahrzunehmen, befinden sie sich in einem Living-Learning-Encounter (Begegnung). Living-Learning-Encounters sind unser tägliches wundersames Privileg, am lebendigen Kosmos beteiligt und miteinander in Berührung zu sein.

Lebendiges Lernen gehört zur Alltagsfeier des Menschseins, des Menschen, der aufnehmen, verändern und Neues erschaffen kann und will. Lebendiges Lernen bedeutet, sich freuen zu können an Bildern, Wahrnehmungen, Gefühlen, neuen Beziehungen, Gedanken, Bewegungen und Fertigkeiten und nie mehr Langeweile haben zu müssen. Lebendiges Lernen ist die Freude an Freiheit und Sachbeherrschung und Muße und Abenteuer – allein und mit anderen – Überraschung über Unvorhergesehenes und Neugier auf das Hier und Jetzt und Danach.

Der Begriff „Living-Learning“ wurde von Norman Liberman anläßlich der Gründung des „Workshop Institute for Living-Learning“ im Jahre 1966 geprägt. Wir suchten damals wochenlang nach einem Begriff, der den Prozeß des Lernens als lebendig, spannend, aktiv (und „with it“) charakterisieren würde. Die Bezeichnung WILL als Abkürzung für „Workshop Institute for Living-Learning“ ist zugleich in sich sinnvoll. Die erste Benennung der Methode hieß „WILL-Approach“ – für mich noch immer der bevorzugte Name, der jedoch der Bezeichnung TCI und TZI wich.

Der Begriff Lebendiges Lernen impliziert den Gegensatz zum Toten Lernen, das wir aushalten müssen, weil du und ich – unsere Gesellschaft – es zulassen, daß Leben in Stunden toten Lernens oder toten Arbeitens und Stunden der Freiheit und Lebendigkeit aufgesplittert wird. Schüler werden aufgefordert, für „später im Leben“ zu lernen, um ihre Lebensberechtigung und ihren Lebensunterhalt zu verdienen, während ihr Hier-und-Jetzt-Dasein dieser Zukunft geopfert wird. Diese Trennung von Leben und Lernen ist ein grausiger kultureller Tatbestand und keine biologische Notwendigkeit. Das Baby greift nach seinen Zehen, betrachtet ein surrendes buntes Windrädchen, gibt gurgelnde Laute von sich und formt sie zu artikulierten Wörtern: es strampelt, es zappelt, es lallt – und wird wütend und schreit, wenn ihm etwas nicht gelingt. Lernen und leben sind noch ungeteilt. Dann zwingt unsere Zivilisation Kinder in ungemäße Lern- und Verhaltensformen. Wir bieten ihnen aggressive und rivalisierende, statt individuierende und kooperative Verhaltensweisen an. Was ein lebendiger Lern- und Wachstumsprozeß sein sollte, wird zu einem „ich bin besser (schlechter) als Du“-Unternehmen, das entfremdende Motivationen einimpft und echte Lebenswerte zerstört.

TZI und Gruppentherapie

TZI wird durch die Ausbildungs- und Weiterbildungsprogramme des Internationalen Workshop Institute for Living-Learning und dessen Regionalgruppen gelehrt. (Kontaktadresse: WILL International, Sekretariat, c/o Thomas Becher, Schöngrundweg 11, CH-4144 Arlesheim.)

TZI ist ein systematischer Versuch, die Lebendigkeit der Living-Learning-Encouters (Begegnungen) nicht nur in Therapie- und Erfahrungsgruppen, sondern auch in Arbeitsgruppen zustande zu bringen – z. B. in Schulklassen, Mitarbeitergruppen, Kommissionen, Tagungen, Management, Gottesdienst, Forschungsteams, Bürgerinitiativen, Frauen/Männerbewegung usw. Die Themenzentrierte Interaktion wurde methodisch abgeleitet aus Prinzipien und Techniken der Gruppentherapie und anderen Lehr und Kommunikationsmethoden.

Die Gruppentherapie respektiert die Entfaltung des Individuums und fördert die Aufmerksamkeit der Gruppe für den Beitrag jedes einzelnen. Jedoch Gruppentherapie kennt nur *ein* Thema: „Ich möchte (mich) besser fühlen und besser funktionieren." TZI dagegen verlagert den Schwerpunkt von diesem *einen* Thema – Entwicklung des Wachstumspotentials des einzelnen – auf *alle* Aufgaben oder Themen, mit denen Menschen sich auseinanderzusetzen haben, ohne dabei die Einmaligkeit des einzelnen aus dem Auge zu verlieren.

Themen für angehende Polizisten waren z. B. „Trouble shooting without guns" (Wie verhindere ich Unruhen ohne Gewalt?) oder für Studenten „Turning on with Math" (Auf einen Trip gehen mit Mathe – geht das?), für Mitarbeiterbeziehungen „Ich selbst sein, ob ich schwarz bin oder weiß", oder für ein therapeutisches Forschungsteam „Themenzentrierte Interaktion – wer, wann, mit wem, und wie" etc.

Die Anwendung der TZI in interaktionellen Gruppen ist unbegrenzt. Die Teilnehmer können Kinder, Jugendliche oder Erwachsene sein. Die Themen können sich auf pädagogische, wissenschaftliche, künstlerische und organisatorische Fragen, aber auch auf die Bereiche Familie, Gemeinschaft und Zusammenleben beziehen. Die Interaktion kann verbale und nonverbale Mittel umfassen. TZI ist anwendbar in Gruppen aller Größen (von der Kleinst- bis zur Großgruppe), wobei die Strukturen und Modifikationen der konkreten Situationen entsprechen müssen.

Die Entstehung

Die Themenzentrierte Interaktionelle Methode entwickelte sich 1955 spontan in einer meiner psychoanalytischen Ausbildungsgruppen (in New York.)*

Als ich die Methode systematisch entwickelte, integrierte ich Ideen und Techniken aus anderen Quellen. Dazu gehörten speziell der therapeutischen Experimentalismus (Atlanta Psychiatric Clinic, Carl Whitaker und John Warkentin, 1963) und Gestalttherapie (1964–66 Fritz Perls und James Simkin). Die Weiterentwicklung geschieht speziell in der Anwendung des TZI-Systems und in den Workshop Institutes for Living-Learning; wir geben Workshops für Laien, bilden Gruppenleiter aus und fördern Weiterbildung von Fachleuten in ihren eigenen Berufen mit spezifischen Modifikationen der TZI.

Die Anwendung der TZI wird fortlaufend berufsspezifisch modifiziert. Z. B. Lehrer, Geistliche, Sozialarbeiter sowie Therapeuten, politisch und sozial engagierte Bürger und Organisationen finden Anleitung zum systematischen, humanisierenden Gruppenleiten.

Das TZI-System kann trotz seiner festen Struktur eine unbegrenzte Zahl von Techniken oder „Spielen" umfassen, einschließlich solcher, die vom Psychodrama (Moreno) und Behaviorismus herkommen oder die Video-Techniken von Jan Alger und Peter Hogan, die personellen und interaktionellen Spiele von Dan Malamud oder Encounter-Techniken von Elisabeth Mintz und Virgina Satir.

Hogan, Malamud und Mintz waren frühe WILL-Mitglieder; sie, Norman Liberman, Ruth Ronall und andere kreative Menschen haben mit ihren Ideen, ihrer Arbeit und ihrer Freundschaft mit dazu beigetragen, das System weiterzuentwickeln.

Jede Methode, die dem Rahmen der TZI-Prinzipien und ihrem expliziten Wertsystem nicht entgegensteht, ist prinzipiell integrierbar.

---

* Siehe: Gegenübertragung – ein psychoanalytischer-interaktioneller Workshop mit Psychoanalytikern. In „Von der Psychoanalyse zur Themenzentrierten Interaktion", Stuttgart: Klett-Verlag, 1975, S. 888.

Lebendiges Lernen – ein holistischer (ganzheitlicher) Ansatz

„I encounter you" heißt: ich begegne Dir; ich möchte Dich kennenlernen. Es bedeutet: Ich öffne mich für Dich mit meinen Sinnen, meinen Gefühlen, meinem Verstehen. Es heißt auch: Ich möchte, daß Du mich kennenlernst und möchte offen für Dich sein. Wir werden füreinander da sein, wenn auch Du mir echt begegnen und mit mir da sein möchtest. Es könnte sein, daß ich Dich (oder Du mich) zutiefst kennenlernen möchte(st) oder nur ein kleines bißchen. Je totaler die Begegnung, desto reicher werden wir sein.

Etwas aus der Begegnung mit Dir zu lernen, bedeutet, etwas von Dir in mir zu behalten. Ich kann nie in mir erleben, was *in* Dir ist, denn Deine Wahrnehmungen, Gedanken und Gefühle sind immer nur Deine eigenen. Jede Botschaft von Dir zu mir verändert sich auf dem Weg von Dir, dem „Sender", zu mir, dem „Empfänger". Stellen wir uns z. B. vor: Wir schauen beide einem Maler zu, der ein Bild malt. Dann sind mindestens drei Vorstellungen von diesem Bild im Raum: die des Malers, Deine und meine. Der Austausch unserer Eindrücke vergrößert unser aller Drei Wissen über uns als Person und über das Bild.

Der Mensch als psychobiologische Insel und als sozialkosmischer Anteil

Ich kann die Tatsache, daß wir „psychobiologische Inseln" sind, einfach als ein herrliches Abenteuer erleben. Ich kann die Chance der unendlich vielen Begegnungen und Lernerfahrungen spielerisch erfahren. Ich kann akzeptieren, daß wir in dieser Welt zwar als einzelne leben und doch gleichzeitig wissen, daß Brücken, Fähren, Flugzeuge und Raketen uns einander näherbringen – und sehr viel mehr noch: Lieder, Worte, ein Lächeln oder eine Berührung. Oder ich kann gegen unsere Isolation ankämpfen, indem ich mich bemühe, eine Phantasie-Symbiose oder eine autistische Isolation herauszustellen. Wenn ich dies tue, vergesse ich jedoch, daß sich alle Inseln im

Meeresgrunde treffen, und daß auch Galaxien der Himmelskörper einander einzeln und gebunden zugehören.

Wenn ein Mensch das Inselhafte der menschlichen Existenz – jene Eigenschaft, die die Menschen gleichzeitig trennt und verbindet – zu leugnen versucht, wird seine Kommunikation mit den anderen unrealistisch und eigentlich komisch. Wenn ich versuche, Dich von etwas zu überzeugen, das für mich selbstverständlich ist, handle ich aufgrund meiner speziellen Eigenart wie eine Mutter, die ihr Kind zum Essen zwingt: Das Kind, das das Aufgezwungene schlucken muß, hat seine eigene, selbstgesteuerte Lebenskraft und kann möglicherweise das Essen nicht vertragen, erbricht, oder bekommt Magengeschwüre und entwickelt Haß gegen seine Mutter. Ähnlich geht es, wenn ein Lehrer versucht, seinen Schülern Lehrstoff oder seine eigenen Meinungen auf eine – nämlich seine – Art und Weise einzuflößen, und wenn er erwartet, daß die Schüler die Welt so sehen wie er. Damit trägt er der Individualität der Menschen in ihrer Wahrnehmungsart, ihrem Fühlen und Denken, ihrem geschichtlichen Rahmen und ihrer eigenen Motivation nicht Rechnung; die individuellen Unterschiede geben jeder Tatsache, jedem Begriff, jeder Theorie, jeder Methode anders schattierte Bedeutungen und Perspektiven.

Der Zwangsernährung entspricht die zwangsweise „Fütterung" im Bereich von Lernen und Kommunikation. Das Essen kann im Magen des Kindes verschwinden wie Worte, Anordnungen und Äußerungen des Lehrers im Lernapparat des Schülers; aber dieses zwangsweise Lernen, bei dem die eigene lebensvolle Beteiligung des Schülers fehlt, ist totes Lernen. Es kommt mit großer Wahrscheinlichkeit unverdaut wieder heraus, oder es treibt den Schüler in Lethargie oder Wut oder – noch häufiger – in leblose Konformität. Die bedeutendsten musikalischen Werke, Worte, Formeln eines Bach, Shakespeare oder Einstein verfehlen ihre Wirkung auf Schüler, deren rezeptive und integrative Organe irregeleitet, gequält und überanstrengt sind.

„Lebendiges-Lernen“ ist ein Konzept, innerhalb der holistischen Philosophie. Diese umfaßt die Ganzheit des Empfindens, Fühlens und Denkens; sie geht davon aus, daß der Mensch ein Wesen ist, das Vergangenheit und Zukunft in seiner gegenwärtigen somatopsychischen und geistigen Existenz integriert. Diese Philosophie umfaßt das Paradox der Abhängigkeit des Menschen im Kausalitätsgebundenheit trotz seiner Entscheidungsfreiheit sowie die Komplexität seiner Existenz als einzelnes Individuum, weil er auch Teil des sozialen und materiellen Universums ist.

Im Niederschreiben dieser Gedanken komme ich mir etwas närrisch vor. Die Aussagen in diesem letzten Abschnitt erscheinen mir allzu selbstverständlich. Und doch zeigen die Tatsachen, daß in Schulen und Schulbüchern, bei Tagungen und Round-table-Gesprächen, in Programmen und Methoden fast überall totes Lernen praktiziert wird, als ob die Menschen datenverarbeitende Maschinen mit Input-, Integrations- und Output-Mechanismen wären; als ob sie gefüttert und mit kleinen Reparaturen anhand von Lohn und Strafe dazu gebracht werden könnten, reibungslos zu funktionieren. Der Mensch als lebendiges und geistiges Wesen wird vernachlässigt, die Schwierigkeiten der interpersonalen Kommunikation simplifiziert, der Prozeß übersehen. Die Tatsachen, daß das, was Du sagst, nicht das ist, was ich höre und daß das, was ich sicher weiß, von Dir bestritten – und vielleicht morgen schon von mir selbst verworfen wird – sind schwer zu erlernen; sie müssen immer wieder ausgesprochen werden, so wie die Gebote „Du sollst nicht töten“ oder das „Gnothi sauton“ (Erkenne Dich selbst).

Living-Learning-Encounters

Living-Learning-Encouters geschehen zwischen zwei, drei und mehr Menschen. Sie können gesprochen, getanzt, geküßt, gekämpft, geschrien werden. Sie können sogar auch – was allerdings viel schwieriger ist – beim Schreiben und Lesen geschehen. Ich, die Autorin, und Du, der Leser, wir befinden uns zum Beispiel in solch einem schwierigen Encounter. Die Schreiber-Leser-Beziehung ist eine Begegnung ohne Feedback. Ich, die Autorin, möchte Dich, meinen Leser, beeinflussen, Dich einströmen, Dir etwas bedeuten – mit meinen niedergeschriebenen Gefühlen, Gedanken, Erfahrungen. Doch ich muß das Risiko eingehen, nicht verstanden zu werden. Ich muß die existentielle Situation zwischen Schreibenden – Einsamkeit, ohne unmittelbare Reaktion – auf mich nehmen und an die Begegnung in meiner Phantasie glauben – (und Du?)

Schreibwiderstände lassen sich unter anderem aus der Einsamkeit des Schreibenden erklären. „Inter-writing" = kollektives Kleingruppenschreiben, bietet eine echte, oft wichtige Hilfestellung dar. Ich habe dies in vielen TZI-Workshops mit guten Resultaten erprobt.

Erfahren und Anwendungsmöglichkeiten Lebendigen Lernens

Lebendiges-Lernen kann im Alleinsein entstehen oder im Austausch mit anderen. Lebendiges-Lernen kann erfahren werden beim einsamen Lesen oder in der Hingabe an einen Sonnenuntergang am Meer oder im Begreifen einer mathematischen Formel. Jedoch selbst im Alleinsein bringen die meisten Menschen ihre Gefühle und Gedanken mit Menschen in Verbindung – den Eltern, einem geliebten Menschen, einem Lehrer, der Klasse, den Kollegen („Wenn sie doch hier wären und ich es ihnen erzählen könnte ..."). Und selbst, wo solche Phantasien nicht auftreten, besteht ein Zusammengehörigkeitsgefühl mit anderen – aufgrund früherer gemeinsamer Erlebnisse, gemeinsamer Symbole und einer gemeinsamen Sprache. Kein Mensch ist jemals völlig allein – er trägt in sich die Partnerschaft mit der vergangenen, gegenwärtigen und zukünftigen Umwelt. Nur in partizipierender Autonomie können wir existieren. Diese partizipierende autonome Ich-Wir-Beziehung kann in interaktionellen Gruppen konstruktiv gefördert werden; die Ich-Wir-Beziehung wird dehumanisiert, wenn diktatorisch totes Lernen praktiziert wird.

Unsere Schulen und Behörden sind bis jetzt noch skeptisch oder wissen nichts von der Nützlichkeit interaktioneller Gruppen. Unterricht und Konferenzen sind primär nicht nach den Bedürfnissen der einzelnen oder der Gruppe ausgerichtet, sondern themen- und leiterzentriert. Die Schüler bzw. Gruppenmitglieder erfahren, daß ihre Bedürfnisse oder Wünsche, ihre Fähigkeiten und interpersonellen Interessen, ihre Belastungen und Konflikte ignoriert oder negiert werden. Langeweile, Müdigkeit, Aggression und Resignation sind die Folge. Der weltweite Aufstand der Studenten und Arbeiter, glaube ich, ist nicht nur ein Phänomen ökonomischen und rassischen Ursprungs oder Mißbilligung der materiellen Zerstörung der Welt, sondern auch *Ausdruck des Verlangens, angehört und für voll genommen zu werden als lebendige, geistige, kreative Individuen – ein Aufstand gegen die Anonymität in einer Massenwelt.*

Der „weltweite Aufstand" Ende der 60er Jahre gegen die Dehumanisierung verstummte bald. Wirtschaftliche, politische und didaktische Unfreiheit sind im Anwachsen. Um so mehr wächst die Notwendigkeit, sich den noch möglichen Erziehungsveränderungen zuzuwenden und auch politisch den Kampf für humanisierende Schulmethoden aufzunehmen.

TZI stellt einen zeitgenössischen Ansatz dar, die unpersönliche Welt der Massenerziehung und Massenkommunikation zu personalisieren. Sie strebt danach, dem einzelnen zu helfen, seine sinnliche Wahrnehmung, sein Fühlen und Denken zur Entfaltung zu bringen, und auch in Arbeitsbeziehungen Menschen nicht zu verdinglichen. Auch sachliche Aufgaben können und sollten nicht als menschlich sinnlos erlebt werden müssen. Jeder Schul- und Arbeitstag kann sinnvoll sein, wenn die physische, emotionale, intellektuelle und spirituelle Einzigartigkeit der einzelnen respektiert wird. Deshalb will TZI Bewußtheit für das Wesentliche im Menschen wecken – sein Ichsein als einzelner, sein Wirsein als Gruppenmitglied. Der Zusammenhalt der Gruppe entsteht aus dem Bewußtsein des Ich-Seins und der Zwischenbeziehungen aller Ichs zum Wir und ihren Aufgaben. *Die themenzentrierte interaktionelle Gruppe bemüht sich um Bewußtwerdung und Förderung des Ich-Potentials, der Wir-Kohäsion und der Themen- und Aufgabener-*

füllung. Das strukturelle Bild der Themenzentrierten Interaktion (TZI) ist daher das Ich-Wir-Es-Dreieck: die Verbindung dreier Punkte von gleicher Wichtigkeit – Individuum, Gruppe und Thema –, das sich in der gegenseitigen Umgebungskugel, dem Globe, befindet.

Die Interaktionsgruppe

Die Interaktionsgruppe ist ein lebendiges, vielfädiges Ereignis lebendiger gegenseitiger Beeinflussung. Ich wurde mir ihres einzigartigen Potentials für lebendiges Lernen zum erstenmal bewußt, als ich die Leblosigkeit in den meisten Schulklassen, Mitarbeiterkonferenzen und besonders Hörsälen mit der Leidenschaft und dem Enthusiasmus verglich, die in Therapiegruppen entwickelt wurden. Hinzu kamen die wiederholte Versicherung von Gruppentherapie-Patienten, daß die Gruppe die wichtigste Lernerfahrung ihres Lebens sei.

Die Interaktion in der Gruppentherapie konzentriert sich auf die persönlichen Schwierigkeiten und das Wachstumspotential der Teilnehmer. Bei der Gruppentherapie geht es um persönliche Lebensanliegen – „wie kann ich besser leben, mit mir selbst und den anderen?"

Die Interaktion der Gruppenteilnehmer wendet sich diesem

Thema zu. Die Frage beunruhigte und faszinierte mich: war die Therapiegruppe so vital, weil sie sich vor allem mit den persönlichsten Fragen der Teilnehmer befaßte, oder könnte diese Lebendigkeit auch anderen als Selbsterkenntnisthemen verliehen werden? War etwas in der Gruppeninteraktion selbst, das diese Lebendigkeit ermöglichte? Vier Faktorenbereiche schienen ins Gewicht zu fallen: 1. die prinzipielle akzeptierende Haltung des Leiters, inklusive der Akzeptierung der negativen (depressiven, angstvollen, aggressiven etc.) Emotionen, die modellhaft auf die Gruppe wirkt. 2. die Stimulierung aller durch alle, die den Prozeß beschwingt, 3. die feste Strukturierung der Sitzungen (Zeit, Raum, Ziel, funktionelle Arbeitsverteilungen etc.), die den Arbeitsprozeß ordnet, 4. die Aufforderung, daß jeder Teilnehmer seinen eigenen Einstieg zum Besprochenen findet und seiner inneren Motivierung folgt.

Die strukturelle Aufgliederung dieses Prozesses, daß es sich um jeden Teilnehmer (Ich), um die Gruppeninteraktion (Wir) und um das Thema (Es) handelt, wird zur übertragbaren Formel für *alle* interaktionellen Gruppen. *Die spezifische TZI-Gruppe beruht auf der funktionalen Arbeitshypothese, daß die Person, die Gruppe und das Thema als gleichgewichtig behandelt werden, d.h. in dynamischer Balance gehalten werden sollen.* Ich, Wir, Es sind in der Gruppeninteraktion im ständigen Betonungswechsel, bleiben jedoch im Gesamtprozeß im interdependenten Gleichgewicht. Dabei ist die Realität des vielschichtigen Globe immer einzubeziehen.

Beispiele

Vater, Mutter und Kind sind zusammen in der Küche. Sie sind – laut Definition – eine Familie. Ob diese Familie eine *Gruppe* ist, hängt von ihrer Beziehung zueinander und ihrer Beschäftigung mit einem Thema (einer Aufgabe) ab. Der Vater bastelt vielleicht an einem Gerät, die Mutter kocht Essen, das Kind malt ein Bild. Sie können isolierte Individuen sein, sie können aber auch Interesse für die Gefühle und Aktivitäten der anderen zeigen. Sie können – implizit oder explizit – ein gemeinsames Thema haben, z. B. „Etwas für das Familienleben tun“,

„Unser Haus gemütlich machen", „verschiedene Dinge gemeinsam erledigen" oder sogar „Einander schikanieren". Diese und ähnliche Themen werden in verbaler und/oder nonverbaler Kommunikation zum Ausdruck gebracht.

Dieses dreifache Interesse an jedem einzelnen (Ich), an der Gruppe als Ganzes (Wir) und an der Aktivität und/oder am Thema (Es) bewirkt, daß Vater, Mutter und Kind in der Küche eine Gruppe sind und nicht nur eine Ansammlung von Menschen.

Eine Cocktailparty: Menschen gehen im Raum umher. Ich begegne einem anderen „Ich" und noch einem. Jedes „Ich" verfolgt seine eigenen Interessen: alte Bekannte treffen, neue Leute kennelernen, Kleider sehen lassen, Geld für irgendeinen Zweck „locker machen", Essen und Trinken oder die Konversation genießen, Bilder an den Wänden betrachten. Es gibt Begegnungen von „Ich" zu „Ich", aber kein gemeinsames Thema. Es entwickelt sich kein „Wir" (außer vielleicht in einigen flüchtigen Untergruppen mit privaten Themen). *Dies ist ein Zeichen der Isolation des einzelnen in der Gruppe.*

Auditorium: Ein Professor (oder ein Geistlicher) spricht vor vielen Zuhörern über ein Thema. Wenn der Redner gute Gedanken, ein lebhaftes Auftreten und eine klare, überzeugende Art zu sprechen hat und wenn er die Interessen seiner Zuhörer kennt oder ihnen zumindest gerecht wird, schafft er eine vielseitige Themen-Ich-Beziehung zwischen sich und den Zuhörern. Viele isolierte „Ichs" stehen also nur zum Redner in Beziehung. Ein „Wir" wird nicht entwickelt, weil es kaum Kommunikation vom Zuhörer zum Redner und vom Zuhörer zu den Mit-Zuhörern gibt. Viele Linien laufen von den Ichs zum Redner und zum Es; das Wir wird nur durch nonverbale, unkontrollierte, „dünne" Linien zwischen den Zuhörern (peers) repräsentiert. Ich bezeichne dies als „Star-Beziehung", bei der alle Linien von den Teilnehmern zum Redner, dem „Star", und zum Thema laufen. Aus der Ich-Wir-Es-Perspektive betrachtet kommt das Wir zu kurz. Es bildet sich keine Gruppe. – *Dies ist ein Kleinlabor kultureller Indoktrination.*

In einem akademischen Seminar setzen sich Dozent und Studenten mit Themen auseinander. Das offizielle Thema kann Plato, Trigonometrie, Forstwirtschaft oder Kubismus sein. Unausgesprochene Faktoren sind der Status des Dozenten und die Zensuren der Studenten. Dozent und Studenten können sich für das offizielle Thema interessieren – oder auch nicht. Ihre eigentlichen Interessen mögen ganz woanders liegen oder auch nicht. Das „Es", das Thema, steht im Vordergrund, die Ich-Beteiligung mag nur eine schmale intellektuelle Seite betreffen, die jedoch die gesamte Living-Learning-Energie aufzehrt. Die Wir-Kohäsion kann bruchstückhaft sein. Es wird keine Gruppe gebildet. – *Das ist ein Kleinlabor rivalisierender Zivilisation.*

Eine Familie schmückt den Weihnachtsbaum. Vater stellt den Baum auf und befestigt die Kerzen. Die großen Kinder hängen Christbaumschmuck auf. Großmutter macht abgerissene Aufhänger wieder fest. Mutter hilft den Kleinen, Girlanden aus Papier zuzuschneiden. Wenn diese Tätigkeiten Ausdruck der Stimmung innerhalb der Familie und des Wunsches sind, dies gemeinsam zu tun, hat sich eine Gruppe gebildet. Die Eltern befassen sich nicht nur damit, den Baum zu schmücken, sondern helfen, manuelle, ästhetische und interpersonelle, auch Leistungsfertigkeiten zu entwickeln. Sie stärken die emontionalen und persongerechten Möglichkeiten aller, auch der Großeltern. – *Dies kann eine Living-Learning-Gruppe sein.*

Eine Therapiegruppe setzt sich mit dem Thema auseinander: „Ich möchte (mich) besser fühlen und besser funktionieren". Die Teilnehmer interessieren sich z. B. für die Schwierigkeiten, die einer von ihnen mit seinem Vorgesetzten hat. Der Patient schildert seine Gefühle gegenüber seinem Chef und gegenüber dem Therapeuten. Die Gruppenmitglieder bringen ihre Erfahrungen mit denen des Mitpatienten in Verbindung. Sie sprechen über ihre eigenen Gefühle diesem Mann gegenüber und über ihr Verhältnis zu Autoritätspersonen. Der Gruppentherapeut bezieht sich direkt und persönlich auf diese Patienten, zur Gruppe als Ganzes und zu sich selbst. Die Menschen in dieser therapeutischen Sitzung sind eine Gruppe – aufmerksam eingestellt auf das Ich-Wir-Es-Globe. Auch dies kann eine *Living-Learning-Gruppe sein.*

Der Ich-Wir-Es-Globe-Ansatz

Beim Initiieren und Praktizieren des Themenzentrierten Interaktionellen Systems habe ich mich bemüht, eine Gruppenstruktur zu schaffen, die Lebendiges-Lernen in Klassenzimmern, Forschungsgruppen, round-table-Konferenzen und überall dorthin bringen sollte, wo Menschen zu pädagogischen, organisatorischen, Forschungs- und anderen gesellschaftspolitischen Zwecken zusammenkommen. Solche Modelle, die öfter spontan in Familien oder in Gruppentherapie entstehen, sind bisher kaum in Bildungsstätten und Organisationen entwickelt worden. Sie fehlen sowohl in thematischen (akademischen) Lehrprogrammen als auch in klinischen und pädagogischen Beratungszentren.

Philosophische Basis der TZI

Die philosophische Basis des TZI-Systems ist holistisch, d.h. ganzheitlich. Die Ganzheit des Menschen umfaßt eine Fülle von Aspekten: Er ist ein psycho-biologisches Wesen, das wahrnimmt *und* fühlt *und* denkt *und* glaubt. Er ist ein Wesen, das seine Vergangenheit, Gegenwart und Zukunft prägt und selbst von ihnen geprägt wird. Die Gegenwart, das Hier-und-Jetzt ist der Augenblick des Erlebens und Entscheidens. Seine Vergangenheit und Zukunft enthalten die Basis für dieses Erleben und Entscheiden. Der Mensch ist auch partizipierender Partner im Universum. Seine Partnerschaft wird von allen bestimmt und bestimmt ihrerseits alle anderen. Der Mensch ist autonom und interdependent (d.h. eigenständig und in universaler Abhängigkeit). Ein Mensch - ein Ich - lebt und verhält sich gut im Fluß des Lebens, wenn er im Bewußtsein und unter Berücksichtigung seiner Eigenständigkeit und Partnerschaft lebt; er wird zur Last seiner selbst oder der Gemeinschaft (asozial), wenn er seine Autonomie in Autismus und seine Interdependenz in die Illusion völliger Unabhängigkeit oder in hilflose Abhängigkeit verkehrt.

Den Geist Lebendigen-Lernens in einer interaktionellen Gruppe zu fördern bedeutet, daß unveräußerliche Recht jedes einzelnen und die Realität, autonom und interdependent zu sein, zu akzeptieren.

Nur das Ich, nur das Individuum kennt seine eigenen Empfindungen, Gefühle, Wünsche und Ambitionen. Keine äußere Wahrnehmung kommt der intrapsychischen Selbst-Kenntnis gleich. Jedoch kann ein Außenstehender viel von einem anderen Menschen wahrnehmen und intuitiv erkennen, wenn er seine eigene Bewußtheit und Sensitivität für die Realität der anderen schult und nicht seinen Projektionen verfällt. Dann kann er auch den andern in seiner Suche nach Selbsterkenntnis und Selbstverwirklichung fördern.

Das existentielle Phänomen, daß der Mensch im Zentrum seiner eigenen Welt steht, erlegt ihm Verantwortung für seine eigenen Erfahrungen und sein Handeln auf. (Niemand kann den Kern meiner eigenen Existenz ersetzen.)

Der Globe

Themenzentrierte Interaktion beruht auf der Bewußtheit, was eine interaktionelle Gruppe ausmacht, und Fähigkeiten, ihren Prozeß und ihre Struktur dynamisch und konstruktiv mitzugestalten. Die Gruppe ist ein Zusammentreffen von Menschen, die sich einander und einem Thema zuwenden. TZI ermutigt Bewußtheit des wechselnden Zusammenspiels aller strukturellen Prozeß-Faktoren.

Die Faktoren des Ich-Wir-Es bestimmen die jeweilige Balance der Gruppe. Auch eine Gruppe ist jedoch nicht isoliert, sondern in konzentrischen Kreisen von Umweltbedingungen eingebettet. Dazu gehören die Gegebenheiten von Zeit und Raum und der Abhängigkeiten der Teilnehmer von ihren persönlichen und sozialen Abhängigkeiten, die die Motivation und Art der Teilnahme der Mitglieder bestimmten. Zu den Globe-Fakten eines Workshops gehören auch unveränderbare oder flexible Zeitpläne, z. B. soundsoviele Stunden pro Woche, Wochenenden, Abende oder Tage usw. Der Raum kann ein Klassenzimmer, eine Tagungsstätte, ein Heim, ein Büro oder ein beliebiger anderer (vorzugsweise abgelegener) Ort sein. Flexibilität im weitesten Sinne ist möglich und notwendig – man kann Gruppentreffen auch an einer Straßenecke, in Restaurants usw. abhalten.

Der „Globe“ ist grundlegend für den Zweck eines TZI-Treffens. Die Gruppe kann ihren Zweck selbst bestimmen und leiten oder sie kann einen Außenleiter anstellen; oder eine Gruppe kann durch eine Ausschreibung zusammenkommen. Zweck oder Ziel können aber auch von Leuten bestimmt werden, die Macht über andere haben, wie z. B. Lehrer über Kinder, Arbeitgeber über Angestellte, Vollzugsbeamte über Gefangene.

Der „Globe“ umfaßt auch die Konstellation der Gruppenmitglieder. Sind sie sich zu Beginn alle unbekannt oder kennen sich einige (alle) bereits? Stehen sie Fremden feindlich oder aufgeschlossen gegenüber? Es ist sehr wichtig, diese Konstellation so weit wie möglich in Erfahrung zu bringen und zu berücksichtigen. Einmal leitete ich zum Beispiel eine Wochenendgruppe von Geistlichen, die – das wußte ich – von verschiedenen Religionsgemeinschaften und Orten herkamen. Ich war jedoch nicht darüber informiert, daß sich die Hälfte dieser Teilnehmer schon ein halbes Jahres lang wöchentlich getroffen hatte, während die übrigen sich fremd waren. Es ergab sich eine unterschwellige Feindseligkeit zwischen diesen beiden Untergruppen, die erst beseitigt werden konnte, als die „Globe“-Faktoren bekannt geworden waren.

Manchmal empfängt eine Zwangsgruppe („captive-group“) den Gruppenleiter wie einen Spitzel und betrachtet den Workshop als „brainwashing“, dem man sich widersetzen muß. Nur wenn solche „Globe“-Faktoren geklärt sind, können Living-Learning-Encounters zustande kommen. Die meisten Schwierigkeiten in interaktionellen Workshops ergeben sich nicht aus den offenen sichtbaren Interaktionen, sondern entstehen aus versteckten, unaufgedeckten, emotional beeinflussenden Konstellationen und tatsächlichen oder vermuteten Manipulationen durch außenstehende, geheime Einflüsse. Sobald diese Schwierigkeiten erkannt sind, entsteht die Aufforderung, sie zu beheben.

Ich wurde als Leiterin zu einem Workshop in einer psychiatrischen Klinik eingeladen, um zur Beziehungserklärung der Mitarbeiter beizutragen. Die Arbeit schien einfach zu sein; die Leute waren eifrig und kooperativ. Erst nach relativ langer Zeit erfuhr ich, daß diejenigen Kollegen, die mit dem Direktor (der diesen Workshop arrangiert hatte) nicht gut auskamen, überhaupt nicht gekommen waren! Das Zwei-Parteien-System äußerte sich in Nicht-Teilnahme.

Ich wurde eingeladen, in einem Growth Center im Süden der USA einen Workshop zu leiten. Kurze Zeit darauf erhielt ich ein Schreiben von einer anderen, nicht weit entfernten Organisation, in dem sie mir mitteilten, daß sie sich diesem Workshop gerne anschließen würden und die Teilnahme vereinbart hatten. Ein paar Tage vor Beginn wurde ich vom Vertreter der ersten Organisation informiert, daß nun mehr Anmeldungen vorlagen, als ich als Maximum vereinbart hatte. Ich sagte, das würde nichts ausmachen, wenn ich einen Ko-Leiter mitbringen dürfte. Das wurde von meinem Gesprächspartner akzeptiert. Bei meiner Ankunft – wenige Stunden vor der meines Ko-Leiters – empfing mich der Vertreter der zweiten Gruppe wutentbrannt. *Er* war nicht damit einverstanden gewesen, einen Ko-Leiter zu akzeptieren und er würde seiner Gruppe nahelagen, abzureisen. Mein junger Ko-Leiter (der ein Schwarzer war – was die Vertreter der beiden Organisationen vorher nicht gewußt hatten) und ich hatten eine schlimme Phase durchzustehen, bis wir die Atmosphäre so weit gereinigt hatten, daß wir arbeiten konnten. Die ungenügende Kommunikation vor dem Workshop war ein typischer „Globe"-Fehler; ich hätte mit beiden Organisationen direkt verhandeln und die Wahl meines Ko-Leiters ankündigen müssen.

Im Anschluß an eine Konferenz in Wien (meiner ersten Konferenzteilnahme in Europa, 1968, anläßlich eines Symposiums über Supervisionsgruppen), bei der ich einen Vortrag über das TZI-System gehalten hatte, war ich als „Consultant for the Staff" von einem Verband für Gruppentherapie nach England eingeladen worden – anläßlich eines zweiwöchigen

Trainings für „mental health workers“ und Lehrer. Ich nahm an, daß ich eingeladen worden war, um den WILL-Approach einzuführen. Die Veranstalter und ich kämpften vier Tage miteinander, bis wir herausfanden, daß sie von mir Hilfe für ihre eigenen Methoden erwartet hatten und nicht die Einführung der TZI. Da ich in theoretischen und praktischen Fragen in Opposition zu dem Credo der einladenden Organisation (der Gruppenleiter als Beobachter und nicht als aktiver Teilnehmer) stand, waren wir in einer schwierigen Situation. Die Fehleinschätzung des „Globe“ brachte die Veranstalter und mich in Konflikt.

Die Aufgaben des Gruppenleiters

In einem themenzentrierten interaktionellen Workshop fungiert der Gruppenleiter als Hüter der Methode. Dazu gehört die Bewußtmachung des Globe, in der das interaktionelle Dreieck eingebettet ist. Diese Aufgabe fängt vor dem Zusammentreffen der Gruppe an. Es ist seine erste und wichtigste Aufgabe, die Vorbereitung des Workshops in Bewußtheit von Zeit, Raum und Umweltbedingungen zu treffen und Themen und Struktur optimal auf den Zweck der Gruppenzusammenkünfte abzustimmen *.

---

* Siehe: Seite 206 in: „Von der Psychoanalyse zur Themenzentrierten Interaktion. Von der Behandlung einzelner zu einer Pädagogik für alle.“ Stuttgart: Ernst Klett, 1975. Meine pädagogisch-therapeutische Projekt-Planungs-Formel in „Bausteine“.

Planung der Struktur und Ablauf des Prozesses mit Rücksicht auf Globe

Zeit, Raum, Personenwahl und Themen müssen optimal auf den Sinn des Workshops ausgerichtet sein. Andererseits muß sich das Projekt auch ungünstigen Bedingungen anpassen können.

Beispiel
Thema: Segregation-Kollision-Koexistenz-Intergration

Teilnehmer und ihr Ziel: Ausbildung von Gruppentherapeuten zu TZI-Gruppenleitern und Mitarbeitern des Workshop Institute for Living-Learning, N. Y.

Zeit: Herbst 1966. Ein Wochenende.

Ort: Renée Nell's „The Country Place" (ein Half-Way-House in Connecticut). Die Hausbewohner (Patienten und Mitarbeiter) nahmen an dem Programm teil, Renée Nell, Psychotherapeutin und Leiterin des „Country Place" als Gastmitglied der auszubildenden WILL-Kandidaten.

Ziel der Strukturierung

Ich wollte den Teilnehmer/innen innerhalb des Trainingswochenendes *Absonderungssituationen erfahrbar machen.* Dies sollte für jeden Teilnehmer in vier von acht sich ergänzenden Gruppenpaaren geschehen: 1. Die Bewohner des „Country Place" (Laien) und die WILL-Gruppe (Fachleute), 2. Schwarze und Weiße, 3. Männer und Frauen, 4. Juden und Christen. Jeder Teilnehmer gehörte zu einer Kategorie jedes dieser Paare. Jede Sektion arbeitete eine halbe Stunde lang in Absonderung. *Jeder einzelne machte also vier verschiedene Erfahrungen, während er „mit seinesgleichen" abgesondert war.* Jede Gruppe hatte einen Gruppenleiter, der zu der betreffenden Kategorie gehörte.

Arbeitsplan:

Freitag abend Anreise
Abendbrot (WILL-Gäste und Hausbewohner gemeinsam).
21.30–23.00 Uhr Thema: *Prinzipien und Techniken* der Themenzentrierten Interaktion (nur WILL-Gruppe)
Leiterin: Ruth C. Cohn

Samstag
9.00– 9.30 Uhr Frühstück
9.30–11.30 Uhr Thema: *Segregation: Wie erlebe ich es, in dieser Gruppe zu sein und nicht in den anderen Raum gehen zu dürfen?*
Wechsel der Gruppenzusammensetzung nach je ½ Stunde.

		Gruppen	*Ort*	*Gruppenleiter*
1	9.30 bis 10	nur WILL-Gäste	Wohnraum	Ruth C. Cohn
		nur Hausbewohner	Bibliothek	Renée Nell
2	10 bis 10.30	nur Weiße	Wohnraum	Norman Liberman
		nur Schwarze	Bibliothek	Win Adams (abw.)
3	10.30 bis 11	nur Frauen	Wohnraum	Vivian Guze
		nur Männer	Bibliothek	Stanley Hayden
4	11 bis 11.30	nur Christen	Wohnraum	Hans Priester
		nur Juden	Bibliothek	Leonard Schwartz

11.45–13.15 Uhr *Besprechung des Themas für WILL u. TZI*
Thema: Segregation–? Kollision-Koexistenz-Integration.
13.15–16.00 Uhr Mittagessen und Freizeit
(einschließlich sportlicher Betätigung drinnen und draußen)
16.00–17.30 Uhr Thema: *Segregation und Kollision.*
Hausbewohner und WILL-Gäste (Erlebnis- und Bedeutungsbesprechung).
17.30–19.00 Uhr Thema: *Koexistenz und Integration*
Kleine heterogene Gruppen von WILL-Teilnehmern und Hausbewohnern (Erlebnis- und Bedeutungsbesprechung).
19.30 Uhr Abendbrot
abends „Happenings", initiiert von Renée Nell und Hausbewohnern.

Sonntag:
9.00– 9.30 Uhr Frühstück
9.30–11.00 Uhr *Übungen zum Gruppenleiten mit TZI-Workshop-Techniken* in kleinen heterogenen Gruppen mit Themen, wie z. B. „Wie befreie ich meine Kreativität?", „Freiheit und Bindung", „Nonverbale Kommunikation" (ausgewählt von Hausbewohnern und WILL-Gruppe).
11.15–13.00 Uhr Workshop über *„Leitung themenzentrierter interaktioneller Workshops"* und über die Gründung des „Workshop Institute" for Living-Learning. Nur WILL-Gruppe.
13.00 Uhr Mittagessen
Ende des Programms.

Zu jener Zeit war die Fertigkeit der Themenformulierung noch nicht als wesentliches Element ausgearbeitet. Was hier „Thema" genannt wird, sind oft im heutigen System „Überschriften" – d.h. noch nicht TZI-gemäße konkretisierende Themen (S. 168 des Buches „Von der Psychoanalyse zur Themenzentrierten Interaktion"). Andere Arbeiten darüber in Vorbereitung.

Ich teilte den verschiedenen Gruppen die Räume – Bibliothek und Wohnraum – der Gruppengröße entsprechend zu. *Thema: „Wie erlebe ich es, in dieser Gruppe zu sein und nicht in den anderen Raum, zu den anderen gehen zu dürfen?"* (Jede Gruppe hatte einen geschulten TZI-Workshop-Leiter, außer der Gruppe der Schwarzen, deren Leiter krank war).

1. Sitzung, Trennung: Hausbewohner und WILL-Gäste

Die Gruppe der Hausbewohner empfand die Absonderung von den Gästen als unfreundlichen Akt. Warum wurden *sie* in die Bibliothek „verbannt", während die „Seelendoktoren" *ihren* Wohnraum hatten? Feindseligkeit herrschte vor; Vorsicht gegen diese Fremden wurde angeraten.

Die entsprechende Gruppe der WILL-Leute fühlte sich relativ zu Hause. Keine Gefühle der Diskriminierung anderer oder der eigenen Benachteiligung wurden geäußert. „Ich fühle mich wie immer." „Wir kennen die Situation doch gut." – „Ich war noch nie mit *drei* schwarzen Kollegen zusammen in einem Raum ..."

Die Gruppe, deren Aufgabe eigentlich war, Absonderung als Fachleute zu erfahren, kam statt dessen auf die Frage der Rassentrennung. Die „in-group"-Erfahrung, als Schwarze und Weiße in *einer* Fachgruppe beisammen zu sein, war emotionell vorherrschend. Die Gruppe hätte mehr als eine halbe Stunde gebraucht, um diese „Störung des Themas" aufarbeiten und sich dann der *im* Thema gestellten Frage produktiv zuwenden zu können.

2. Sitzung, Trennung: Schwarze und Weiße

Nach einer halben Stunde schrieb der Zeitplan die Trennung von *Schwarzen und Weißen* vor. Die schwarzen Therapeuten verließen den Wohnraum, um zu dem einzigen schwarzen Hausbewohner in die Bibliothek zu gehen. Die drei freien Stühle unserer schwarzen Kollegen wurden von weißen Hausbewohnern besetzt. Das war für einige von uns Weißen schmerzlich. Der Raum war überfüllt durch das Hinzukommen von ca. 18 Hausbewohnern zu den schon anwesenden 12 weißen WILL-Gästen. „Das ist keine Gruppe." „Wir sind zu viele, um miteinander kommunizieren zu können." Die Hausbewohner brachten ihre Feindseligkeit wegen unseres Eindringens in *ihren* Wohnraum zum Ausdruck. Wir empfanden genauso hinsichtlich ihres Dazukommens. Die Gruppe war emotional gespalten in „wir", eine miteinander bekannte WILL-Gruppe aus New York, und „Die-da", die Country-Place-Bewohner, und umgekehrt. Nach einiger Feindseligkeit wurde unser Interesse, einander kennenzulernen, dominant. Doch die unmittelbare Erfahrung der verlassenen und neu besetzten Stühle hinterließ in einigen von uns unterschwellige ungute Gefühle.

Die Schwarzen empfanden ihre geringe Anzahl als beunruhigend. Daß nur ein einziger schwarzer Hausbewohner und nur drei schwarze Fachleute anwesend waren, wurde zum Hauptthema. Die Flachheit der Beziehungen unterstrich unsere Hemmung, unseren Vorurteilen auf den Grund zu gehen. Die Schuld der Gesellschaft war auch in uns.

Die rapide Veränderung in Schwarz-Weiß-Beziehungen der späten

60er und 70er Jahre zeigte sich bald auch in WILL. Statt der noch 1966 erhofften Integration wurde die totale Trennung von Schwarzen und Weißen das Anliegen der Schwarzen, und trotz aller persönlichen und finanziellen Linderungsversuche folgte eine Periode der Absonderung. Der heutige Trend scheint mir in beide Richtungen zu weisen: Absonderung und bessere Beziehungen.

3. Sitzung, Trennung: Männer und Frauen
Die Uhr schickte die Männer in die Bibliothek.

Die *Frauen* blieben im Wohnzimmer. Zu uns weißen Frauen kam eine schwarze Therapeutin hinzu. Die Gruppengröße war angenehm. Es wurde geplaudert und gekichert. Stricknadeln klapperten. „Warum vermissen wir die Männer nicht?" – „Es ist ja nur für eine halbe Stunde." – „Es ist so schön, das Gefühl zu haben, als seien wir wieder im College." – „Mal so einfach gemütlich die Beine hochlegen, ohne die Röcke über die Knie zu ziehen."

Daß eine schwarze Therapeutin anwesend war, wurde von einer weißen Kollegin erwähnt. Diese Feststellung störte. Die Leichtigkeit war verflogen. Wir fingen an, uns damit auseinanderzusetzen.

Die *Männer* berichteten von einem unglückseligen Gruppengeist. Sie fühlten sich verdonnert. „Laßt mich hier raus!" – „Wir steuern langsam aber sicher auf eine Kollision zu." – Sie waren neugierig, was wohl in der Frauengruppe passierte. Gespräche in kleinen Untergruppen folgten. Die Uhr schlug zur letzten geteilten Gruppensitzung: Juden und Christen. Das verhinderte gerade noch eine offene Rebellion der Männer und ihr Ausbrechen aus dem Absonderungsraum.

4. Sitzung: Trennung: Juden und Christen
In der *Gruppe der Juden* herrschten offene Feindseligkeit und Spaltung. „Ich hasse die deutschen Juden; sie bilden sich ein, was Besseres zu sein." – „Amerikanische Juden schließen uns aus." – „Jeder Mensch, den ich gern mag, ist für mich Jude – ganz egal, ob er es wirklich ist oder nicht." – „Ich *fühle* mich nicht als Jude, ich *weiß* nur, daß ich es bin." – „Wie kannst Du sagen, Du seist Jude, wenn es Dir nichts ausmacht, daß Dein Kind einen Goi (Nichtjuden) heiratet?"

Das Spaltungserlebnis innerhalb der Gruppe hatte Übergewicht; doch auch Unbehagen oder Erleichterung über die Abwesenheit der Christen wurden zum Ausdruck gebracht.

Die *Christen* fühlten sich nicht als Gruppe. Sie fühlten sich diskriminiert. „*Die* haben's gut. Die sind eine eng verbundene, wirkliche Familie, wie immer." – „Wir sind überhaupt keine Gruppe – wir sind eine Nicht-Gruppe von Nicht-Juden."

Die Erfahrung des Abgesondert-Seins blieb nach der Sitzung hängen. Es wurde verlegen darauf geachtet, wer sich bei Tisch zu wem setzte. Wir sprachen darüber.

In den meisten Gruppen hatte die Erfahrung der eigenen Absonderung die, von den anderen diskriminiert zu werden, überschattet.

Ein weiteres Beispiel: Die Bedeutung des Globe in der Projektplanung

Aus dem WILL-Programm, ausgeschriebener Wochenkurs, 1967

Teilnehmer und Ziel: WILL-Kandidaten und Laien, 25 Personen. „Sich selbst und andere erfahren."

Ort: 2 Räume im Büro-Apartment eines der Gruppenleiter.

Thema: *The Challenge of Change* (Herausforderung zum Wandel)

(Zur Erforschung, wie Teilnehmer sich zu größeren und kleineren Veränderungen im Leben einstellen und verhalten – solche Veränderungen, die hingenommen werden müssen und solche, die der Mensch selbst initiiert. Gespräche über bevorstehende spezifische Haltungen bei Veränderungen im eigenen Leben, z. B. Heirat, Scheidung, Stellenwechsel, familiäre Veränderungen, Älterwerden, Umzug u. dgl.).

Gruppenleiterinnen: Ruth C. Cohn und Vivian S. Guze.

Tagungsstruktur: *Freitag abend:* Die ganze Gruppe trifft sich für ein paar Minuten; dann *Aufteilung in zwei Räume mit je einer Leiterin*

Samstag morgen: Erster Teil: Teilung der Gruppen wie am Freitag abend.

Zweiter Teil: Die Gruppen bleiben, die Leiterinnen wechseln. Gemeinsames Mittagessen, informell.

Samstag nachmittag: Erster Teil: Teilung der Gesamtgruppe in Ehepaare, die gemeinsam gekommen waren, und Einzelpersonen; eine Leiterin pro Gruppe. Zweiter Teil: die ganze Gruppe mit beiden Leiterinnen.

Samstag abend: Party: „Komm wie Du bist – mitten im Wandel ..."

Sonntag morgen: Erster Teil: Zwei angehende WILL-Mitarbeiter leiten die Gruppen (in der Zusammensetzung wie Freitag abend). Die Kursleiter sind nun Teilnehmer.

Sonntag nachmittag: Erfahrungsaustausch der angehenden und ausgebildeten Gruppenleiter.

In dem Weekend-Workshop „Herausforderung zum Wandel" werden Erfahrungen von Veränderungen außerhalb der

Gruppe in einer Situation durchgearbeitet, die den Teilnehmern selbst in rascher Folge Veränderungen aufzwingt. Überraschenderweise hat in den verschiedenen Kursen dieser Art, die ich bisher geleitet habe, der rasche Wechsel von Gruppenzusammensetzung, Gruppenleitern und Räumen bei den Teilnehmern nicht ein Sich-Zurückziehen oder Zögern bewirkt, sondern schnellere Veränderungsmöglichkeit und vertieftes Engagement. Die Herausforderung, immer wieder andere Menschen und Situationen anzutreffen und sich damit auseinanderzusetzen, hat die Notwendigkeit zu lebendigem Lernen erhöht.

Beispiel: Die Kunst des Wahrnehmens
(eine Begegnung mit Kunstdirektoren)

Auf einer Konferenz der Kunstdirektoren von New York im Jahr 1967 sollte Peter Hogan ein Videoband vorführen, das er von meinem Workshop mit acht Kunstdirektoren über das Thema *„Die Kunst des Wahrnehmens"* aufgenommen hatte. Ich sollte dann dieses Videoband kommentieren.

Bevor die Aufnahme vorgeführt wurde, forderte ich die Zuhörer (etwa 200 Leute) auf, dieselben Instruktionen zu befolgen, die ich auch den acht Kunstdirektoren gegeben hatte: ein paar Minuten zu schweigen und offen zu sein für das, was sie zwanglos wahrnehmen würden. Nach ein paar weiteren Minuten verlangte ich das Gegenteil: Sie sollten versuchen, etwas wahrzunehmen, das sie bisher nicht wahrgenommen hatten und normalerweise auch nicht spontan wahrnehmen würden – etwas in diesem Raum und in dieser Situation, das ihrer Aufmerksamkeit bisher entgangen war. – Danach zeigte Peter Hogan das Videoband*. Er und ich diskutierten das Thema in freiem Austausch mit der gesamten Zuhörerschaft. In dieser Freiheit bewegten sich alle Äußerungen aus dem Publikum mehr um ihre eigenen Erfahrungen als um den in der Videoaufnahme gezeigten Workshop, der sich mit dem gleichen Phä-

* Peter Hogan war meines Wissens der 1. Psychiater, der Videoaufnahmen für professionellen Gebrauch machte; starb jung durch Autounfall.

nomen beschäftigt hatte. „Wie nehme ich wahr?" – „Was übersehe ich?" – „Was verliere ich durch diese blinden Flecken?" – „Wie behindern sie mich bei Wahrnehmungsaufgaben in meiner Arbeit?" – „Wie kann ich meine Sinne – Sehen, Hören, Tasten, Riechen, Schmecken üben?"

Themensetzung

Wie aus den obigen Beispielen hervorgeht, ist die Themensetzung ein wichtiger Aspekt des TZI-Workshops. Das Thema muß mit den Interessen und Motivationen der Teilnehmer und ihren Aufgaben kongruent sein oder werden können.

Die Formulierung des Themas ist sehr wichtig. Je anregender, persönlicher und positiver die Formulierung gehalten ist, desto eher kann es zu einer aktiven Beteiligung kommen. *Worte haben suggestive Wirkung.* „Wie können wir in unserer Institution zu besserer Teamarbeit kommen?" Diese suggestive Aufforderung schützt vor stundenlangen Erörterungen von Mißständen. Dieses Thema ist geschickter gewählt als etwa: „Schlechte Kommunikation in unserem Mitarbeiterstab". Das Thema „Ich selbst sein – auch am Arbeitsplatz" suggeriert Änderungsmöglichkeiten besser als „Die entpersönlichte Arbeitswelt". Aktivität durch Verben anzusprechen und die Ich-Form zu benützen sind gute Hilfsmittel bei der Themenformulierung *.

Anfänge von Workshops

Die Einführung in eine Workshopsequenz dient dazu, Bewußtsein für personelle, interpersonelle und thematische Zusammenhänge zu wecken. Welche Einführung der Gruppenleiter auch wählt: Zweck ist, Ich-Wir-Es-Bewußtsein zu

* S. a.a.O. S. 168ff. Heutige Auffassung: positive oder balanciert negative und positive Themenformulierungen können angebracht sein. Auch provozierende negative innerhalb einer Serie.

wecken, ein konstruktives Klima zu schaffen und das Bewußtsein des einzelnen für seine Umwelt und seine Autonomie und Interdependenz zu erweitern.

Im obigen Beispiel – Einführung eines Workshops für Kunstdirektoren über „Die Kunst des Wahrnehmens" sowohl in der Videogruppe als auch bei der vorausgegangenen Tagung – sprach ich die Einführung langsam und deutlich mit etwa folgenden Worten: „Seid jetzt bitte eine Weile ganz still. Versenkt Euch in Euch selbst und denkt darüber nach, auf welche Weise Ihr im täglichen Leben Dinge wahrnehmt – bei der Arbeit, zu Hause, unterwegs. – Werdet Euch bewußt, welche Sinne Ihr dabei am meisten gebraucht. Wie nehmt Ihr die Dinge in Euch so auf, daß Ihr sie fühlen, gebrauchen, Euch zu eigen machen könnt?"

Und nach einigen Minuten des Schweigens eine weitere Anweisung: „Bitte, bleibt noch still, aber wendet Eure Aufmerksamkeit vom Nachdenken und Erinnern weg und der jetzigen Situation zu. Was für ein Gefühl ist es, hier in dieser Gruppe zu sein und wahrzunehmen – was es auch sein mag –: Euch selbst, Euren Körper, die der anderen, der Umgebung etc. Was wird Euch vom Hier und Jetzt bewußt, ohne daß Ihr nach etwas Besonderem Ausschau haltet – wenn Ihr also die Dinge ganz einfach auf Euch zukommen laßt?"

Einige Minuten später: „Versucht jetzt einmal umzuschalten und irgend etwas wahrzunehmen, was Ihr bis jetzt noch nicht wahrgenommen habt – Dinge, die Ihr normalerweise nicht wahrnehmt, aber bei einer besonderen Umstellung jetzt wahrnehmen könnt."

Anweisungen wie diese fördern Bewußtheit für:

1. Gedanken über das gesetzte Thema, frühere Erfahrungen und Auffassungen, Verbindungen von Gedanken und Erinnerungen mit dem Hier und Jetzt, mit der unmittelbaren Erfahrung des eigenen Ichs, der Gruppe und der Umgebung;
2. Ich-Erfahrung durch die Aufforderung, zu schweigen, und durch das Bewußtwerden von Gefühlen und Wahrnehmungen im Hier und Jetzt;
3. Hier-und-Jetzt-Aufgabe zur Erhellung des Themas.

Schweigeminuten zu Beginn sind günstig in vielen – aber keineswegs in allen – Situationen. Schweigen schafft eine Atmosphäre, in der das „Ich“ mit sich selbst in Kontakt kommen kann – eine Situation, die im Laufe der Workshop-Sequenz noch öfter stimuliert wird. Der Wechsel zwischen Bei-sich-selbst-sein und Beim-andern-sein erweist sich als fundamentaler Rhythmus des Lebendigen Lernens, den wir im Alltag oft vernachlässigen.

Während anfänglich solche Schweigeminuten von Gruppenmitgliedern oft als „religiöser Firlefanz“, „Quaker meetings“ oder als beklemmend abgelehnt werden, werden sie später meist sehr geschätzt. Der Wechsel zwischen Wendung nach innen (zu mir selbst) und nach außen (zu den anderen) und die Erlaubnis, wirklich bei mir selbst sein zu dürfen, während ich mit anderen zusammen bin, ist für viele Menschen ein neues und aufregend schönes Erlebnis.

Es ist wichtig, bei der Vorplanung den Grad der Unsicherheit, Skepsis und Feindseligkeit der Teilnehmer richtig einzuschätzen. In Zwangsgruppen (z. B. mit zur Bewährung entlassenen Straftätern oder mit zur Gruppe befohlenen Mitarbeitern von Organisationen und Institutionen) ist der Versuch, eine Arbeitsbeziehung zwischen Gruppenleitern herzustellen, der Hauptpunkt der Einführung. Dies kann versucht werden durch kurze Erläuterungen der Situation und durch eine behutsame Darstellung dessen, was der Gruppenleiter von der Unsicherheit und Ablehnung in der Gruppe in sich selbst spürt; und durch Fragen, was die Gruppe mit dieser Zeit am liebsten anfangen würde, wenn sie freie Wahl hätte (außer: den Raum zu verlassen). Als Prinzip steht hinter den verschiedenen Techniken: *die Einführung oder Hinführung soll persönliches Bewußtsein der eigenen Person und zwischen den Teilnehmern und ihrem Thema fördern.* Sobald wie möglich, aber immer unter Berücksichtigung des in Gang kommenden Prozesses, werden auch die existentiellen Postulate und einige Hilfsregeln dargestellt *.

---

* Siehe auch spätere Fassungen, speziell das Kapitel: „Zur Grundlage der Themenzentrierten Interaktion“ im vorgenannten Buch. Dort werden Postulate und Hilfsregeln differenziert.

Postulate der TZI
Jeder ist für sich selbst verantwortlich

„Versuche, in dieser Sitzung das zu geben und zu nehmen, was Du selbst geben oder nehmen möchtest – von dieser Situation, dieser Gruppe und diesem Thema." Dieses Postulat bringt klar zum Ausdruck, daß jeder einzelne für sich selbst verantwortlich ist. Es durchkreuzt die übliche Erwartungshaltung der Gruppenmitglieder, der Gruppenleiter trage allein die Verantwortung für Wohlbefinden und Tun der Gruppe. Die Aufforderung sagt aus, daß jeder einzelne verantwortlich ist für das Geben und Nehmen in der Interaktion mit allen anderen. Er wird in seiner Autonomie und Interdependenz angesprochen.

Sei Deine eigene Chairperson

„Sei Dein eigener Chairman. Bestimme selbst, wann Du reden oder schweigen willst." Sei Dir Deiner eigenen inneren Tagesordnung (agenda) bewußt. „Mach Dir Deine innere und äußere Wirklichkeit bewußt. Benütze Deine Sinne, Gefühle, gedanklichen Fähigkeiten und entscheide Dich verantwortlich von Deiner eigenen Perspektive her" (s. Kapitel: Pädagogisch-therapeutische Interventionen, S. 179. Klett 1975).

In traditionellen Gruppen – sei es in Schulen oder Komitees – müssen die Menschen die Hand heben, wenn sie etwas sagen wollen, und warten, bis sie vom Vorsitzenden oder Lehrer aufgefordert werden, zu sprechen. Das Pendel scheint oft in Encounter-Gruppen und ihren Auswirkungen ins andere Extrem umzuschlagen: „Jeder soll handeln, wie ihm gerade zumute ist" („to do my own thing") ohne Rücksicht auf andere Menschen oder Dinge. Die Aufforderung „Sei Deine eigene Chairperson" fördert weder die Abhängigkeit vom Gruppenleiter, noch gibt sie die Verantwortlichkeit gegenüber der Gruppe und Aufgabe preis. „I do my own thing" – („Was kümmert's Dich! Das ist mein Bier …") bedeutet die ungenierte Äußerung meiner Gefühle, wann und wo immer ich will, ohne Vorausschau oder Rücksicht auf mich und andere. (Ich könnte Lust kriegen, meinen Fernseher kaputtzuschlagen – weil ich auf der Mattscheibe ein Gesicht sehe, das ich nicht ausstehen kann – ohne Rücksicht auf meinen zukünftigen Fernseh-Verlust und ohne Rücksicht auf die anderen Benutzer des Geräts).

„Meine eigene Chairperson sein" bedeutet, das, was ich tun möchte, auf die Gegebenheiten erkennbarer Wirklichkeit abzustimmen; auf andere Menschen, Zeit- und Raum-Faktoren, erleichternde und hindernde Faktoren, auf meine eigenen widersprüchlichen Bedürfnisse, Wünsche und Ziele: Eine gute Chairperson hat eine Tagesordnung – eine flexible Idee von Sinn und Ziel, von Realitätssinn und Bewußtsein für die Tatsache, *daß er Verantwortung trägt gegenüber einer Aufgabe gegenüber Menschen.*

Der Workshop-Teilnehmer als „seine eigene Chairperson" hat einen vielseitigen „Job"! Er ist in erster Linie „Chairperson seiner selbst" (das war auch meine ursprüngliche Formulierung, die später durch den populären Leitsatz: „Sei Deine eigene Chairperson!" ersetzt wurde). Nur ich selbst kann Bewußtheit über meine *„inneren Komiteemitglieder"* erlangen: meine Wünsche, Spannungen, Schmerzen und Freuden, Konflikte und Ziele. Mein „inner Workshop" umfaßt Offenheit der Vermittlung, Erfahrungen, meiner Selbsterkenntnis, Beziehung zu anderen und mein persönliches Verhältnis zum Thema. Dies bedeutet im guten Sinne „egozentrisch" sein, denn das Zentrum jedes Menschen ist in ihm selbst. Jedoch kann und muß jeder Mensch – als Teil des Universums – über das Innen-Ich-sein hinaus – von seinem Zentrum her zum andern hin – transzendieren. Wir gehen über unsere Egozentrizität hinaus auf zweierlei Weise: durch Kommunikation mit anderen und dadurch, daß wir Anteil an dieser Welt und ihre Teilhaber sind.

Aussprechen und Klären des Chairperson-Postulats als Vertreter des Autonomie-Interdependenz-Prinzips hat meist eine tiefgreifende Wirkung auf Menschen in TZI-Gruppen und darüber hinaus. „Ich bin mein eigenes TZI-Komitee", sagt Ruth Ronall, eine erfahrene WILL-Kollegin. „Ich betrachte Bedürfnisanregungen als meine ‚Komiteemitglieder', die Aufmerksamkeit von mir wollen. Ich habe als Chairperson meiner selbst das Recht und die Pflicht, ihre Stimmen unter Berücksichtigung meiner Ziele und Möglichkeiten abzuwägen. Was tue ich als ganzes Ich – was möchte ich tun, nachdem ich ‚mein inneres Komitee' angehört habe: im Bett bleiben, mir die Haare waschen, ein Buch lesen, mich um andere notwendige Dinge kümmern, mit Freunden zusammensein ..."

Oder die Äußerung eines Teilnehmers: „In allen Gruppen neigte ich dazu, zu schweigen und den anderen zuzuhören, immer darauf wartend, daß mich jemand ansprechen würde. Als Du sagtest: ‚Sei Deine eigene Chairperson', war ich böse auf Dich; ich hatte das Gefühl, Du willst nur Deine Verantwortung abschieben. Dann aber fing ich an zu begreifen, daß ich nie meine eigene Stelle und Stellungnahme an jemand anders abtreten kann. Seitdem bin ich weniger abhängig von anderen."

Noch eine weitere Äußerung: „Ich hatte keine Lust, zur Party meiner Schwägerin zu gehen. Ich mache mir nichts aus Parties, aber meine Frau geht gern hin. Sie wollte auch nicht ihre Schwester durch unser Fernbleiben kränken. Und da dachte ich bei mir: ‚Was habe ich beim Living-Learning-Workshop gelernt? – Meine eigene Chairperson zu sein! Sie möchte zur Party gehen, ich möchte das Bücherregal anstreichen. Ich werde versuchen, ihr verständlich zu machen, daß sie ohne mich hingehen kann.' Es funktionierte tatsächlich, nachdem sie begriffen hatte, worum es geht. Die ganze Familie spricht nun von ‚Ich bin meine eigene Chairperson'. Und so seltsam es klingen mag: Wir fühlen uns viel wohler, seit wir wissen, daß jeder seine eigene Chairperson ist – sogar unsere Kinder. Wir als Eltern sind Co-Chairpersons der Familiengruppe – wie Du im Workshop."

Postulat: Störungen haben Vorrang

Ein weiteres TZI-Postulat lautet: *„Störungen haben Vorrang."* Sag es, wenn Du gelangweilt, ärgerlich, mit anderen Dingen beschäftigt bist, *Schmerzen hast oder wegen irgend etwas sehr freudig erregt bist.* Sag es, wenn Du aus irgendwelchen Gründen dem, was in der Gruppe geschieht, wirklich nicht folgen kannst und es Dir nicht aus eigener Kraft gelingt, den Anschluß zu finden. Positive leidenschaftliche Besetztheit wie Freude, Sachinteresse, Liebe, die nichts mit dem Thema zu tun haben, oder externe Schwierigkeiten, Konflikte mit anderen Gruppenmitgliedern, physisches Unwohlsein usw. können „Störungen" sein, die Vorrang haben. Die Teilnehmer werden gebeten, es der Gruppe mitzuteilen, *wenn sie sich nicht auf das Gruppengeschehen konzentrieren können.* Das Aussprechen von freudiger Erregung, Unbehagen oder Schwierigkeiten kann dem Teilnehmer helfen, wieder voll in die Gruppe hineinzukommen, ob der Störung bzw. Ablenkung nun auf den Grund gegangen wurde oder ob sie nur klar erkannt und ausgesprochen worden ist.

Die Störung bleibt jedoch nur so lange im Mittelpunkt des Gruppengesprächs, bis dem „verlorengegangenen" Gruppenmitglied geholfen ist, in die Gruppe zurückzufinden. Diese Regel muß, wie alle anderen, flexibel und mit Feingefühl gehandhabt werden. *In Fällen tiefsitzender Störungen* – wie z. B. psychotischen Zuständen, Konflikten zwischen Ehepartnern oder dem Leid eines Trauernden – *muß taktvoll entschieden werden, ob man der Störung nachgeht oder sie nur als existent und akzeptabel zur Kenntnis nimmt.*

Das Störungspostulat bedarf vorsichtiger Interpretation und Erweiterung. Die Angst, daß am Anfang einer TZI-Gruppe zu viele Störungen angemeldet werden, besteht zu Recht. Das Neue muß eingeübt werden. Auf die Dauer wirkt die Hypothese, das Ich-Wir-Es als Gleichgewicht zu sehen, gegen die Gefahr. *Denn es können nicht nur Ich-Störungen, sondern auch Störungen gegen das Wir oder das Es oder den Globe Vorrang haben.* Wenn diese Möglichkeiten nicht bedacht werden, kann das Störungspostulat destruktiv verwandt werden (siehe Seite

185 des vorgenannten Buches), nach dem Prinzip meines unveröffentlichten Aphorismus-Manuskriptes „Never Analyze In a Burning House“ (Therapiere niemals in einem brennenden Haus). Jedoch, das Haus brennt nicht oft, und die Beachtung der Ich-Störungen zahlt sich für alle oft aus, so daß das Wir und das Es von der Ich-Störungsbefreiung auch profitieren.

Es ist eigenartig und wunderbar, daß die Zeit, die für Störungen und Konflikte scheinbar „vertan“ wird, sich fast immer auszahlt. Die Regel „Störungen haben Vorrang“ ist effektiv, human und nützlich. Selbst wenn manchmal in einer Konferenz oder Schulstunde von 45 Minuten Dauer 30 Minuten oder mehr gebraucht werden sollten, um Störungen zu beseitigen, ist die restliche Zeit wirklich frei für die wichtige Thematik. Diese Lektion immer wieder neu zu lernen, fällt sogar erfahrenen Leitern schwer. Diese Regel ist am sichtbarsten aus psychoanalytischem Gedankengut abgeleitet; denn in der Psychoanalyse richtet sich der therapeutische Bewußtmachungsprozeß auf Abwehrmechanismen, die den Zielen der Patienten entgegenarbeiten. Arbeit am Widerstand hat Vorrang vor der Arbeit am Inhalt.

Beispiel:

Im Rahmen eines TZI-Ausbildungsprogramms wurde ein *Volkswirtschaftsseminar* abgehalten. Das Thema lautete: *„Warenmarkt und Geldmarkt.“* Der anregende Lehrer (Gruppenmitglied) gab eine spontane Einführung von etwa 15 Minuten; er erläuterte auf verständliche Weise den Unterschied zwischen diesen beiden Märkten. Die ca. 17 angehenden Gruppenleiter hörten aufmerksam zu. Ich fungierte als „participant supervisor“. Nach 15 Minuten unterbrach ich den Lehrer. Ich sagte, zwei Teilnehmer seien offenbar nicht bei der Sache. Einige Teilnehmer wurden ärgerlich: das Referat sei interessant und es sei unfair, den Referenten wegen einer kleinen Minderheit zu unterbrechen. Der Lehrer selbst war frustriert, stimmte aber einem Experiment zu. Die zwei angesprochenen Frauen bestätigten, daß sie sich nicht auf den Vortrag konzentriert hätten. Sie interessierten sich überhaupt nicht für Ökonomie, aber es mache ihnen auch nichts aus, dabeizusitzen. Ich schlug ihnen vor, sie sollten drei Minuten lang miteinander über das Referat sprechen. Vielleicht könnten sie sich an irgend etwas erinnern – an das eine oder andere Wort? Eine der beiden, eine Schweizerin, erklärte, sie sähe keine Veranlassung, sich mit ökonomischen oder politischen Fragen zu befassen, weil in ihrem Heimatland Frauen sowieso kein Wahlrecht hätten (1969!); warum solle sie sich über etwas ärgern, worauf sie doch keinerlei Einfluß ausüben könne? – Die andere Frau sagte, sie habe die Begriffe „Geldmarkt“ und „Warenmarkt“ wohl schon öfter gehört. Jetzt seien ihr aus irgendwelchen Gründen die Worte „Berge von Geld“ und „Berge von Waren“ in den Sinn gekommen. Die zwei verschiedenen „Berge“ hätten sie belustigt; sie spann nun ihre Phantasie von einem „Geldberg“ und einem „Warenberg“ noch etwas weiter. Die Unterhaltung der beiden war lebhaft und amüsant, und sowohl die Zuhörer als auch die beiden hatten Spaß an ihrem Humor. Nach wenigen Minuten waren die beiden „outsider“ mit dabei und die themenzentrierte Diskussion wurde fortgesetzt, wobei die zuvor „verlorengegangenen“ Mitglieder dem Wunsch Ausdruck gaben, ihren Horizont in punkto Geldangelegenheiten erweitern zu können.

Im Gegensatz zur Gruppentherapie unternimmt ein TZI-Workshop nicht den Versuch, individuelle Probleme, Wünsche und Anliegen der Teilnehmer durchzuarbeiten. Die Beschäftigung damit dient dazu, die akute Blockierung zu beseitigen und so bald wie möglich zum Thema zurückzukehren.

Ein Gruppenleiter, der auch Psychotherapeut ist, kann auch in TZI-Gruppen seine therapeutischen Möglichkeiten verwirklichen. Der Schwerpunkt bleibt jedoch der dynamische Prozeß, der sich um das gestellte Thema entwickelt. Im obigen Fall wird zum Beispiel kein Versuch unternommen, eine Interpretation für die gestörten Beziehungen der Teilnehmerinnen zu Geldangelegenheiten zu geben. – Klärung und Akzeptieren durch die Gruppe genügten, um die Gruppenkohäsion wiederherzustellen.

Eine der Hilfsregeln * lautet: *„Sprich für Dich selbst, vertritt Dich selbst in Deinen Aussagen, sprich per ‚Ich'."* Diese Regel verhindert, die eigene Meinung hinter der anderer Leute zu verstecken. Was ich fühle, ist *mein* Gefühl, nicht Deines. In Ich-Form zu sprechen bedeutet, Verantwortung zu übernehmen und persönliches Engagement zu wagen. Im Extremfall kann ein suggestives „Wir", von einem Gruppenleiter oder einem starken Gruppenmitglied gesprochen, andere dazu bringen, ihr eigenes Urteil aufzugeben. Dieses „Wir" ist eine große Gefahr, weil es Menschen ermöglicht, gewissen- und bewußtlos mitzuschwimmen.

In diesem Zusammenhang hatte ich ein interessantes Erlebnis, als ich 1969 anläßlich der DAGG-Konferenz (DAGG = Deutsche Assoziation für Gruppentherapie und Gruppendynamik) in Bonn nach 36 Jahren zum erstenmal wieder nach Deutschland, meinem Geburtsland, zurückkam.

Ich leitete eine Podiumsdiskussion und bezog die mehreren hundert Zuhörer in die Diskussion mit ein. Ich erläuterte das TZI-System und vermittelte einige Prinzipien und Hilfsregeln. Nach Schluß der Veranstaltung, in deren Verlauf es gelungen war, ein Living-Learning-Encouter zwischen Zuhörerschaft und Podium zustande zu bringen, kam ein Teilnehmer begeistert auf mich zu: „Ich weiß, warum Sie uns schweigend nachdenken und per ‚Ich' sprechen ließen: Auf diese Weise vermeiden Sie Massensuggestion und Massenhysterie." Das war ein Gedanke, der mich tief betroffen machte, gerade weil er von einem deutschen Kollegen kam, ein Gedanke, der mir bis dahin noch nie in dieser negativen Perspektive gekommen war: „Massenhysterie vermeiden" anstatt nur – wie ich dachte – „die Autonomie des einzelnen fördern"!

Partizipierende Leitung

Instruktionen des amerikanischen Herausgebers an die Autoren: „Vor allem – engagiere und interessiere den Leser!"

---

* Hilfsregeln werden erläutert in: Ruth C. Cohn, von der Psychoanalyse zur themenzentrierten Interaktion, Klett [8]1987 und in R. C. Cohn / A. Faran, Gelebte Geschichte der Psychotherapie, [2]1987.

Als ich die vorigen Abschnitte schrieb, war ich vielleicht zu sehr mit meinen eigenen Gedanken beschäftigt und hatte Dich, den Leser, nur ganz verschwommen im Hinterkopf. Ich hoffe jedoch, daß Du mir trotzdem mit Deinen eigenen Gedanken folgen konntest.

Wenn ich nun darangehe, über Gruppenleitung zu schreiben, möchte ich die Instruktion des Herausgebers radikalisieren und mich direkt an Dich wenden. Ich möchte Dich für Gruppenleitung mit dieser Methode interessieren und versuche dies, indem ich Dir persönlich von meinen eigenen Erfahrungen erzähle. Dazu benütze ich *Hilfsregeln der Methode* und spreche Dich in der Ich-Du-Form an. Obwohl Prinzipien und Regeln allgemeiner Natur sind, ist es offenbar, daß jede(r) Gruppenleiter(in) seinen (ihren) eigenen Stil hat. (Das weißt Du!) In meinem Schreib-Stil will ich Dir nun etwas von meinem Führungstil erzählen. Du als mein lesender Partner in dieser non-feedback-Dyade wirst (vielleicht) angeregt, auf Deine Art und Weise aufzunehmen und in Dir einzuordnen (oder auch nicht), was ich Dir in meiner Art und Weise vermitteln möchte – Dir, dem (ach, so weit entfernten) unbekannten Dyaden-Partner in unserem Living-Learning-Prozeß. Ich sagte Dir bereits, daß ich das Erkennen des *„Globe"* für das wichtigste Element des Gruppenleitens halte: die Beachtung von *Zeit, Raum, Teilnehmern und ihrer menschlichen, gesellschaftlichen, historischen und kosmischen Umwelt.* In den vielen Jahren von Versuch und Irrtum („trial and error") in der Entwicklung des TZI-Systems habe ich gelernt, daß die *Vorarbeit* an einem TZI-Projekt in hohem Maße für das Gelingen oder Mißlingen entscheidend ist.

Ich verwende z. B. viele Stunden auf die Vorbereitung einer Workshop-Sequenz. Während des Kurses läuft dann alles besser. Es ist ähnlich, wenn ich eine Party gebe: Ich suche mir die Gäste aus. Ich koche und arrangiere Speisen und Getränke, Sitzgelegenheiten, Kerzen und Blumen im voraus. Danach bin ich so „verantwortungslos" für die Party wie meine Freunde. Das implizite Thema heißt: „Freundschaft, Beisammensein, Loslassen, Miteinandersein." Die gegebene Struktur fördert das Gelingen. Ich bin mein eigener Gast.

Die strukturelle Globe-Vorarbeit umfaßt mehrere Aspekte *:

Feststellung der einschlägigen Fakten

Ich suche zunächst, alle relevanten Fakten festzustellen, z. B. Wer will den Workshop, wer nicht? Wer trägt die Kosten? Wie ist die finanzielle Situation? Welches sind die dynamischen Kräfte, die einen solchen Workshop für die, die ihn wollen, wünschenswert erscheinen lassen – und für andere nicht? Möchte ich selbst Gruppenleiter sein oder nicht, wenn dieser Workshop zustande kommt? Wie viele Gruppenleiter sind erforderlich? Wie sind die räumlichen Bedingungen? Können wir im Kreis sitzen? Sind bequeme Sitzgelegenheiten da? Wieviel Zeit werden wir brauchen, um zu tun, was optimal getan werden kann? Welche Kompromisse in punkto Zeit, Struktur, Geld, Leitern usw. müssen geschlossen werden?

Ich denke, ich phantasiere oder meditiere und versuche mir vorzustellen, was für eine Situation ich wohl antreffen werde. Ich gehe immer davon aus, daß die mir übermittelten Fakten zum Teil korrekt sein werden, zum Teil tendenziös und immer unvollständig. So spiele ich dann mit Themen und Unterthemen und Gruppenstrukturierungen, die mich und andere stimulieren und befähigen könnten, zu tun, was wir zu tun vorhaben.

Geeignete Einführungen

Ich überlege mir eine geeignete Einführung. Alle Einführungstechniken zielen darauf ab, eine positive, persönliche und Arbeitsatmosphäre zu schaffen und Bewußtsein für die Ich-Wir-Es-Faktoren und den Globe zu entwickeln. Beim Überlegen der Einführung spielen das vermutete Ausmaß an Angst, Bildung, Voreingenommenheit aufgrund früherer Erfahrungen, Zielvorstellungen, Intensität der Bedürfnisse u. a. eine Rolle und ebenso die Fragen, welche Leiter für diese Gruppe(n) vorzuschlagen wären. Was brauchen sie an Vorbildung und Erfahrung? Welche Menschen würden gut zu diesem Projekt passen

* Siehe S. 206 des ersten der obengenannten Bücher: „Zauberformel ..."

etc. Obwohl Gruppenleiter nicht unbedingt vom Fach der Gruppenteilnehmer sein müssen, können sie doch nur schwer mit ihnen gänzlich unbekannten, situationsgebundenen Fragen umgehen (z. B. Schulen, Kliniken, Unternehmen etc.).

Zutreffende oder abwegige Vorstellungen beim Projekt-Designing fördern oder behindern die spätere interaktionelle Gruppenarbeit im hohen Maße.

Zu Beginn eines Workshops sollten die Anliegen aller Teilnehmer aufgenommen werden. Die präzise Planung jedoch sollte im kleineren Kreise vonstatten gehen. Die Planung miteinander erfordert besondere Strukturierungsfähigkeiten, und selbst in TZI-geübten Gruppen ist es immer besser, die *ersten* Sitzungen mit dem(r) Projektleiter(in) in kleinen Komitees vorzubereiten und erst später für die tägliche Planung der Gesamtgruppe miteinzubeziehen. Auch dann bereiten kleine beauftragte Kommissionen die Struktur und Themen vor, die im Plenum als Interessen gemeldet worden sind.

Förderung eines positiven Klimas

Zu Beginn eines Workshops bemühe ich mich, ein akzeptierendes Klima zu schaffen. Ich halte eine negative, angst- und aggressionserfüllte Atmosphäre für ungeeignet für Kommunikation und Lernen und das Zusammenleben von Gruppen. Die TZI akzeptiert und anerkennt Angst und Aggression als ein Phänomen, mit dem wir umgehen müssen – wenn sie da ist. Sie versucht jedoch, sie zu überwinden durch Verstehen und Aufarbeiten. Vor allem will sie nicht Strukturen und Prozesse schaffen, die erschwerende Emotionen erhöhen.

Der Schwerpunkt in Living-Learning-Gruppen liegt nicht in der Heilung von Krankheiten * und im Zusammenfinden von Menschen, sondern darauf: „Ich selbst zu sein, mit Dir zu sein, mit Dir gemeinsam etwas zu tun."

Ich versuche, ein einfühlendes Klima zu fördern und eine annehmende Einstellung in mir gegenüber allem, was gesagt wird,

---

* Arbeits-, Forschungs-, Aktionsgruppen, Schulklassen, Organisations-, Beratungs-, geistliche oder Verwaltungsgruppen etc. bedürfen jeweils berufsspezifischer Modifikationen.

zu üben, besonders bewußt in der ersten Sitzung. Ich reflektiere, was gesagt wird (im Rogerianischen Stil) und anerkenne, was ich wertvoll finde. Oder ich verändere eine inadäquate Bemerkung ein wenig, so daß sie brauchbar wird, oder reagiere mit einer weiterführenden Anekdote. *Es gibt tatsächlich kaum eine Bemerkung, in der nicht auch eine brauchbare Komponente enthalten ist, und diese gilt es zu unterstreichen.*

Selektive Authentizität

Partizipierende Einführung arbeitet von Anfang an mit „selektiver Authentizität". Was ich sage, soll echt sein. Jedoch ich wähle, *was* ich sage, situationsentsprechend, z. B. am Anfang, oder bei besonders verletzlichen Teilnehmern, in dem Bemühen, Angst zu reduzieren. Es gibt auch Situationen, in denen ich eine gewisse Härte für hilfreich und angebracht halte, falls diese echt ist.

Notwendigkeit von sachgerechter Leitung

Ich beachte mich selbst, ich beachte die Gruppe. Ich bin als Gruppenleiter verantwortliche Chairperson meiner selbst, so wie alle anderen Teilnehmer. In der Einführungsphase, bis eine geeignete, freie Atmosphäre entstanden ist, fördere ich sogar meine Dominanz. Wenn ein akzeptierendes Klima geschaffen worden ist, sind offene und scharfe Auseinandersetzungen möglich und nützlich. Sie werden dann mit weniger Angst erlebt, und das Selbstbewußtsein wird durch Konfrontationen realitätsangepaßter und darum auch sicherer.

Daß ich mit meinen Gefühlen und Erfahrungen hervortrete, begünstigt die Interaktion der Gruppe und bringt mich selbst als Gruppenmitglied ein. Ich erscheine so verletzlich, gut und böse, wie ich wirklich bin. Nach 10–20 Minuten wird meistens eine echte förderliche Aussage von einem Teilnehmer zu einem anderen gemacht. Von diesem Augenblick an fördere ich die Interaktion hauptsächlich dadurch, daß ich eine immer weniger dominate Rolle einnehme. Die TZI-Postulate und

Hilfsregeln der Gruppeninteraktion fördern die Bewußtheit von Autonomie und Interdependenz, die zum Kern jedes persönlichen Führungsstils gehören. Die Notwendigkeit, die Betonung in dynamischer Balance fließend auf die Ich-Wir-Es-Faktoren zu legen, und den Globe zu beachten, verleiht der Leitungsfunktion jedoch auch weiterhin und durchwegs Bedeutung. *Ich wechsle ständig von der Funktion des Dirigenten zu der des Ersten Geigers und zeitweilig zu der eines beliebigen Instrumentalisten.*

Doch schon früh in meinen TZI-Erfahrungen stellte ich fest, daß eine Gruppe nicht auf das Thema konzentriert bleibt, wenn keiner die persönliche Verantwortung für ihr dynamisches Gleichgewicht trägt oder, umgekehrt, die sachliche Aufgabe die Gruppenmitglieder überschwemmt. In fortgeschrittenen Gruppen kann die Leitung wechseln. Ohne Leiter jedoch geht die gleichzeitige Berücksichtigung des Ich-Wir-Es-Dreiecks im Globe verloren. Gruppen werden zu Therapie- und Sensivitätsgruppen (Ich-Wir) oder zu akademisch intellektuellen, meist ineffektiven Diskussionsgruppen (Es). Die Aufgabe, die dynamische Balance zwischen den vier Faktoren aufrechtzuerhalten, erfordert Aufgabenbewußtsein und ausgebildete Fähigkeiten. Wenn niemand oder alle gleichzeitig leiten, sinkt das emotionale und sachliche Niveau der Gruppe, die in der Dreifaltigkeit der Aufgabe überfordert wird. Die Bildphantasie eines Chairman der Gruppe ist für mich ein Fahrrad mit drei Pedalen, die „Ich", „Wir" und „Es" heißen. Wenn die Gruppe sich z. B. mit einem einzelnen Teilnehmer im Übermaß beschäftigt, kann ich, um Balance herzustellen, auf das „Wir"- oder „Es"-Pedal treten. Ich kann dies tun in Form einer direkten Aufforderung, bei der es um das „Wir" geht, z. B.: „Haltet bitte – wie bei einem Schnappschuß – gerade das fest, was Ihr in dem Augenblick, als ich Euch stoppte, erlebt habt. Sagt reihum kurz, was in Euch war, als ich den Schnappschuß machte." Das führt dazu, zu erfahren, wovon die Aufmerksamkeit jedes einzelnen gerade in Anspruch genommen ist. Eine solche Bestandsaufnahme führt zum „Wir". Jeder weiß nun, wo der andere ist, und die Gruppe führt sich zu einer neuen Kohäsion. *Es gibt unzählige verbale und nonverbale*

Techniken, von einem „Pedal“ zum anderen zu wechseln. Dieser Ich-Wir-Es-Globe-Wechsel beschwingt die dynamische Interaktion und ist eine treibende Kraft für die Lebendigkeit der TZI-Gruppe.

Als partizipierende Leiterin bin ich Chairperson der Gruppe und Chairperson meiner selbst. Das heißt, *daß ich mir meiner selbst und meiner Aufgabe bewußt bin.* Darum wähle ich aus allen Bildern, Gedanken und Gefühlen, die mir bewußt werden, das aus, was ich als für mich selbst und für den Gruppenprozeß relevant mitteilen möchte. Diesen bewußten, sorgfältigen Auswahlprozeß habe ich als *„selektive Authentizität“* bezeichnet. *Was ich sage, soll echt sein, jedoch nicht alles, was echt ist, soll gesagt werden.“* Es ist ethisch angebracht und pragmatisch vertretbar, daß ich meine Äußerungen auf die vermutliche Rezeptivität und Sensitivität meines Mitmenschen abstimme. Was die Psychoanalyse als „timing“ und „Dosieren“ bezeichnet hat, gilt auch für die Interventionen eines Gruppenleiters. Es ist manchmal schwierig festzustellen, ob ich Kommunikation aufschiebe, weil ich Angst habe oder weil ich authentisch selektiv bin. Ich bin jedoch der Meinung, daß es hilfreicher ist, sich jeweils diese Fragen bewußt zu stellen und sie situationsgemäß zu beantworten, als den Ausdruck allzu vieler Gefühle generell zurückzuhalten, wie es in der klassischen Psychoanalyse oder Gruppendynamik geschieht; oder absolute Offenheit zu fordern, wie es radikale Encountergruppen tun. Ich finde mein Konzept der „selektiven Authentizität“ hilfreich für jede humanisierende Psychotherapie und Gruppenleitung. *Der hippokratische Eid* („nihil nocere“ – nicht Schaden zufügen) gilt für das Berufsethos von Gruppenleitern ebenso wie für das der Ärzte und Therapeuten. Gruppenleiter sind meist wohlmeinend, jedoch oft nicht bekannt mit ihren eigenen unbewußten Strebungen oder zumindest der Möglichkeiten, die in ihnen (wie jedem anderen Menschen) zu Verkennungen der Situation und ihrer Teilnehmer führen. Vereinfachungen, wie „das ist nichts als …“ – „dieser ist ein Typ X oder Y“ verführen leicht zu Arroganz und Gleichgültigkeit. Jeder Mensch ist *auch* anders, jeder Mensch ist *auch* gleich. Ich betrachte es als stümperhaft und inakzeptabel, wenn ich einer Begegnungs- oder

Arbeitsgruppe meine Aufmerksamkeit als Gruppenleiterin nicht auf jeden einzelnen Teilnehmer richte. Während ich jeden auffordere, seine eigene Chairperson zu sein, bin ich mir bewußt, daß niemand immer dazu befähigt ist, und oft andere Menschen helfend die Chairpersonschaft ins Bewußtsein zurückrufen müssen. Für den Leiter ist dies ein Soll der Leitungsaufgabe. Jeder Mensch muß seine Autonomie auch dazu verwenden, Hilfe zu suchen und zu verlangen, wenn er sie wirklich braucht. Die Tatsache universeller Interdependenz besteht: Ich bin „meines Bruders Hüter"; und wenn ich meine Autonomie und Interdependenz anerkenne, muß ich ihm geben, was er wirklich braucht – wenn ich es selbst habe und vermag – und dabei seine Autonomie nicht beeinträchtigen, sobald er in der Lage ist, Entscheidungen selbst zu treffen. *Weniger zu geben als nötig, ist Diebstahl; mehr zu geben, ist Mord.*

Voraussetzung: Kenntnisse der Psychopathologie

Gruppenleiten erfordert Kenntnisse der Psychopathologie. Ich muß ein Gespür haben für die verschiedenartigen Depressionen, für paranoide Züge oder Krankheiten, für organische Veränderungen, für Mord- und Selbstmordtendenzen der Teilnehmer etc. Wir versuchen nicht, Menschen in TZI-Begegnungs- und -Arbeitsgruppen klinisch zu heilen, jedoch Heilungstendenzen durch verstehendes und akzeptierendes Verhalten und Toleranz, die sich der Gruppe modellhaft mitteilen, zu fördern. Darum sind Zusammenbrüche und „negative therapeutische Reaktionen" in TZI-Gruppen sehr selten. Das realere Selbstbewußtsein der Teilnehmer und die soziale Verantwortlichkeit sind jedenfalls hilfreicher als verstümmelte Familienbeziehungen und undosierte oder falsche Begegnungstechniken und Interpretationen. Daher versuche ich fast nie, einen psychisch Kranken von einem Workshop auszuschließen, z. T. weil ich meine, daß solche Menschen unter einer guten Leitung nichts zuleide getan wird (sondern daß ihnen durch Realbezüge und Kontakte zu anderen geholfen werden kann), z. T. weil die meisten Workshopgruppen psychologisch unselektiert aus Organisationen oder Berufs- oder Interessengruppen zusammengesetzt sind und pathologische Phänomene nicht ausgeschlossen werden können. Die *Kenntnis von Psychopathologie soll den Gruppenleiter nicht zum „Etikettisieren" verführen, sondern nur zu ihrer inneren Kenntnisnahme und Möglichkeiten, mit ihnen umzugehen, anleiten.* Ich kann einige Minuten – oder mehr – darauf verwenden, der augenblicklichen Erfahrung des Betreffenden volle Aufmerksamkeit zu widmen. Ich kann mich z. B. mit ihm auf seine psycho-physische Selbsterfahrung beziehen oder mich auf ermutigende einfühlende Reaktionen konzentrieren oder ihm eine kathartische Auslösung ermöglichen. Oder ich kann die Aufmerksamkeit der Gruppe und meine eigene von dem gestörten Menschen für einige Zeit ablenken, um ihm auf diese Weise Ruhe und Entspannung ermöglichen. Ich bemühe mich, meine Intuition * zu gebrauchen und zu üben, um besser spüren zu können, ob ein kranker oder gestörter Teilnehmer in dieser Situation Zuwendung braucht oder besser in Ruhe gelassen werden sollte. Beruhigen und ermutigen, nicht „therapieren"; verstehen, nicht interpretieren; Hinwendung zur Realität, nicht Phantasie – das ist meine Einstellung. Auch hier sind Wissen und Situationsbesonderheit zu verbinden.

Es gibt kein gültiges Rezeptbuch für Techniken. Ich erinnere mich z. B. an einen Teilnehmer, der sich sehr viel mit seinen Träumen beschäftigte, die er getreulich in jede Sitzung einbrachte. Dieser Teilnehmer war paranoid. Ich wollte einer Psychose vorbeugen und doch die Gruppe zu ihrem gesetzten Thema zurückführen. Ich entschied mich, den Betreffenden seine Träume erzählen zu lassen und den Trauminhalt sofort mit dem Thema und dem Gruppengeschehen in Verbindung zu bringen. Das war für den „Träumer" hilfreich, der dadurch in engeren Kontakt mit der Gruppe kam; die Gruppenmitglieder ihrerseits konzentrierten sich so mehr auf ihre Verbundenheit und auf das Thema als auf die Trauminterpretation.

Oft verbringe ich in den Pausen einige Minuten in Einzelgesprächen mit Menschen, die in Not sind. Solche persönliche

---

* Intuition beruht auf Wissen. Sie ist ein Abkürzungsweg. Intuition kann geübt werden. (s. Kapitel „Intuitionstraining" in: Von der Psychoanalyse ...)

Zuwendung trägt dazu bei, die Verbindung kranker Menschen zur Gruppe und zur thematischen Arbeit aufrechtzuerhalten. Manchmal empfehle ich professionelle Hilfen, sofern sie verfügbar und für den Betreffenden akzeptabel sind.

Gelegentlich bediene ich mich therapeutischer Techniken, wie z. B. Rollenspiel, Katharsis, psychoanalytischer Interpretationen usw., sofern dies in der betreffenden Situation angebracht scheint. Bei der Ausbildung von Gruppenleitern *warne* ich jedoch *vor der Anwendung der Techniken, mit denen sie nicht ausreichend vertraut sind. Selektivität ist also auch wichtig bei der Wahl der Vorgehensweise – den eigenen Fähigkeiten und den Bedürfnissen der anderen entsprechend.*

Die Beendigung einer Sitzung

Gegen Ende einer Workshop-Sitzung oder -Serie ermuntere ich die Teilnehmer zur Äußerung von Gefühlen und Gedanken, die sie nicht unausgesprochen mit heim nehmen möchten. „Was würde Dir leid tun oder Dich ärgern, nicht gesagt oder gefragt zu haben, wenn wir *jetzt* Schluß machen würden – ½ Stunde, bevor wir auseinandergehen? Stell Dir vor, Du wärst jetzt im Bus, im Zug oder im Auto, auf dem Heimweg – was würdest Du bedauern, nicht gesagt oder gefragt zu haben?"

Dies kommt mir in den Sinn – eine halbe Stunde vor Ende dieses Kapitels. Ich weiß, daß ich Euch noch viel mehr sagen möchte. Aber es wird noch mehr Workshops geben, noch mehr Kapitel in Sammelbüchern, und eines Tages ein weiteres TZI-Buch. Ich muß also jetzt nicht weiterschreiben. Ich habe gesagt, was ich im Rahmen dieses Kapitels sagen wollte. Instruktionen des amerikanischen Herausgebers: „Vor allem – engagiere und interessiere den Leser!" – Ich wünsche mir und Euch, daß dies auch jetzt in der etwas revidierten deutschen Ausgabe beim Lesen dieses Kapitels geschehen ist.

Vom Sinn des Lebens und Lernens in der heutigen Zeit

Gesprächspartner: Elmar Osswald

Elmar: Wie lebst du dein Leben jetzt?

Ruth: Ich lebe mit dem Gefühl, daß ich dieses Jahr 70 Jahre alt werde und daß ich den Sinn meines Lebens zum ersten Mal weniger im direkten Kontakt mit Menschen als im Aufschreiben dessen sehe, was ich für wichtig halte, was zurückbleiben könnte, wenn ich einmal nicht mehr sein werde. Schön wäre, wenn außer meinen Kindern und meinen Schülern etwas da wäre, das überlebt. So lebe ich zurückgezogen, in den Bergen. Mir bedeutet die Natur sehr viel, ihre Schönheit, und ich sehe die Möglichkeit, daß das alles zerstört werden könnte.

So sehe ich also den Sinn im Versuch, meinen x-millionsten Anteil von dem, was in der Welt geschieht, zu erfüllen, im Sinne jener Werte, die ich im Augenblick oder immer als wesentlich angesehen habe:

Sich menschlich und mit-menschlich zu verhalten.

Elmar: Wenn wir 50 Jahre zurückgehen und dein Leben 1932 betrachten, war dir das damals schon ein Anliegen und wie lebtest du damals?

Ruth: Ich staune immer wieder, wenn ich Gedichte lese, die ich als junges Mädchen geschrieben habe, auch kleine Aufsätze und Märchen, daß beinahe alles, was ich jetzt tue, in einem gewissen Sinn vorgeformt schon da war. Natürlich waren die Vorzeichen, der Rhythmus, die Fakten anders. Aber ich glaube, ich bin in das, was ich heute vertrete, deshalb hineingewachsen, weil es von Anfang an mein Anliegen gewesen ist,

---

Erstmals gedruckt in: Schweizer Schule, H. 8. 1983. – Elmar Osswald ist Leiter des Instituts für Unterrichtsfragen und Lehrerfortbildung (ULEF) in Basel.

nämlich Einfluß zu haben auf das Besserwerden in mir selbst und in der Berufsausübung (Patienten, Studenten), daß die Grausamkeit abnimmt, daß das Gut-miteinander-Auskommen zunimmt, daß das, was man heute Selbstverwirklichung nennt, die kreative Note, die Eigenart im Menschen, gefördert wird.

Elmar: Wenn ich dich auffordere, diese ganz persönliche Sichtweise nunmehr in die Welt, die damals war, hineinzustellen, wie hast du die Welt damals erlebt?

Ruth: 1932 war knapp vor der Machtergreifung Hitlers am 30. Januar 1933. Die Vorschattierungen waren da. Ich war Studentin der Psychologie im 2. Semester in Berlin und sah ziemlich deutlich, was kam. Ich war von der Gewalttätigkeit erschüttert, weil ich eigentlich in einer friedlichen Welt aufgewachsen war, obwohl ich das Schicksal der Unterprivilegierten gesehen habe und mich gefragt habe, weshalb es ihnen nicht besser ging. Aber die Tatsache der Gewalttätigkeit und das nationalsozialistischen Irrsinns sowie die aufziehende Gefahr ist mir als Studentin damals sehr klar gewesen. Sehr klar wurde mir damit auch die Frage, was man eigentlich machen könnte, daß es so etwas nicht gibt.

Elmar: Könnte man also sagen, daß TZI der Schatten des Nationalsozialismus oder umgekehrt, der Nationalsozialismus der Schatten von TZI ist?

Ruth: Ja! – Ja. Mir ist ja oft vorgeworfen worden, daß ich den Schatten nicht sehe, daß ich die Aggression nicht zulasse oder daß ich sie zu wenig scharf sehe. Das ist eigentlich der größte Angriff, der sehr oft kam. Mit diesen Angriffen war ich nie einverstanden. Ich wunderte mich immer wieder, weil ich sehr das Gefühl habe, gerade *weil* ich den Schatten sehe, *auch* in mir, *auch* in der Gruppe, ich keinen Antrieb fühle, daß ich Aggression geradezu produzieren soll in einer Gruppe. Ich nehme sie als Realität, wenn sie kommt, und versuche zu sehen, was dahintersteckt und was ich machen könnte.

Ich sehe die Aggression oder vielmehr die Feindseligkeit nicht als angeboren, sondern als Reaktion auf Frustration. Darüber gibt es ja 2 Theorien. Die eine sagt, der Mensch sei böse geboren, und die andere sagt, er reagiere auf die schlechte Situation. Ich würde sagen, daß sicher beides eine Rolle spielt, aber für mich ist angehbare Seite die Frustrationsseite, wo man noch etwas machen kann, durch Gerechtigkeit und Liebe, die Grundfrage des Menschseins.

Das Böse ist immer im Menschen. Mit dem Schatten kann ich mich nicht in dem Sinne zufrieden geben, daß ich sage: Ja, der böse Mensch ist immer böse. Ich versuche, das zu verbessern. Das kann ich nicht, wenn ich zum vornherein sage: Da kann man nichts machen.

Elmar: Ich bin versucht, nunmehr auf das Lernen einzugehen, weil Lernen angesprochen wurde. Deine Äußerungen deuten darauf hin, daß du einen dynamischen Lernbegriff vertrittst, den Menschen als lernfähiges, veränderungsfähiges Wesen betrachtest.

Wie hast du Lernen erlebt und wie erlebst du Lernen?

Ruth: Ich glaube, wenn mich mein Gedächtnis nicht täuscht, daß ich eigentlich immer sehr gerne gelernt habe. Ich ging gerne zur Schule, war nie die Beste, ich war ein sehr geselliger Mensch. Als junges Mädchen habe ich wahnsinnig viel gelesen, Tag und Nacht, sehr schnell. Mein Vater hat mir nie geglaubt, daß ich wüßte, was in den Büchern steht, die ich gelesen hatte. Ich wußte es aber. Ganz im Gegensatz zu jetzt, wo ich auch viel lese, aber am nächsten Tag nicht mehr weiß, was ich gelesen habe. Lernen war also ursprünglich etwas, das ich bei Menschen und in Büchern gesucht habe.

Am Anfang der Hitlerzeit war ich dann in Zürich, wo ich weiterstudierte. Das Lernen an der Universität interessierte mich zwar, aber nicht sehr, weil ich damals eine Lehranalyse durchmachte, weil ich Analytikerin werden wollte. Und so standen denn die Beschäftigung mit mir selbst als auch die Fragen, weshalb es Kriege, Nationalsozialisten, Morde gibt, im Vordergrund.

Das beschäftigte mich damals sehr viel mehr als das, was ich gelesen habe. Deshalb besuchte ich neben den Pflicht-Vorlesungen vor allem Vorlesungen mit ethischer, theologischer und literarischer Thematik. Das, was ich damals in der Psychologie

lernen konnte, war im übrigen auch nicht sehr interessant. Und dann lernte ich für viele Jahre nur vom Leben. Viele Jahre hatte ich es nach meiner Emigration nach Amerika finanziell, gesundheitlich und persönlich sehr schwer. Viele Jahre. – Zwei Kinder habe ich aufgezogen. Lernen hieß damals mit Menschen sein, Therapeutin sein, Kongresse besuchen und vor allem mit meinen Kindern sein.
Und jetzt lese ich wieder viel.

Elmar: Also am Anfang lesen, in der Mitte des Lebens wenig lesen und jetzt wieder lesen.

Ruth: Ja, genau. Jetzt ist lesen wieder eine große Passion, nur eben mit dem Unterschied, daß ich das, was ich mit 20 gelesen habe, heute noch besser weiß als das, was ich vor einem Monat gelesen habe. Das ist in meinem jetzigen Leben eine große Schwierigkeit. Und dann frage ich mich nach dem Sinn.

Und der Sinn –? Ja? – die Frage, ob man ihn ins Leben *legt,* oder ob er im Leben *ist,* das ist, wie man in Amerika sagt, eine 65-Tausend-Dollar-Frage.

Eine Frage also, die man eigentlich nicht beantworten kann. Aber wenn ich biologisch denke, muß es ja einen Sinn haben, daß ein junges Wesen sehr viel Energie darauf verwendet, um Leben zu lernen, um neues Leben zu zeugen. Ein älterer Mensch ist vielleicht, so wie's mir jetzt geht, eher dazu da, das, was er gesammelt hat, weiterzugeben. Das jedenfalls ist meine jetzige Leidenschaft. Mein Lesen jetzt hat auch damit zu tun. Ich möchte das, was ich weitergebe, richtig weitergeben. Was mir wahrscheinlich nicht so ganz gelingen wird. Ich bin immer noch neugierig.

Was kann man lernen und lehren? Solche Fragen interessieren mich. Computerlernen hat mich nie so interessiert. Aber, wie man Lernstörungen behebt und wo die Störungen sind, das beschäftigt mich noch heute.

Eigentlich weiß jeder Mensch, was das heißt, wenn man mit etwas anderem beschäftigt ist, absorbiert ist, aufgeregt ist, in Lebensschwierigkeiten steckt, daß man dann nicht so gut lernt, wie wenn man fröhlich ist oder sehr interessiert ist usw. Mit Angst lernen ist keine so gute Grundlage. Das kenne ich auch, daß ich mit Angst gelernt habe. Aber das ist weder angenehm noch gut. Aber etwas ist mir aufgangen als alte Frau, etwas mir Neues. Ich konnte mich eigentlich nie ganz identifizieren mit jemandem, der sagt: Ich kann das nicht begreifen, ich habe das und das vergessen. Diese Situation war mir nie vertraut. Wenn ich etwas lernen wollte, habe ich es gelernt, und es war nicht schwierig.

Heute merke ich: Es gibt Menschen, es gibt Kinder, die entsetzlich leiden beim Lernen. Sie sind einfach zu langsam, weil sie länger brauchen zum Lesen, zum Nachdenken. Es ist *nötig,* als Lehrer zu wissen, daß dies keine faule Ausrede ist. Es gibt Menschen, die sind einfach langsamer oder ihr Gehirn ist einfach schlecht, schlechter als meines jetzt.

Das habe ich wirklich erst jetzt begriffen. Manchmal fühle ich mich direkt schuldig für Bemerkungen, die ich früher beim einen oder anderen Kinde gemacht habe, etwa derart: du könntest schon, wenn Du nur wolltest.

Es gibt also neben den psychologischen Störungen auch dieses anlagemäßige Phänomen, daß man nicht so gut lernen kann.

Elmar: Daß also die Leichtflüssigkeit fehlt?

Ruth: Ja. Auch, daß man einfach weiß, daß es das gibt. Ich wußte immer, daß Menschen verschieden sind, aber diesen Satz *wirklich* begreifen? –

Wenn Du fragst, wie man lernt, so ist für mich das Begreifen dieses Satzes am allerwichtigsten.

Das sage ich den Leuten, die im 1. TZI-Semester stehen: Wenn ihr nichts lernt in 1 Jahr außer diesem, daß Menschen verschieden sind, dann habt ihr wahnsinnig viel gelernt. Denn alle tendieren dazu, zu denken: Bei mir ist es so, bei dem ist es auch so. Wenn man es intellektuell noch so sehr weiß, diese Erkenntnis ist sehr schwierig, wirklich zu begreifen und zu integrieren.

Elmar: Menschen sind also verschieden. Sie lernen unterschiedlich schnell und auf verschiedene Arten.

Ruth: Ja. Das ist vielleicht einer der wichtigsten Beiträge der

TZI für Lehrer, daß wir sehr betonen, daß das beste Lernen dann passiert, wenn zum gleichen Thema jeder seinen eigenen Zugang finden darf, denn jeder Mensch ist anders, hat andere Anlagen und Lernerfahrungen, so daß das, was einem zu irgendwas einfällt, zu einer Mücke, einer Blume, einer Rechnung, eben ganz verschieden ist. Wenn man Kinder zwingt, zur gleichen Zeit das gleiche unter gleichem Zugang zu lernen, so muß man wissen, daß dies an sich schon eine Behinderung des natürlichen Lernens darstellt. Man kann vielleicht schon einen Kompromiß schließen und sagen: Ja, diesen Stoff müssen wir jetzt durchnehmen. Wobei es eine große Frage ist, ob das eine gute Idee ist. Aber wenn das schon so ist, dann sollte wenigstens der persönliche Zugang möglich bleiben, etwa derart, daß gefragt wird: Was bedeutet *Dir* z. B. diese Kuh? Für den einen ist es ein Geschäft, für den andern ein Tier, für den dritten ein Spielzeug usw. Das Bild muß herausgearbeitet werden. Nimm den Blumenstrauß, der hier steht. Ich sage: Schaut ihn an und sagt nur das, was ihr seht. Ich sehe jetzt z. B. diese Lilie, die nicht aufgegangen ist, aber nur wenig von der Rose. Der andere, der auf der andern Seite sitzt, sieht die Rose, aber die Lilie kaum. Und beide haben recht. Jeder sieht etwas anderes, weil er einen andern Standort hat.

Elmar: Wenn ich deine Darlegungen wiederum auf alte Menschen übertrage, könnte man dann sagen, daß der Sinn des Lernens und Lebens auch bei alten Menschen verschieden ist?

Ruth: Sicher! Sehr verschieden! Ich kenne auch viele alte Menschen, die sehr verschieden sind. Heute besteht die Tendenz, daß alte Leute a) noch etwas machen sollten und b) daß sie alle dasselbe machen sollten.

Ich habe oft gedacht, daß es alte Menschen gibt, die sehr viel gemacht haben im Leben und heilfroh sind, daß sie jetzt einmal auf dem Bänklein sitzen können, um die Vögel zu betrachten. Das tue ich z. B. auch sehr gern. Es gibt andre, die im Beruf bleiben wollen und die auch drin bleiben sollten, denn ihr Sinn geht ihnen verloren, wenn sie den Beruf nicht mehr haben. Andere gibt es, die sagen: Gott sei Dank, jetzt darf ich endlich etwas tun, das ich immer gewollt habe. Natürlich ist es auch immer eine Geldfrage. Ich selber möchte gerne noch eine ganze Menge Dinge sagen, die ich bis jetzt nicht aufgeschrieben habe. Allerdings benötigte ich dazu ungefähr zwanzig mal soviel Zeit, wie ich in jungen Jahren gebraucht hätte.

Elmar: C. G. Jung hat einmal gesagt, daß es in der zweiten Lebenshälfte darum gehe, sich für das Greisenalter, den Tod zu erziehen.

Ruth: Ich bin nicht ganz sicher, ob er es genau so sagte. Jedenfalls leben wir vom 1. Tag weg auf den Tod hin. Aber es ist genauso ein Hinleben aufs Leben. Beides ist drin. Ich lebe jetzt sehr viel mehr auf den Tod hin als früher, weil ich bestimmte Dinge noch erledigen will. Einen Gedanken hatte ich in letzter Zeit oft. Man spricht immer vom Wachsen, man spricht nie vom Verwelken. Das ist sehr schwer, vor allem zu merken, daß es gut ist. Ich weiß, daß ich verschiedenes nicht mehr kann. Was tue ich damit? Wie lebe ich damit? Was es auch immer sein mag: weniger hören, weniger sehen, weniger Freunde haben, weniger nützlich sein. Und den Sinn gerade im „weniger haben" sehen. Weniger muß nicht unbedingt nutzlos sein. Sicher gibt es auch da Grenzen. Ich habe eine Freundin, die ist so krank, daß sie niemand mehr zu erkennen vermag. Da ist es sehr schwer für einen anderen, noch den Sinn zu sehen. Trotzdem bleibt dem Menschen die Aufgabe gestellt, zu lernen, weniger zu können. Das, was ich lernte in diesem Zusammenhang, ist das Paradoxon, daß das Etwas-weniger-Können gleichzeitig etwas mehr ist, mehr an Wesentlichem. Ich rivalisiere z. B. viel weniger als früher. Dafür macht es mir viel mehr Spaß als früher, das Geschirr zu waschen.

Ich habe früher die Frage nach dem Weiterleben nach dem Tod nie ernsthaft in Betracht gezogen. Daß ich mich darauf vorbereiten würde?

Ich habe mich ja nicht einmal auf das Alter vorbereitet. Manchmal macht mir das Angst, auch wegen des Geldes.

Elmar: Könnte man sagen, daß der Sinn deines Lebens das Leben selbst ist?

Ruth: Ja! – Ganz sicher. Je länger, je mehr. Weißt Du, wenn Du Kinder hast, hast Du nicht so viel Zeit, wie ich jetzt habe. Ich habe heute das bestimmende Gefühl, daß ich nicht aus dem Leben fallen kann.

Was auch immer geschehen mag nach dem Tod, weiß ich nicht. – Ich denke jetzt mehr über die Gottesidee nach als früher. Ich glaube daran, daß es ein geistiges Prinzip gibt, für dessen Fortschritt ich mitverantwortlich bin. Ich habe eine Aufgabe, du hast eine Aufgabe, die es zu erfüllen gilt. Der Sinn des Lebens hängt damit zusammen, daß ich für irgend etwas da bin in meinem Fühlen, Denken, Tun. Das Paradoxon des werdenden Gottes und des ewigen Gottes ist neu in meinem Denken, daß ich mitverantwortlich bin, daß Gott geschieht und Gott *ist,* werdend und ewig.

Ruth Cohns spontane Äußerungen

überreicht von der Therapeutengruppe „TZI und Therapie" (März 1981)

Lieber einen Millimeter in die richtige Richtung als drei Meter in die falsche.

Kannst du das akzeptieren, daß du jemand negativ bewertest *und* daß er nichts (oder nur wenig) dafür kann?

Steh zu dir und deinem Gefühl, ohne den anderen damit zu belasten, daß er sich deswegen ändern muß!

Das sind die erhebendsten Augenblicke in meinem Leben, wenn ich nichts tue!

Wenn ich lange Zeit ganz allein bin, höre ich auf, kreativ zu sein!

Jetzt schreibst du deine Lebensgeschichte – ich schlag' dir vor, damit anzufangen, wenn du sie zu Ende gelebt hast!

Teilnehmer: ich weiß es nicht.
Ruth: Weiß mal!

Ein Therapeut ist ein Wachstumsexperte.

Wieviel Liter Zuwendung brauchst du täglich?

Jeder therapeutische Vorgang ist ein Versuch. Manchmal gelingt er.

Das WIR ist kein WIR ohne MICH, und das ICH ist kein ICH ohne WIR!

Zum Traum eines Teilnehmers:
Geh mal in diesen griesgrämigen Mann 'rein. Es gibt nichts zu lachen auf der Welt. Er starrt auf einen Punkt ... und streich dieses Gefühl nicht gleich mit deinem Lächeln weg.

Ruth an Teilnehmerin:
Du siehst auch alle Wölfe als Lämmer.

Ruth zu Teilnehmer:
Du kannst dich noch so sehr an dir festhalten. Es nützt dir nichts, wenn du bei deiner Stange bleibst und der andere bei seiner.

Teilnehmer: Ich laufe immer mit einem Bild herum: Die Leute könnten „nein" sagen. Wovor habe ich eigentlich Angst?
Ruth: Vor der nächsten Minute.
Rezept: Bleib in *dieser* Minute.

99% der Menschen wissen nicht, daß es gut ist zu weinen, zu schreien, traurig zu sein, aufgeregt zu sein, ...

Erklärungen sind Felsen im Fluß. Sie sind da. Du mußt sie nur sehen.
(Was kann ich dagegen tun?)
Weiterfließen.
(Wohin?)
Das weiß der Fluß nicht. Fließ weiter!

Das ist mein Glaube:
Wenn ich mich ausdrücke, ohne bewirken zu wollen, bewirke ich schon. Wenn ich nichts bewirken kann, kann ich wenigstens noch ehrlich sein.

Ruth über Erlebnistherapeuten:
Intuition trägt ihn. Er weiß, was er tut, wenn er auch nicht weiß, was er tut.

Blind vertrauen ist nicht die Kraft des Guten, sondern Idiotie.

Indoktrination steht auf schwachen Füßen.

Sag mal, gibt es eigentlich irgendeinen Menschen, der in irgendeiner Situation nicht wichtig genommen werden will?

Ich bin (oft) in Gefahr zu reagieren, wenn ich agieren muß! Du auch?

Es gibt Menschen, die fressen so viel in sich hinein, daß sie nicht zur Verdauung kommen.

Ich muß aufpassen, daß der gesunde Anteil eines anderen nicht meinen kranken Anteil aktiviert.

„Persönlich“

Radiosendung aus der Reihe des DRS 1 vom 2. Juni 1985

Gesprächsrunde mit dem Studiogast Ruth C. Cohn
unter der Diskussionsleitung von Heidi Abel

Heidi Abel lernte ich erst bei der Gesprächsrunde – „persönlich“ kennen. Ich hatte sie schon in den ersten Tagen, als ich nach Europa zurückkam, am Bildschirm gesehen. Jede Woche einmal zeigte sie, mit einer Wärme und Echtheit, die mich tief anrührte, einige Hunde, für die ein neues Heim gesucht wurde. Dabei sprach sie mit jedem Hund einzeln und liebkoste ihn, als ob sie selbst die Hundebesitzerin wäre. Ich war davon so fasziniert, daß ich versuchte, diese Sendung regelmäßig anzusehen.*

Als ich Heidi Abel an jenem Juni-Sonntagmorgen 1985 im Studio „persönlich“ kennenlernte, gingen wir zusammen mittagessen. Da fragte ich sie, wie lange sie die Hunde jeweils gekannt hatte, bevor sie sie am Bildschirm vorführte; und sie sagte erstaunt, daß sie sie überhaupt nie vorher gesehen hätte. Sie seien ihr gerade ein paar Minuten vor Anfang der Sendung vorgeführt worden.

Von jenem Morgen an kamen wir uns nahe. Zu meiner Verwunderung wollte sie TZI studieren, trotz des großen Publikumserfolgs, den sie selbst hatte, wenn sie Gruppen leitete. Sie sagte, daß sie vom Showbusiness zurücktreten wolle, jetzt wären ihr soziale und politische, speziell ökologische Themen wichtig.

Sie fing das Studium an. Wann immer ich mit ihr, sei's in Zürich, sei's in der kleinen Stadt Meiringen oder in meinem Bergdorf über die Straße ging, staunten Menschen ihr nach, wie ich es von niemandem zuvor erlebt hatte.

Einmal, als ich eine Frauengruppe in Meiringen leitete, nahm ich Heidi als meinen Gast mit. Als sie aus dem Fenster schaute und Bäume entdeckte, die offenbar krank waren, kamen ihr Trä-

* Moderatorin der Sendereihe „Persönlich“ des Schweizer Radio DRS 1, gestorben 1986.

nen in die Augen. „Ich kann es nicht ertragen zu denken, daß Wälder sterben können."

Wenige Monate später erzählte sie mir, daß sie krebskrank war. Sie kämpfte mit allen ärztlichen und randärztlichen Mitteln dagegen an. Heidi Abel starb am 23. Dezember 1986.

Die Radiosendung „Persönlich" wurde etwa alle drei Wochen live am Sonntagmorgen aus dem berühmten Restaurant „Atlantis" in Basel gesendet. Restaurant- und Café-Gäste saßen an den Caféhaustischen. Heidi Abel und ihr „Mitspracheteam" waren jeweils für eine Serie von Sonntagmorgen-Vorstellungen des „Persönlich" engagiert. Dazu wurde immer ein öffentlich bekannter Gast eingeladen, der persönlich vorgestellt werden sollte.

Zur Gesprächsrunde gehörten: Vreni Schmidlin, Roland Kressig und Bastian Nussbaumer. (Sie werden im Gespräch von Heidi Abel selbst eingeführt.)

Ich hatte zunächst dieses schweizerdeutsche Gespräch für das vorliegende Buch sehr gekürzt. Dann hat mir das leid getan. Die Übersetzung ins Schriftdeutsche läßt bereits viel von Heidis strahlender Persönlichkeit aus. Daher möchte ich zumindest eine ungekürzte Übersetzung versuchen. Wenn ihr Bild schon nicht mehr im Fernsehen erscheint, möchte ich Heidi Abels Wesen durch ihr gesprochenes Wort lebendig werden lassen. Ich glaube, daß ich damit speziell den Schweizer Lesern und vor allem Leserinnen eine – wenn auch traurige – Freude mache.

*

Heidi Abel: Guten Morgen, liebe Hörerinnen und Hörer daheim, guten Morgen auch Ihnen, die heute ins „Atlantis" in Basel gekommen sind, nachdem wir ja vor drei Wochen so ein bißchen ausgeflippt und in die Mustermesse gegangen sind, mit unserer ganzen Stammrunde. Die Stammrunde ist immer die gleiche, aber es gibt natürlich auch immer wieder Hörer, die sich neu einschalten, und da glaub ich schon, daß es wichtig ist, daß wir jetzt sagen, wer hier zusammensitzt:

Da sitzt einer, der an seiner Pfeife saugt und der so einen ganz kontemplativen Ausdruck hat, das ist der Bastian Nussbaumer. Der hat mit Gruppen zu tun, und das ist so ein bißchen der Sinn auch unseres heutigen Themas. Er arbeitet mit jungen Menschen, die sich bei seiner Stelle melden. Das ist eine staatliche Stelle, ja?

Bastian Nussbaumer: Jawohl, das ist das Jugendamt Basel-Stadt.

Heidi: Jawohl, und dort können sich junge Menschen, die herausbekommen haben, daß sie allein nicht gut weiterkommen und Kontakt haben wollen, melden. Und vis-à-vis von ihm, das ändert sich jedes Mal ein bißchen, wir sind nämlich sehr gruppendynamisch, und darum verändern wir uns auch immer wieder - sitzt heute die Vreni Schmidlin. Sie lacht und ist ganz sonnenbraun gebrannt. Und sie ist die Hausfrau in unserer Runde ...

Vreni Schmidlin: Und darum braungebrannt!

Heidi: ... und hier der Roland Kressig, dem ich gerade jetzt auf den Schoß falle, so nah sind seine Arme bei mir; also der Roland Kressig, der ist unser Doktor, der Phlebologe. Der hat mit Beinen zu tun. Und wenn das vielleicht ein bißchen blöd tönt, sag ich es doch gern wieder mal, er hat mit Krampfadern zu tun. Das ist schon was, woran man sich ein bißchen gewöhnen muß. Das ist auch ein Tabu, das darf man fast nicht sagen, hmm.

Roland Kressig: So ist es!

Heidi: So ist es. Und jetzt kommen wir zu unserem Gast, den ich heute eingeladen habe. Ich habe schon seit anderthalb Jahren gedacht, diese Ruth Cohn würde ich schrecklich gern mal in unserer Runde haben. Ich finde, es paßt sehr gut, weil wir ja eben auch eine Gruppe sind. Sie ist eine Spezialistin für Gruppenarbeit, Sie ist, das sag ich, glaub ich, richtig, die Erfinderin von der weltberühmten TZI-Methode, Themenzentrierte Interaktion – nein – jetzt schalten Sie bitte nicht aus, sondern bleiben Sie dran, wir machen kein Fachgespräch, sondern ein Gespräch, das eigentlich gerade die, die gegen Gruppen sind, sich anhören sollten und dabeibleiben.

Ruth Cohn: TZI, Themenzentrierte Interaktion, ist eine Methode, die einem helfen kann, therapeutische und nichttherapeutische Gruppen zu leiten.

...

Heidi: Würden Sie uns ganz kurz sagen, damit wir das besser verstehen, was ist das denn, TZI?

Ruth: Das Wort Interaktion kann man in zwei Worte zerlegen und verstehen: inter und Aktion. Aktion ist ja ein bekanntes Wort, und inter ist auch vielen klar in anderen Zusammenhängen: inter-national, inter-im, Inter-laken etc. Es bedeutet so etwas wie „dazwischen". Wenn zwischen Leuten also etwas vor sich geht, dann sind sie in Interaktion; sie reden miteinander, agieren miteinander, handeln miteinander.

Das Wort ist eigentlich etwas zu abstrakt für das, was es bedeutet. Es kam zustande, weil ich als Gruppentherapeutin ein Wort suchte, das auch für Gruppen, die miteinander handeln, gilt, also auch für Nicht-Therapeuten-Gruppen.

Heidi: Im Buch „Gelebte Geschichte der Psychotherapie", das Sie und Alfred Farau geschrieben haben, ist mir übrigens schwarz auf weiß klar geworden, wie wichtig es ist, daß eben nicht nur so auf der Kopfebene miteinander geschwätzt wird, sondern daß wir auch unsere eigene Gefühlsebene miteinfließen lassen können. In unserer Gesellschaft ist es ja sonst so, daß der Kopf im letzten Jahrzehnt, oder sagen wir im letzten Jahrhundert, immer mehr Gewicht bekommen hat, ja er wird jetzt oft schon zum Wasserkopf.

(Lachen)

Heidi: Und der Wasserkopf, der hat irgendwie den Bauch, der unter ihm sitzt, unterdrückt. Und jetzt ist es so, daß der Bauch ein bißchen von unten raufkommt, und jetzt muß man aber gewiß nicht ein Bauch-Mensch werden, sondern eine Balance finden.

Ruth: (lacht) Ja, ich hab mir gerade vorgestellt, wie's ist, wenn der Bauch nach oben kommt und der Kopf runtergeht, wie das dann wohl aussieht!

(Heidi lacht)

Ruth: Ja, es gibt jedenfalls heute schon Gruppen, wo einer, wenn er intelligent ist und sich über Sachen Gedanken macht, zu hören bekommt: „Also ich mag den Kopf gar nicht, jetzt red doch mal aus dem Bauch“. Und dann gibt's andere Leute, die den Bauch – wenn man's jetzt symbolisch nimmt – überhaupt nicht mögen. Und wenn man's feministisch ausdrückt, sagt man, das sei typisch Mann, für den Gefühle gar nichts gelten. Und darum sei es schwierig für Frauen, in einer Männergesellschaft etwas zu gelten. Frauen sind im allgemeinen, Gott sei Dank, seit Jahrhunderten gewöhnt, Gefühle auch wichtig zu finden, nicht wahr?

Heidi: Hängt das wohl ein bißchen mit dem zusammen, daß es so viele Leute gibt, die sich sträuben, wenn sie nur das Wort Gruppe schon hören? Da stehen sie dann wie der Esel am Berg, denn das ruft ja unbewußte Widerstände in den Leuten hervor, wenn jemand sagt: „Du, das wär doch noch glatt für Dich, komm doch auch einmal in eine Gruppe!“ Und dann weiß der andere natürlich unterschwellig, denn unterschwellig weiß man ja immer sehr viel, nicht wahr, daß es an seinen Gefühlshaushalt geht und daß er auch darum Angst kriegt – und daher die Angst gegen alles, was Gruppe heißt.

Ruth: Ja, wenn man das so ausspricht: „Komm Du mal in eine Gruppe“, so müßte man ja doch erst einmal wissen, was das für eine Gruppe ist. Also wir sind jetzt eine Gruppe, wie Du gesagt hast, ach Verzeihung, hmm, hmm, Sie, meine ich.
(Lachen)

Ruth: Ja, also es ist so mit mir, das ist eben so, das ist immer mein Problem, denn ich sag von morgens bis abends immer Du zu allen Leuten, aber im Fernsehen und im Radio darf man's nicht und hmm, hmm, ...

Heidi: Also heute dürfen Sie das schon, glaub ich, also wenn das in Ordnung ist für alle von uns hier, dann sagen wir doch mal heute alle Du!

Ruth: Nein, das hab ich auch nicht gern, nein, so überfahren möcht ich niemand, also ... wenn's mir rausrutscht, wenn Du's gern hast, dann sag ich Du zu Dir, aber wenn's die anderen nicht gern hätten ...

Roland: Aber eine brauchbare Ausrede für Sie wäre doch Ihr Aufenthalt in England, oder ah, in Amerika?

Ruth: Ja, das ist sehr gut formuliert, eine Ausrede. Es ist viel mehr, als daß ich in Amerika war.

Es ist halt so: Ich hab merkwürdigerweise schon als Kind Mühe gehabt, Sie zu sagen, das heißt, ich hab's abgelehnt, schon als ich sechs Jahre alt war. Ich hab einen ungeheuren Kampf mit einer Lehrerin gehabt, die ich sehr gern hatte, und ich hab einfach nicht verstanden, warum ich „Sie" sagen muß und sie sagt „Du" zu mir, das hat mir nicht gepaßt.

Ich hab natürlich nachgeben müssen. Und dann hatte ich Klavierstunden, wie ich acht Jahre alt war, und die Lehrerin hat Felicitas Diamant geheißen.

Roland: Uii!

Ruth: Und das hab ich so schön gefunden, speziell Felicitas, daß ich gesagt habe, also: Ich sag jetzt Felicitas! Und die Felicitas hat aber dieses Felicitas nicht hören wollen, sondern Fräulein Diamant, und da hab ich wieder nachgeben müssen. Also, ich bin ein braves Kind gewesen, das glaubt man mir heute nicht, aber ich bin wirklich ein braves Kind gewesen.
(Lachen)

Ruth: Und dann hab ich auf dem Boden gelegen und habe mit den Füßen gestampft und hab gesagt: „Ich nehm keine Klavierstunde, wenn ich nicht Felicitas sagen darf", aber dann hab ich wieder verloren, wie in der Schule und drum bin ich dann also nach Amerika!
(Applaus und Lachen)

Heidi: Aber Ruth Cohn, das dünkt mich so typisch, ich mein, das ist ja ganz offensichtlich schon bei der kleinen Ruth so gewesen, wie sie noch nichts gewußt hat davon, daß sie partnerschaftlich und nicht hierarchisch mit den Menschen umgehen will, vor allem auch mit denen, die sie liebt, und das ist ja auch so reingeflossen in Ihre partnerschaftliche themenzentrierte interaktionelle Methode. Im klassischen Sinn war der Analytiker doch wohl der, der immer im weißen Kittel mit bedeutsamer Miene und bedeutsamen Gesten dasitzt und dem andere etwas erzählen, und er schweigt und sagt nichts dazu, höchstens mal ein Wort, das für hundert Jahre Gültigkeit haben muß, und das haben Sie ja auch alles ganz durcheinander gebracht!

Ruth: Es hat mal jemand geschrieben, ein Dichter schreibe das ganze Leben immer das gleiche, und das hab ich nachkontrolliert, das stimmt wirklich, irgendwo sind die ganz frühen Dinge, über die man schreibt, immer noch später drin. Als ich das Buch geschrieben hab, da ist mir auch die Frage gekommen, was denn eigentlich anders ist bei der humanistischen, oder auf deutsch gesagt – menschlichen Psychologie. Und ich hab mich gar nicht so genannt, in Amerika, humanistische Psychologin, das Wort ist mir damals nicht gekommen. Ich denke jetzt, daß, im Unterschied zu anderen Psychologien, hier die Werte zentral sind. Ich hab mir auch überlegt, wo kommt eigentlich meine Wertebesessenheit her? Und die hab ich wirklich. Das ist auch in dem Buch drin. Es ist mir bedeutsam geworden, daß ich mich eigentlich schon von Kindheit an mit Werten beschäftigt habe, z. B. die Partnerschaftlichkeit hab ich wichtig gefunden.

Roland: Wem offerieren Sie ihre Dienstleistung? Kommen die Patienten zu Ihnen, weil das Leute sind, die sich krank fühlen oder allenfalls von Ärzten als krank erklärt werden. – Sie reden auch von Gruppe – kommen auch Leute mit allgemein menschlichen Bedürfnissen zu Ihnen, sind Sie sozusagen ein Surrogat für die zerstörte Gesellschaft? Machen Sie das, was eigentlich eine Familie machen sollte? Offerieren Sie einfach gegen Entgeld etwas, was wir gratis haben könnten in einer persönlichen, unzerstörten Umgebung?

Ruth: Also ich möchte jetzt wirklich unterscheiden zwischen ganz verschiedenen Arten von Gruppen. Es ist ungefähr so, wie wenn Sie jetzt sagen würden: „Warum gehen Sie in einen Laden? Was wollen Sie da? Wollen Sie Fleisch kaufen oder Butter, Schuhe oder einen Badeanzug“; ja und ich bin so eine Art Straße mit vielen, vielen Läden. Und der eine Laden ist individuelle Psychotherapie, da kommen wirklich meistens kranke Leute oder solche, die meinen, sie würden es gern ein bißchen schöner im Leben haben, als sie es haben, oder solche, die als Therapeuten für ihren Beruf gern mehr dazulernen möchten.

Und dann gibt es einen Laden für psychotherapeutische Gruppen und einen Laden für verschiedene Arten von Selbsterfahrungsgruppen.

Und dann gibt es z. B. einen Laden für Lehrer und Lehrerinnen. Wie kann ich eine Klasse so unterrichten, daß ich nicht nur vorne stehe und Vorträge halte und Noten gebe und sage: „Also das ist gut, und das ist schlecht, das ist grausig, das ist phantastisch!“, sondern daß ich mit den Kindern als Gruppe arbeite, wo jeder sagen kann, wie er oder sie gut lernt, und daß ich als Lehrerin auch frei bin in meiner Art zu lehren. Und vor allem, daß ich als Lehrer oder Lehrerin sagen kann: „Ja, das weiß ich auch nicht; aber es gibt da eine Bibliothek, Du könntest mal nachschauen, und dann kommst Du und erzählst, was Du herausgefunden hast“. Das ist also mein TZI-Lehrer-Unterrichts-Laden. Dort spielt es viel weniger eine Rolle, ob sie krank sind oder nicht, denn Lehrer können krank sein oder auch nicht, sie lehren!

(Lachen)

Roland: Dann können Sie auch lernen zu lehren?

Ruth: Ja, das ist genau das, wofür eine Lehrergruppe da ist. Themenzentrierte Interaktionsgruppen für Lehrer – das ist eine Art zu lehren, wie man unterrichten kann, so daß man die Kinder als ganze Personen sieht, und nicht nur als Notenfabrikanten. Und die Lehrer und Lehrerinnen können sich auch als Menschen fühlen, die mit vielen Kindern zusammensind und noch mehr wollen als nur einen Stoff lehren. Und wie kann man Stoff so lehren, daß es für die einzelnen Kinder auch paßt.

Ja, und dann gibt's ja auch noch andere Läden, wie z. B.

einen für Wirtschaftler, das ist ein bißchen ein schwieriger Laden, weil da immer die Frage größer ist als bei Lehrern: „Und was hab ich davon?“ oder „Was hat die Wirtschaft davon?“ Also die erste Wirtschaftsgruppe, die ich gehabt habe, die ist ganz schwierig gewesen, weil immer die Rückfrage war: „Und was ...“

Vreni: Was ist eine Wirtschaftsgruppe?

Ruth: Also das sind kommerzielle Betriebe ...

Vreni: Also Sie machen das Gegenteil von Macchiavelli, oder so?

Ruth: Ja, den hab ich persönlich zwar nicht gekannt, der ist ja schon lange tot ...
(Lachen)

Vreni: Den Freud haben Sie wohl auch sicher nicht mehr gekannt?

Ruth: Ja, aber von dem weiß ich noch mehr ... Erzähl mir mal, was ist das mit dem Macchiavelli?

Vreni: Also, der wird so ausgelegt: „Das Böse im Menschen kann man praktizieren lernen.“ Und jetzt hab ich Sie gefragt, ob Sie das Gegenteil von dem machen mit den Wirtschaftsleuten, wie Macchiavelli?

Ruth: Ja, das ist eine gute Beschreibung. Die Frage, wie kann man in Betrieben nicht vergessen, daß es sich nicht um Leistungsmaschinen handelt, sondern um Menschen, gell? Und daß man trotzdem effizient sein kann. Das wäre also Arbeit mit Wirtschaftlern.

Vreni: Dann ist es also nicht der Schritt, daß der Manager zu Ihnen kommt, damit er etwas besser macht als andere? Der läßt es also mit sich geschehen, daß man ihm ans Eingemachte geht? Also dann weiß er schon, daß er noch etwas dazulernen kann?

Ruth: Wenn es gut geht, ja, dann ist es das. Und wenn's schlecht geht, dann müssen wir ihm doch unseren Weg zeigen, wie wir auch human sind, menschlich, und daß wir etwas für die Leute tun wollen, solange es nicht den Profit verzögert oder verschlechtert. Ich arbeite nicht sehr viel mit Wirtschaftsleuten, aber viele meiner Schüler tun es ...

Heidi: Schüler?

Ruth: Ja, Schüler, Menschen, die dieselbe Methode anwenden, die mehr mit der Wirtschaft schaffen als ich: Ich selbst bin immer mehr an Lehrern interessiert gewesen. Ich will ja ein bißchen mehr gesellschaftlich arbeiten, darum bin ich interessiert, daß Menschen früh anfangen, besser miteinander zu leben, d.h., daß sie selbst überleben und leben.

Vreni: Wissen Sie, Frau Cohn, Frau Ruth, an Ihnen fasziniert mich ...

Ruth: Schon recht, schon recht ...

Vreni: An Ihnen fasziniert mich ...

Ruth: Sie sind Frau Vreni, ja?

Vreni: Ja, an Ihnen fasziniert mich Ihre Sicherheit. Mich fasziniert immer, wenn einer von sich überzeugt ist, und ich glaub, bei Psychoanalyse ist das so ziemlich der heißeste Ansatz, den's überhaupt gibt. Psychoanalyse heißt auf deutsch, daß sich jemand erdreistet, die Seele eines anderen zu analysieren, und dann glaubt man ihm auch noch. Und wie kommt man denn überhaupt darauf, daß man das kann? Und was macht Sie so sicher? Daß die Leute dann nach Hause gehen und sagen: „Aha!"

Ruth: So sicher bin ich überhaupt nicht. Wieso sind Sie so sicher, daß ich so sicher bin?

Vreni: Eben so, so wenn ...
(Lachen)

Vreni: Das fasziniert mich eben an Ihnen, Sie strahlen so eine Sicherheit aus.

Ruth: Ja, also sicher bin ich sicher, daß ich kein Macchiavelli bin. Das ist schon mal was, nicht? Ich bin auch sicher, daß ich ganz viele Erfahrungen habe, daß es Menschen besser geht, wenn sie ... Jetzt red ich also wirklich von mir, ich kann natürlich nicht für alle Psychoanalytiker und alle TZI-ler und alle Leute reden – aber daß die meisten Leute schon irgendwie etwas davon profitieren, von der Therapie, das ist eine gewisse Erfahrungssicherheit. Und mit Profitieren meine ich, daß sie sich jetzt besser fühlen und daß sie besser mit der Gesellschaft auskommen als zuvor.

Ich glaub, daß ich noch nicht von allen Läden gesprochen habe, aber daß die Lehrer, die lang genug und intensiv und glücklich genug damit studiert haben, wirklich nachher besser unterrichten. Das ist eine Erfahrungssache für mich, besser als Mensch, besser im Wohlbefinden, besser mit Leuten, fröhlicher mit der Sache, an der sie schaffen.

Bastian: Ich glaube, daß das die Überzeugung ist, bei der ich bei Dir, Ruth, spüre, daß Du die Sicherheit hast, weil Du denkst, es läßt sich wirklich sehr viel mehr verändern, als man's im allgemeinen annimmt.

Ruth: Ja, das glaub ich schon.

Heidi: Ist es nicht auch so, Ruth, daß Du meintest, daß wir ein neues Gemeinschaftsgefühl erlernen müssen? Es gibt kaum noch Großfamilien, wir sind meistens nur zwei, drei oder vier in einer Kleinfamilie. Wenn die Eltern alt sind, dann nehmen die Kinder sie selten zu sich; wir müssen wieder von Null anfangen, uns solidarisch zu fühlen, nicht nur mit der eigenen Verwandtschaft, sondern mit jedem anderen Geschöpf nicht nur mit denen, die zwei Beine haben, sondern auch mit allem, was da fleucht und kreucht. Und so ein Solidaritätsgefühl läßt sich doch sicher in einer Gruppe besser erlernen als z. B. auf der Couch beim Psychiater. Da ist man ja selbst egozentrisch und das einzig Wichtige.

Ruth: Das stimmt, aber es gibt andere Therapieformen, bei denen man nicht auf der Couch liegt. Das fing schon zu Beginn dieses Jahrhunderts mit Alfred Adler an, der das Wort Gemeinschaftsgefühl geprägt hat. Für ihn war das Gemeinschaftsgefühl ein wesentlicher Maßstab für die Gesundheit des einzelnen. Heute steht sicher die Frage nach Solidarität und Gemeinschaft wahnsinnig im Vordergrund. Das hat die Gruppenbewegung sicher auch unterstützt.

Vreni: Ruth, wenn ich Gruppe höre, dann hab ich immer nur eine Assoziation. Wenn ich Gruppe höre, dann kommt mir in den Sinn, daß es mit einer Gruppe angefangen hat, mit den zwölf braunen Hemden, und auch die Fußball-Rowdies sehe ich wieder vor mir. Also Gruppe erscheint mir immer als etwas Negatives. Ich wäre dafür, daß man das Individuum pflegen würde, weil die meisten Leute sich nur in einer Gruppe stark fühlen, und wenn sie allein sind, dann sind sie schwach. Jetzt hab ich immer das Gefühl, die Gruppe fördert das noch, daß man so Gangs um sich herum braucht und als Individuum untergeht. Das ist für mich die Assoziation „Gruppe".

Bastian: Das stimmt natürlich überhaupt nicht; darum geht's gar nicht.

Vreni: Für Dich geht's nicht darum, dann erklär's mir doch!

Bastian: Ja, aber das ist wirklich merkwürdig, denn diese Haltung ist mir ganz fremd. Ich finde, die wichtige Entwicklung, die von so' ner TZI oder überhaupt von der Psychologie und von der Haltung, die dahintersteht, ausgeht, ist, daß man miteinander redet, wenn man in einer Gruppe ist. Etwas verändert sich ja schon, der Umgang, eben die Interaktion verbessert sich – auf dem Bau oder auf der Straße oder wo man sich in einer Gruppe trifft oder in der Beiz. Überall kann man sich auf sein Gegenüber besser einstellen. Und darum geht's ja eigentlich. Also Deine Erlebnisse, wie Du sie jetzt schilderst, Vreni, finde ich sehr negativ.

Vreni: Ja, das ist aber eben meine Assoziation mit Gruppe …

Bastian: Die Veränderung muß von Dir selber kommen, Du kannst nicht darauf warten, bis Dich jemand zum Blühen bringt.

Vreni: Zu was bringt?

Bastian: Zum Blühen in der Gruppe.

Heidi: Sie blüht!

Vreni: Aha, sie blüht.

Bastian: Aber sie will allein blühen, offenbar, weil sie denkt, daß sie in der Gruppe nicht blüht. Aber Du kannst auch in der Gruppe blühen. Das ist mir nicht ganz klar, warum Du das Gefühl hast, Du könntest in einer Gruppe nicht blühen.

Vreni: Ha – jetzt dreht er's genau um.

Roland: Veränderung kann eigentlich nur an der Wurzel unserer Gesellschaft passieren, in der biologischen Gruppe der Kleinfamilie, durch die frühen Gemeinsamkeiten. Denn da entstehen ja alle sozial relevanten Kranken, die neurotische Entwicklung auch. Das kann man fast so definieren. Darum bin ich jetzt so froh, das begreif ich erst jetzt, daß Ruth eigentlich abgewandert ist aus der Individualtherapie als ineffiziente, fast ein bißchen wirkungslose Einzelbehandlung über Jahre, abgewandert in die Lehrtätigkeit mit Leuten, die das korrigieren müssen und auch in Gruppen, wo's einen Sinn hat. Das entspricht ja auch der modernen Auffassung von der Ganzheitsmedizin, das entspricht vor allem auch der jetzt propagierten prophylaktischen Medizin. Nur darin kann unser Heil liegen, nicht in Symptombehandlung.

...

Ruth: Ich bin immer noch bei meinen Läden. Also es kommt jetzt darauf an, in welchen meiner Läden Sie gehen wollen, nicht wahr? Ich habe auch noch Einzelpatienten. Es gibt wirklich Menschen, die mal Zeit für sich selbst brauchen, Zeit, die sie als Kind vielleicht nicht gehabt haben, mit jemand, der ihnen zuhört und sie versteht.

Und dann gibt es den Laden für Gruppentherapie, wo noch ein Element dazukommt, nämlich neue Erlebnisse mit anderen Menschen, die im Zusammenhang mit den eigenen Schwierigkeiten untersucht werden. Der Laden für „Selbsterfahrung" hat auch mehrere Abteilungen, die amateurhaft oder professionell geleitet werden. Und dann gibt es den Laden der TZI-

Gruppe, auch wieder mit verschiedenen Abteilungen, z. B. für verschiedene Berufe. Und in allen Gruppenarten gibt es die Frage, ob die Leute freiwillig kommen oder gezwungen. Es gibt Zwangsgruppen, z. B.: im Gefängnis oder im Klassenzimmer. Es gibt also „so'ne und solche" Gruppen! Was Sie beschrieben haben, Vreni, ähnelt eher einer Herde, nicht wahr? Das hat Freud sehr schön gesagt, als er über Massenpsychologie schrieb, daß das niedrigste Niveau in einer Gruppe bestimmend wirkt. Aber was heute in professionellen Gruppen versucht wird, ist ja nicht, Herden zu erziehen – außer in einer Diktatur kommt ja kaum ein Mensch auf solche Ideen –, sondern einzelne in Gruppen.

Da könnte z. B. ein Manager von einem Fußballteam am Anfang eines Trainings sagen: „Jetzt müssen wir uns zuerst mal darüber unterhalten, was es bedeutet, daß man Sport treibt. Was heißt es, daß wir ein Team sind? Wie muß ich auf die anderen achten? Was bedeutet es, wenn wir gegen ein anderes Team kämpfen und nachher dem Gegner die Hand schütteln und sagen: das nächste Mal gewinnen wir vielleicht, heute ist es Euch gelungen."

Mir fällt jetzt sogar eine konkrete Erfahrung, von der ich weiß, ein – ein Lehrer, der in einem Internat arbeitet in Bayern, wo er das so mit seinen Schülern gemacht hat. Da sind Buben zu ihm gekommen, die sich geärgert hatten, daß sie immer verlieren. Und dann hat er sich mit ihnen hingesetzt und hat eine Besprechung gehabt, was es bedeutet, zu verlieren und zu gewinnen. Was es bedeutet, sich selbst und die anderen gelten zu lassen. Und dann haben sie auf einmal auch ab und zu gewonnen, und das hat sie natürlich gefreut. Aber das ist für mich ein Nebenerfolg. Der Haupterfolg war, daß sie verstanden haben, wozu das gut ist!

Heidi: Ist das nicht überhaupt etwas, was immer mißverstanden wird? Das ist ja eigentlich durchgekommen bei dem, was die Vreni vorhin zu Dir gesagt hat, Ruth: Man hat immer das Gefühl, daß in der Gruppe das ICH nicht gepflegt wird. Also, vorher wurde über die Einzeltherapie gesagt, daß es dort nur auf das ICH ankommt: *Ich* bin wichtig, *ich* bin neurotisch, *ich* habe Schwierigkeiten. Jetzt meint man oft, daß nur das WIR im Mittelpunkt stehen darf. So wie meine Mutter gesagt hat, daß man keinen Brief mit dem Wort „ich" anfangen darf, z. B. „Ich finde es wunderbar, daß ich in den Ferien bin ...", sondern man soll das umschreiben. Unter dem Tisch hat man dann trotzdem das „Ich" eingebracht. Man müßte ein besseres Verhältnis zum Wörtchen „ich" finden, d. h. zu unserer Person. Dann ginge das alles besser, wenn ich zu mir ein gutes Verhältnis habe, kann ich auch zu Dir ein besseres haben, denn wenn ich mich selbst kennengelernt habe, dann kenne ich Dich ja auch irgendwie; ich meine, jeder Mensch hat ähnliche Probleme, und wenn ich das in der Gruppe gelernt habe, was für Schwierigkeiten einzelne haben, dann dämmert mir plötzlich, daß ich eigentlich ganz menschliche Probleme habe wie andere auch und daß man das auch ausdrücken kann. Ich bin mit meinen Problemen nur menschlich, nichts anderes, ich bin nicht krank, ich bin nicht hochgradig neurotisch, sondern neurotisch wie alle anderen.

Ruth: Da hast Du Glück!

Heidi: Glück, warum?

Ruth: Daß Du neurotisch bist wie alle. Und nicht mehr und nicht weniger.
(Lachen)

Heidi: Seit ich Gruppenerfahrung habe, ist es schön für mich, zu sehen, daß die anderen Menschen die gleichen Probleme haben. Und von außen wird all das immer abgedichtet.

Ruth: Natürlich, beides ist richtig: die Menschen sind sich sehr ähnlich, und sie sind auch sehr verschieden. Nicht jeder, der in einer Gruppe war, hat das Gefühl, daß er/sie so ist wie alle andern. Er kann immer noch finden, daß er oder sie kränker ist oder besser oder schlechter oder was auch immer. Da bin ich also nicht so sicher ... Ich bin eigentlich nur sicher, daß man nicht so sicher sein kann.
(Applaus)

Roland: Aber wenn ein gesundes Ich die Grundlage von so viel Glück und Wohlbefinden ist, dann müßten Sie doch in ihrer dritten Phase noch weiter gehen und alles, was das Ich zerstört, anprangern und angreifen, z. B. die Autorität, Intoleranz, Hörigkeit in der Familie ... In primitiven Kulturen in Afrika kommt es einer Negerin gar nicht in den Sinn, ihr Kind zu schlagen, das gibt's dort eigentlich gar nicht. Nur bei uns wird geschlagen als Erziehungsmittel, dabei wird das Ich zerstört. Das müßte man doch auf allen Ebenen, auch beim Staat, angehen. Wenn ein Schweizer Bub einen Polizisten in Uniform sieht, dann kriegt er Herzklopfen. Das kann man nachweisen. Das sind doch ich-zerstörerische Mechanismen; also Ihre dritte Form müßte es sein, jetzt die soziologische Umstrukturierung der Gesellschaft anzustreben. Alles andere ist doch symptom- und mengenmäßig Unsinn. Denn so wertvolle Leute wie Sie sollten sich doch in den letzten zwanzig Jahren, die sie noch haben, fruchtbringender betätigen als mit einzelnen Menschen.

Ruth: Ja, nur daß jeder seine bestimmten Begabungen und Absichten hat. Es gibt ganz sicher Leute, die hervorragend Einzeltherapie machen und sich nicht um soziologische Sachen kümmern können, weil das nicht ihrer inneren Lage entspricht. Genauso wie man einem Künstler nicht sagen würde, Du solltest eigentlich lieber Lehrer sein, weil das wichtiger ist als Kunst. Man kann das nicht so verallgemeinern. Aber ich gehe jetzt auch den dritten Schritt; ich würde schon gern – so 'ne schöne Luftschloß-Phantasie hab ich schon immer gehabt, die gesamten Parlamente der Welt in Gruppen, in TZI-Gruppen schicken, gell?

Vreni: Ja, gern!
(Lachen und Applaus)

Roland: Das wäre schön!

Ruth: Die United Nations vor allem und die Sowjets und die Knesset – die sollten wir alle in Gruppen schicken! Der nicht ganz so phantastische Weg ist, einzelne Leute von den Regierungen ein bißchen in diesem Sinn zu beeinflussen, das ist nicht ganz so illusorisch und geschieht auch schon. Und wenn man Leute in Machtpositionen kennt oder ein bißchen Kontakt machen kann, gibt es Möglichkeiten, sie für Gruppen zu interessieren.

Heidi: Ach, Ruth Cohn, gibt's Ansätze davon – in irgendeiner Ecke der Welt?

Ruth: Ja, Ansätze gibt's schon.

Heidi: Wo man versucht, in politischen Entscheidungsgremien so eine Methode einzuführen? Das wär auch wunderbar, wenn man das „Schwarze-Mann-Denken" abbauen könnte. Und das geht ja nur dadurch, daß man sich kennenlernt und auch das Unterbewußtsein spürt. Oder?

Ruth: Also, das gibt es schon! Ich habe z. B. ein bißchen einen Schrecken bekommen, wie das bei der letzten Reagan-Wahl gegangen ist. Ich hatte das Gefühl, daß in dieser Richtung gar nichts passierte. Dann habe ich mit meinen amerikanischen Freunden gesprochen und gemerkt, daß man dort sehr wohl etwas versucht, um hie und da Beziehungen anzuknüpfen und humanistische Werte einzubringen. Carter hatte früher schon einen Psychologen engagiert.

Vreni: Seine Frau, oder wen?

Ruth: Einen Psychologen hat er engagiert.

Roland: Ist eine Gruppentherapie in solchen Gremien nicht ein bißchen eine Wandelhalle des Parlaments und ein bißchen die Hotelbar im Waldorf-Astoria?

Ruth: Ich weiß davon nicht genug. Da kann ich keine Auskunft geben.

Roland: Finden dort nicht lockere Gespräche statt? Ich meine, wer wirklich nach oben kommt, ist doch schon a priori defekt. Wer das durchsteht, bis er da oben ist, der muß doch defekt sein, sonst käm' er gar nicht nach oben. Und wenn er dann noch einen Rest von Kraft hat, dann braucht er die zum Obenbleiben. Das ist doch das Problem von unseren Führern.

Ruth: Also jetzt sagen Sie das, was mir am allerwichtigsten ist, nämlich ... Ich hab mich immer gefragt, wieso eigentlich Faschisten so schnell nach oben kommen. Faschisten, nicht im originalen Sinn Faschisten, sondern auch Leute, die sich nicht so bezeichnen, es aber im Grunde sind. Ich glaube, dafür gibt es zwei Gründe. Der eine ist, daß es Leute gibt, die es wollen, und der andere ist, daß die anderen es nicht wollen. Und die anderen, das sind wir. Die es nicht wollen, sind z. T. solche, die Macht als etwas Böses ansehen und die meinen, wenn man nach Macht strebt, ist man natürlich böse. Und dann gibt es die anderen Leute, die es nicht als böse ansehen ... Und die Frage für mich ist eigentlich immer mehr, warum wollen eigentlich gute Leute nicht solche Positionen haben?

Vreni: Ja, darum gibt es eben das große Entsetzen in Deutschland über die Grünen. Das ist die erste Gruppierung, die nicht a priori an Macht interessiert ist. Sie wollen rotieren, wieder gehen und wieder kommen. Also da ist es nicht auf eine Person konzentriert. Und das große Entsetzen ist eigentlich darüber, daß die da vorne im „Hirschli"-Pullover stehen und reden statt in der Krawatte. Und daß es also Leute gibt, die das vorleben, daß sie nicht an der Macht interessiert sind, sondern an dem, was sie machen, also daß sie jederzeit ersetzbar sind.

Ruth: Vor allem, daß sie ganz offen furchtbar viele Fehler machen und trotzdem leben.

Vreni: Genau – und daß sie das auch noch zugeben können und sagen, daß sie total daneben gewesen sind. Das ist für mich ein gutes Zeichen.

Ruth: Ja.

Bastian: Ja, das sind eben Spielereien.

Vreni: Es gibt ein Beispiel in Deutschland – die Gebrüder Weizsäcker. Da ist der eine Bundespräsident und der andere Philosoph.

Bastian: Ich glaube, daß Persönlichkeiten eben in ihrer Art Schwerpunkte haben. Und aus dem Grund finde ich auch, daß an der Spitze nicht isolierte Einzelpersonen sein sollten, sondern Gruppen. Ich kann mir auch verschiedene Staatsführungen vorstellen, wo z.B. ein Philosoph drin ist und ein Psychologe, ein Soziologe, vielleicht auch Landwirte oder echte Politiker.

Roland: Aber das widerspricht sich natürlich. Denn ein Philosoph kann gar nicht so entscheidungsfreudig sein, das ist doch Fahrlässigkeit und Mangel an Denken. Denn wer gescheit ist, der kann sich gar nicht entscheiden. Das ist wirklich die Tragödie von gescheiten Leuten, daß sie im Dauerkompromiß die Chancen verpassen, den Freiraum zur Entscheidung. Und in die Lücke springen dann die nachherigen Machtträger. Das ist das Elend unserer Gesellschaft.

Bastian: Dort, wo's um Werte geht, entscheidet sich auch der Philosoph. Das find ich sehr plakativ, wie Du das jetzt gesagt hast.

Roland: Das find ich nicht. Die Gesellschaft wird nie geformt, auch nicht von Politikern. Auch nicht von Religionen. Sie formt sich selbst, trotz dieser Strömungen.

Bastian: Das kann ich nicht verstehen.

Vreni: Ich auch nicht.

Roland: Es gibt wenig Möglichkeiten, die Gesellschaft zu verändern. Man kann dabeisein, während sie sich verändert. Das ist also auch was, wo's mir eigentlich leid tut, wenn man, wie Sie, Frau Cohn, oder wie ich als Arzt, annimmt, man leiste einen Beitrag. Wir können das punktuell glauben und davon leben. We make a living. Es geht uns auch recht gut dabei, aber wie effektiv unsere Tätigkeit ist, das ist gar nicht so meßbar.

Bastian: Jetzt sind wir da, wo mein persönliches Schwergewicht liegt, nämlich beim Sachzwang. Bei der TZI-Unterhaltung, die wir heute haben, ist das Thema Sachzwang enorm wichtig. Man hat ja Grenzen, das muß man ja sehen. Es gibt Realitäten, Du kannst nicht nur Selbsterfahrung machen, Du mußt ja noch arbeiten usw. Ich find das schwierig, mit dem

Sachzwang. Sachzwänge heißt für mich, daß Leute, die Macht haben, andere nicht daran teilnehmen lassen wollen und deswegen Sachzwänge konstruieren. Also ich gehe davon aus, daß sehr viel mehr verändert werden kann und daß Platz für Utopien da ist, für Phantasie, und dann wird sich die Gesellschaft wieder weiterentwickeln.

Heidi: Es ist lustig, jetzt hört Ruth zu; mir kommt in den Sinn, daß intelligente Menschen vielleicht gar nicht so voreilig mit Entscheidungen oder ihrem Votum kommen. Mir kommt es so vor, daß Sie jetzt, Ruth, ganz verinnerlicht dasitzen, und Sie haben etwas Wichtiges, und dem sind Sie nachgegangen. Was ist das wohl gewesen? Was ist Ihnen durch den Kopf gegangen?

Ruth: Ich bin dem nachgegangen, wie schön es ist, daß, wenn man wirklich ein Thema von verschiedenen Seiten beleuchtet, dann das Monopol des eingeladenen Gastes zurücksinken kann und die Leute sich miteinander genau so verständigen, wie man das gerne wünscht. Vorhin hab ich gefunden, daß ich vielleicht schon zu viel rede, aber das hat mit der Funktion als Gast in „Persönlich" zu tun. Aber ich hab grad gedacht, daß doch in einer Gruppe der Punkt kommt, wo die Sache auch ohne mich weitergeht. Und das ist ein sehr angenehmes Gefühl.

Heidi: Also, Sie leben das, was Sie dozieren?

Ruth: Wahrscheinlich.

Heidi: Also, sehr schön, sehr schön. Darf ich noch mal bei dem einhaken, wovon wir vorher geredet haben, vom Verändern? Der Roland Kressig sagt, es sei fast nicht möglich, daß sich etwas verändert, und der Bastian Nussbaumer, der glaubt an Veränderung.

Roland: Doch, es ist schon möglich, daß sich etwas verändert. Aber nicht, weil wir uns darum bemühen, sondern weil die Gesamtlage sich parallel zu unseren Bemühungen verändert.

Ruth: Also das würde ich jetzt bestreiten. Daß die Gesamtlage der Gesellschaft sich von selbst verändern würde, erinnert mich an etwas, was ich von Einstein gelesen habe: „Wenn jemand einen Setzkasten mit Druckerbuchstaben in die Luft werfen würde und dies als Buch wieder runterkäme, so wäre das ebenso wahrscheinlich wie die Behauptung, daß die Welt von selbst entstanden sei." Man/frau kann z. B. als Mediziner oder auch als Psychologin niemanden heilen, aber man/frau kann die Kräfte anregen, die vielleicht in die richtige Richtung führen. Medizin und Psychotherapie haben eine Wirkung, nicht *nur* weil ich es will, aber *ohne* meinen Willen ginge es oft nicht. Das spielt eine Rolle, ob ich etwas will oder nicht, ob ich denke, ob ich etwas voraussehe, und welches Heilmittel ich benutze. Die Wirtschaft entwickelt sich nicht irgendwie sowieso, als hätte es überhaupt nichts zu tun mit dem, was wir tun. Aber es gehört eine gewisse Demut und Bescheidenheit dazu, die realitätsgerecht ist, und ich weiß, daß ich allein nicht kann. Weder kann ich allein, noch können wir alle miteinander, aber ich allein und alle miteinander und die Zeit und was immer da an Göttlichkeit in der Welt zusammenkommt, das alles kann schon helfen. Das ist kein Zufall.

Vreni: Es gibt keine Zufälle.

Roland: Das Wort Zufall spielt eine große Rolle in Ihrer Existenz, Frau Cohn. Das habe ich am Fernsehen beobachtet und in ihrem Buch und auch heute morgen in der Zürcher Zeitung gelesen. Hat das eine Beziehung zu Ihrer religiösen Grundhaltung? Ist Zufall bei Ihnen einer physikalische Größe oder eine ideologisch-weltanschauliche?

Ruth: Wenn ich jetzt psychologisch rede, und das möchte ich im Augenblick, dann glaube ich, daß Zufall das ist, was mir zu-fällt. Es wird produktiv, wenn ich imstande bin, das aufzugreifen, was ich brauchen kann. Es muß erstens dasein, und zweitens muß ich es sehen. Denn es fallen Millionen Sachen jeden Tag zu, und es kommt darauf an, welche ich aufnehme.

Heidi: Ruth Cohn, darf ich zum Schluß – wir sind in fünf Minuten weg vom Sender, und wir müssen dann blitzschnell aufhören, damit die ihre Ansagen etc. machen können –, darf ich Sie zum Schluß noch fragen, wie Sie sich selbst verändert haben durch das, was Sie gemacht haben, wo Sie ihr Leben lang dran 'rumstudiert haben – wie haben Sie sich selbst verändert? Können Sie ein paar markante Punkte aufzeigen, wie Sie heute anders sind als sagen wir mal, vor dreißig Jahren?

Ruth: Ja, ich glaub, da muß ich ein bißchen früher anfangen. Die erste große Veränderung war meine Reaktion auf die Nazis in Deutschland und danach meine Erlebnisse als Flüchtling.

Heidi: Ich denke natürlich jetzt im Zusammenhang mit der eigenen Methode, also später.

Ruth: Ja, aber da spielt die große Rolle, daß ich von dem Zeitpunkt an, wo ich Flüchtling wurde oder emigriert bin, die gesellschaftliche Not am stärksten gefühlt habe. Da bin ich also wirklich vom Individuellen zur Gesellschaft gegangen, durch die Sachlage. Der zweite Punkt meiner inneren Veränderung kam durch die berufliche Entwicklung in den USA. Ich bin dort von der Psychoanalyse in andere Gefilde der Psychotherapie gegangen, z. B. vom neutralen zum partnerschaftlichen. Dann kam die Gruppentherapie, die mir geholfen hat, zur Verwirklichung einer gesellschaftlichen Methode zu kommen.

Heidi: Aha.

Ruth: Und dann war es eigentlich so, daß ich durch private und merkwürdige Zufälle eben wieder nach Europa zurückgegangen bin, was gar nicht in meiner Absicht gelegen hat. Ich war sehr gerne in Amerika. Ich habe in Amerika sehr viel gelernt, vor allem, daß man auch experimentieren kann, ohne zu wissen, was rauskommt. Hier kann man ja immer erst etwas schreiben oder sagen, wenn man schon vorher weiß, was rauskommt. Und dann muß man das, was man macht, danach richten. Und eben ...

Bastian: Sonst gibt's kein Geld.

Ruth: Es gibt nicht nur kein Geld, nein, es gilt auch nichts. Und in Amerika war die Freiheit zum Experimentieren da. Vieles war dort toleranter. Ich war sehr dankbar, als ich die amerikanische Bürgerschaft bekam. Aber daß ich dann wieder hierher zurückkehrte und gerne hier bin, das war auch wieder ein Zufall. Ich sehe den größten Unterschied zwischen der amerikanischen und der deutschen Wissenschaft darin, daß die Amerikaner immer gefragt haben: „Wie ist das?", und die Deutschen: „Warum ist das?" Und die Kombination von beidem zu erleben, war mein aufgefangener Zufall.

Heidi: Schade, daß wir jetzt nicht so weiterreden können. Wenn Sie jetzt mehr erfahren wollen über die Ruth Cohn, halten Sie sich an das Buch, das ich verschlungen habe, ich muß fast sagen, wie einen Krimi: „Gelebte Geschichte der Psychotherapie, zwei Perspektiven".

Ich danke Ihnen, oder Dir ... und wenn ich jetzt wieder formell werde, dann danke ich der Vreni Schmidlin und dem Roland Kressig und dem Bastian Nussbaumer, daß wir so zusammensitzen durften.

Ruth: Und wir danken Dir.

Heidi: Merci!

Das „Du“ und das „Sie“ *

An einem schönen Genfer Sommerabend nach einer Plenumssitzung der Association of Humanistic Psychologists (AHP), die ich geleitet hatte, sprachst Du, lieber P. H., mich an; ob ich einen Artikel über die Themenzentrierte Interaktion (TZI) für PSYCHOLOGIE HEUTE schreiben würde. Ich sagte: „nein“, das könne ich jetzt nicht, aber ein Interview würde mich freuen. Dann fuhren wir zusammen in die herrliche Abendlandschaft hinein.

Ich fing an: (etwa so) „Darf ich ‚Du‘ zu Ihnen sagen? – Ich sage nur gern ‚Sie‘ zu jemand, der mir verspricht, daß er von nun an zu allen Kindern auch ‚Sie‘ sagen wird. Wenn mich Leute nach dem Grund fragen, meinen sie meist, daß das aus meiner Anglo-American Geschichte herrührt, doch eigentlich stimmt das nicht, denn ich habe schon als Kind sehr ungern ‚Sie‘ zu Erwachsenen gesagt. Doch abgesehen von der Lebensgeschichte, habe ich auch sachliche Gründe dafür:

Der erwachsene ‚Große‘ sagt ‚Du‘ zu jedem Kind. Das Kind, wenn es über drei oder fünf Jahre alt ist, darf nur ‚Du‘ zu der nächsten Familie, zu allen Kindern und den besten Freunden der Eltern sagen. Sonst sind alle Großen ‚Sie‘. Was bedeutet das für ein Kind?

Zunächst ist dies schwer zu erlernen. Wenn der Erwachsene *das* Haus oder *das* Buch sagt, imitiert das Kind sein *das;* aber wenn der Erwachsene sagt: ‚Hast *Du* mich gehört?‘ muß das Kind antworten: ‚Ich habe *Sie* gehört.“

* Ein Leserbrief an die Zeitschrift PSYCHOLOGIE HEUTE anläßlich eines Interviews, H. 5/1979.

„Du" gehört zu Kleinen; „Sie" zu Großen. Groß und mächtig liegen beieinander. (Der Herr rief seinen Knecht ‚Du' – der Knecht antwortete mit ‚Sie'. – Das war so. Wir sind schon ein bißchen demokratischer geworden!).

Frühe Eindrücke und Ausdrücke graben sich in die Engramme unserer Gehirne und in die Gefühle unserer Seele ein. ‚Ich bin klein' setzt sich tief im Unbewußten fest und begünstigt in einer Sprachgemeinschaft die Aufrechterhaltung von archaisch-hierarchischen Gefühlen, die in einer Demokratie unerwünscht sind. (Gewiß, auch ein ‚Sie-Sager' kann ein sehr guter Demokrat sein; ebenso wie ein Raucher oder Trinker nicht Krebs zu kriegen braucht. Aber Erziehung zum hierarchischen Sprachgebrauch ist ebenso eindringlich wirksam wie die Umgebung von elterlichen Rauchern und Trinkern.)"

Du, lieber P. H., stimmtest zu; auch meinem Zusatz, daß das Argument, „Du/Sie" erlaube Nuancen im Ausdruck von Beziehungsnähe und -ferne, nicht stichhaltig sei; denn nicht alle Onkel sind persönlich nahe und nicht alle Vorgesetzten fern. Im wesentlichen bestimmen nicht Zuneigung und Abneigung das Du und Sie, sondern eine Tradition, die sich der Tiefe der möglichen persönlichen und politischen Implikationen noch nicht bewußt geworden ist. Kinder sind „Du" so selbstverständlich, wie es für meine Mutter war, „Marie" zum „Dienstmädchen" zu sagen, während diese mit „Gnä' Frau" antwortete. Dies waren selbstverständliche Anreden, die gar nicht zur Diskussion standen und die die persönliche Zuneigung der beiden Frauen zueinander ebensowenig berührten wie ihre gesellschaftlich-hierarchische Distanz.

Liebe Leser, die Ihr, P. H. oder mich oder nur Euch selbst gefragt haben könntet, ob P. H. und ich verwandt seien (oder was sonst?): er ist mir nur durch das Genfer Interview bekannt geworden. Er hat das demokratische Du (jedenfalls mit mir) gern akzeptiert. Er hat sogar einen ganz persönlichen Namen. Der versteckt sich vorläufig noch im „P. H.". Vielleicht wird auch diese Anonymität einmal verschwinden. Ich glaube sogar, daß das schneller gehen wird als die Verwandlung des „Sie" zum „Du" im deutschen Sprachgebrauch.

Ruth C. Cohn

Das menschliche Miteinander von Mann und Frau

Mechtild Buschmann* im Gespräch mit Ruth C. Cohn, 9. November 1986

Mechtild Buschmann: Ruth, ich denke, daß du für eine Frau – auch für eine Frau im 20. Jahrhundert – ein ungewöhnliches Leben geführt hast.

Ruth C. Cohn: In gewisser Weise, weil ich ja sehr früh aus Deutschland weg bin. Das hat meine Jugendzeit sehr schnell in eine Reifezeit umgewandelt. Andererseits war es auch gewöhnlich, weil ich eben Jüdin bin und weil alle Juden/Jüdinnen ungewöhnliche Leben danach gehabt haben oder ungewöhnliche Tode. Vielleicht hätte ich sonst nicht so ein Leben geführt.

Mein Vater hatte die Ansicht, daß ein Mädchen auch einen Beruf haben muß, mit dem sie sich im Notfall ernähren kann. Da habe ich mir lange überlegt, was ich werden könnte, da mein eigentliches Interesse Lyrik war, und man sich davon nicht ernähren kann. Kurz nach dem Anfang meines Studiums kam der Wunsch, Analytikerin zu werden, gleichzeitig jedoch die Machtübernahme vom Hitlerregime. Und dann fing das ungewöhnliche Leben an.

Mechtild: War es nicht auch ungewöhnlich für eine Frau, Analytikerin werden zu wollen?

Ruth: Auch für einen Mann. Es war ja ganz neu. Es gab schon Freud und die Leute wie Adler und Jung und Reich. Aber noch war es ein unbekannter Beruf für die meisten bürgerlichen Menschen.

Mechtild: Und wann bist du nach Amerika gegangen?

---

* Freiberuflich tätig als Journalistin und Erwachsenenbildnerin (TZI-Diplom).

Ruth: 1941 mit einem der letzten Schiffe. Wir hatten eine sehr schwierige Fahrt von der Schweiz, ich war mit meinem Mann und der einjährigen Tochter. Es war schwierig, gefährlich und abenteuerlich – ungewöhnlich in einer Art und Weise, für die ich eigentlich nichts konnte.

Mechtild: Und trotzdem, du hast ja auch entsprechend reagiert –

Ruth: Ja, das hab ich. Das ist immer eine fifty-fifty-Sache zwischen Glücksgeschenke bekommen und sie auch in dem Moment auffangen, wo sie in der Luft liegen. Das ist heute, was mich so beunruhigt, daß so viele Menschen nicht auffangen, was jetzt in der Luft liegt. Genau wie 1932, 33, 34, bis es zu spät war. Und das ist vielleicht das, was ich als Geschenk mitbekommen habe, daß ich immer recht schnell aufgefaßt habe, was in der Luft lag. Daß dies so wenigen Menschen gelingt, macht mich sehr unruhig heute. Das ist es, worüber ich jetzt immerzu nachdenke und spreche, Workshops gebe usw.

Jetzt wünschte ich mir, daß du mir mal was von dir erzählst. Die Medienleute meinen immer, wenn sie eine Interviewerin oder einen Interviewer zu jemand schicken, daß es nur darauf ankommt, was die besuchte Person sagt. Für mich kommt es schon sehr darauf an, mit wem ich spreche. Es ist ja nicht so, daß ich die Weisheit mit Löffeln gefressen habe. Und die Sachen, die in der Luft liegen für mich, die liegen für dich auch in der Luft.

Mechtild: Ja, diese Dinge liegen für mich auch in der Luft, aber die Parallele zu 32, von der du sprichst, kann ich nicht so direkt sehen, weil ich damals noch nicht gelebt habe. Ich bin 1938 geboren, in Nürnberg, mein Vater war durchaus ein Nazi-Freund. Er war kein Mitglied der Partei, aber er arbeitete bei der Regierung. Er hatte die Schubladen voll mit Nazi-Fotos, er fotografierte selbst. Ich kann mich erinnern, wie vor dem Wohnzimmerfenster die Nazi-Fahne hing, wenn die Aufzüge beim Reichsparteitag oder ähnliches waren. Ich weiß ganz viel von der Zeit, obwohl ich erst vier Jahre alt war, als wir von Nürnberg weggingen. Ich bin bis heute mit meinem Vater darüber nicht einig geworden; diese Vergangenheit, an der er irgendwo festhält, von der er sich nicht trennen kann, ist da, und ich habe eine sehr andere Haltung zum Leben als er.

Ruth: Es ist interessant, Mechtild. Ich bin in Deutschland, das ich seit 1969 wieder besuche, oft deutschen Frauen begegnet, deren Familien gespalten waren. Die Frauen wurden nicht Nazis und die Männer ja. Das hat mich sehr interessiert. Du hast ja auch offenbar früh gefühlt, nicht in der Nazi-Richtung zu denken. Was meinst du, was das mit dir war?

Mechtild: Zum einen war es mit Sicherheit meine Mutter.

Ruth: Das ist meiner Erfahrung nach das übliche ...

Mechtild: Meine Mutter hat zum Beispiel das Mutterkreuz verweigert, sie hat sich geweigert, solche Dinge mitzumachen. Meine Mutter war Säuglingsschwester und war Anfang der 30er Jahre bei einem jüdischen Kinderarzt beschäftigt. Sie hat mit dafür gesorgt, daß er noch rechtzeitig emigrieren konnte. Das sind sicher Dinge, die mich geprägt haben.

Ruth: Ja, und du hast es irgendwie gespürt. Und wie hat das die Ehe der Eltern ausgehalten?

Mechtild: Die Ehe gibt es heute noch. Ich denke aber, daß das der Fürsorge meiner Mutter und ihrer moralischen Haltung zuzuschreiben ist. Ich denke, meine Mutter war ausschlaggebend für mich.

Ruth: Ich hab' das – genau wie du das jetzt erzählst, von vielen Frauen gehört. Sehr viele Frauen, die ich hier kennengelernt habe, haben ähnliches erzählt. Die Mutter und die Schwester waren auf der einen Seite und der Vater und die Brüder auf der anderen. In meiner Schulklasse waren nur Mädchen. Und einige, mit denen ich befreundet war, schlossen sich dem national-sozialistischen Mädchenbund an. Und wenn ich gefragt habe: „Sag mal, wieso bist du überhaupt mit mir gut; kannst du das verantworten, wie kannst du Nazi sein?" Dann haben sie gesagt: „Ja, das meint Hitler doch gar nicht so, das ist doch nur so eine Farce, weil er meint, daß er dadurch mehr Leute in die Partei kriegt. Damit bin ich nicht einverstanden. Aber die Sache, daß Deutschland groß werden soll, das ist doch wichtig!“ Diese Mädchen haben wirklich nicht gesehen, was er gemeint hat. Was aus ihnen wurde, weiß ich nicht, ich habe sie später nicht mehr wiedergesehen. Doch was ich weiß, ist, daß später Frauen in den Konzentrationslagern mindestens so schlimm waren wie die Männer.

Mechtild: Das ist etwas, was mir immer deutlicher wird: es wird nicht gleich besser, wenn Frauen etwas machen.

Ruth: Das sehen wir leider jetzt auch schon in den Regierungen. Im Gegenteil, es ist so, daß die Frauen oft noch härtere Zeiten haben, sich hochzuwinden, und dann eben „männlicher als Männer“ werden. – Ich werde mir jetzt sehr bewußt, daß wir hier übers Radio die Gelegenheit haben, als Frauen zu Frauen zu sprechen ... Und da möchte ich mich mit dir unterhalten, ob man als Frau heute eine andere Aufgabe hat als Männer, oder dieselbe mit anderen Vorzeichen? Ich habe z. B. vor, in den nächsten Tagen auf dem internationalen Kongreß der Naturwissenschaftler gegen das Wettrüsten zu fahren. Das öffentliche Programm enthielt keine Frau. Da habe ich an prominente Leute der Organisation Briefe geschrieben, das hat etwas geändert. Ich weiß natürlich, daß es weniger Naturwissenschaftlerinnen gibt als Männer. Ich habe auch als Mädchen gedacht, daß Naturwissenschaft eine Sache für Männer ist!

Natürlich sind wir verschieden geboren, Männer und Frauen, aber vielleicht nicht *so* verschieden. Es gibt viele Gebiete, wo Mann und Frau vielleicht unterschiedlich arbeiten, doch beide einfach als Menschen wirken. Und eines unserer gemeinsamen Themen ist sicher heute, daß wir als Menschheit weiter überleben wollen. Vor uns haben wir dann die Fragen: Was kannst du, was kann ich als Frau heute tun? Ich bin sehr pessimistisch über die Prozesse in der Welt, und doch möchte ich meinen Beitrag dazu geben, daß die Welt nicht in Trümmer geht. Und das sehe ich wirklich nicht als Mann- oder Frauproblem ... Wir haben natürlich als Frauen, sei das nun naturell oder kulturell, Verschiedenheiten. Die Tatsache, daß seit Jahrhunderten und vielleicht schon immer – nicht überall – Frauen im Haus geblieben sind und die Aufgabe hatten, die Bedürfnisse der Familie zu erfühlen und zu erfüllen, hat uns mitgeprägt. Mit den Kindern zu fühlen ist sicher auch biologisch bedingt, denn wir haben sie geboren. Dies als Aufgabe trägt sicher dazu bei, intuitiv zu sein. Aber ich glaube, daß diese stärkeren Gefühlsfähigkeiten sowohl angeboren sind als auch besonders gepflegt. Darum können wir in der Überlebensbewegung nicht nur mit Argumenten kämpfen, sondern speziell auch mit dem Gefühl. Vielleicht gibt es wirklich mehr Frauen, die an der Friedensbewegung interessiert sind, weil wir nicht ganz so viel vom Siegen abhängig sind. Die ganzen Olympischen Kämpfe sind z. B. auf Siege und Preise ausgerichtet – der arme Vierte, der nichts mehr gewinnt! Welches Wertsystem steht denn dahinter, wenn man so dressiert wird, unbedingt der Beste, resp. die Beste sein muß? Beste sein im körperlichen Kämpfen oder im geldlichen Gewinn oder im Gescheitsein!

Die Frage, wer am besten verstehen, bestehen, kooperieren kann, wer am liebevollsten in der Familie ist, wird kaum je gefragt.

Im Grunde sind viele Staatsverfassungen ja auf unserer Seite – Verfassung in Amerika, in Deutschland, in der Schweiz: überall wird gesagt, daß die Schule auch Kooperation lehren soll. Aber de facto werden die höher bewertet und gepriesen, die die besten Leistungen vollbringen – nach Nummern und Noten. Man beachtet gar nicht, daß es andere Alternativen gibt als Siegen oder Verlieren. Zum Beispiel würde man ja nicht bedauern, daß ein Schmetterling nicht so stark ist wie ein Löwe; niemand nimmt es einem Schmetterling übel, daß er kein Löwe ist. Warum nimmt man einem Jungen übel, wenn er fein und zart ist und nicht so gut kämpfen kann wie manche andere, warum einem Mann? Warum nimmt man einem Mädchen übel, wenn es sich nicht so schön wie möglich macht?

Ich glaube, daß wir als Frauen eher Menschen verstehen können und intuitiver sind. Wir können vermitteln, weitergeben. Es geht nicht ums Überzeugen-wollen. Ich glaube auch nicht mehr daran, daß man einen Gegner überzeugen kann, aber ich glaube, daß ich etwas so darstellen kann von dem, was ich glaube, bin, denke und tue, daß es vielleicht im anderen einen Eindruck hinterläßt, einen Eindruck zum Nachdenken, zum Angeregt-sein. Aber wenn ich das Gefühl habe, daß ich jemanden von etwas überzeugen will, dann enthält das schon wieder das Siegerprinzip. Und besiegt zu werden, wäre das Schlimmste für den traditionellen Mann; und für Frauen, die es den Männern gleichtun wollen oder sie überholen.

Mechtild: Ich kenne eine ganze Reihe von Frauen, die ähnlich denken wie du. Ich denke an eine Soziologin, Professorin der Sportwissenschaft in Münster. Sie verfolgt genau diesen Ansatz auch bei ihren Studierenden und versucht ein Bewußtsein dafür anzuregen, damit Lehramtsstudierende ein anderes Verständnis bekommen von Menschsein, eben nicht nur dieses „Schneller - Höher - Weiter", dieses Siegen um jeden Preis, das Menschen hart macht und zu Kämpfernaturen.

Ruth: ... zu Kämpfernaturen und zu Lügnern ...

Mechtild: Ja, ja und das geht eigentlich immer nach dem Motto: den anderen kleiner machen, den anderen unterdrükken. Nicht mit den anderen gleichziehen, nicht den anderen akzeptieren - nein, den anderen besiegen.

Ruth: Ich glaube, daß dies auch schon ein wertvoller weiblicher Beitrag ist. Versuche, diese Siegerphilosophie zu überwinden. Das gehört auch zu meiner Absicht mit der TZI. Sie beruht im Grunde auf der demokratischen Idee, und das, was wir in den Gruppen üben. Sich nicht selbst zu unterdrücken, nicht andere unterdrücken. Es gibt zu viele Frauen, die sich selbst unterdrücken: „Ich muß alles für meine Kinder tun, ich muß für meinen Mann dasein, und für mich bleibt nichts mehr übrig." Das ist doch schrecklich einseitig! Das sind dann oft so wehe-volle Frauen, die immerzu leiden. Und dann gibt es die anderen, die vielleicht Gleichberechtigung wollen, sie aber nicht bekommen und sich dann verhärten; und dann gibt's die wenigen, die in sich und um sich glückliche Möglichkeiten finden, wirklich gleichberechtigt zu leben.

... Natürlich kann man ja nicht immer nur an das Überleben denken. Das Überleben ist gar nicht wertvoll, wenn man nicht gerne lebt. Die Frage ist: wie mache ich das heute, daß ich gerne lebe? Wann lohnt es sich? Ich finde, daß es sich lohnt, wenn ich nur aus dem Fenster gucken kann, und zwar weiß, daß die Bäume den sauren Regen nicht vertragen, aber dennoch mich an ihrem Grünsein freuen kann und alles dafür tue, daß sie weiter grünen. Aber selbst wenn dieser Baum nicht grün bliebe: jetzt ist er es noch. Dies zu realisieren, fiel mir sehr schwer. Es hat ein paar Jahre gedauert, bis ich die kranken Bäume wieder angucken konnte. Jahrelang war ich hypnotisiert von diesem Sterben um mich herum. Gerade wo ich jetzt lebe, in den oberen Bergteilen, sieht man es ja, wenn man die Augen aufmacht, sehr schnell. Ich konnte mich eine Weile lang überhaupt über nichts mehr in der Natur freuen. Jetzt bin ich doch soweit, daß ich das wieder kann. Daß ich sehe, wie schön sie ist, manchmal selbst im Verwelken. Aber die Verantwortung spüre ich auch: was kann ich dazu beitragen, zur Bewahrung der Schöpfung?

... Eben fällt mir etwas sehr Interessantes ein. Du hast am Anfang davon gesprochen, daß du mich interviewst, wie es ja üblich ist. Und ich denke gerade, wenn du dieses Gespräch als Gespräch und nicht als Interview zuläßt, so wie wir es jetzt haben, dann tun wir schon etwas Wichtiges. Ich will nicht die sein, die weiß, und du wärest die andere, die nicht weiß. Wir sind beide in derselben Welt. Wir sind beide interessiert an den Problemen. Das Interview als Methode ist ein Frage- und Antwortspiel und als solches eine unangemessene Form der Begegnung. Jedenfalls meistens. Ich habe das von meinem ersten Radio-Interview an vertreten, das war etwa 1950, daß ich mich nicht auf Interviews einlasse, sondern auf Gespräche. Manchmal schaff' ich's. Manchmal sind die eingefahrenen Formen zu rigide.

Ich sehe es ja als große Chance, daß wir miteinander sprechen können. Wir sind beide besorgt über Tschernobyl und Harrisburg und jetzt über die Folgen von Schweizerhalle in Basel. Es erscheint uns ungeheuerlich, daß jetzt z.B. die Menschen wieder Eimer tragen, um Trinkwasser zu kriegen, weil irgendwo ein Loch ist, wo Quecksilber hindurchläuft.

Mechtild: Es ist nicht die Bombe, die die Leitung durch

schlagen hat, sondern es ist das Quecksilber, das Gift, das Menschen produzieren. – Ich wünschte, ich hätte öfter Gesprächspartner und Gesprächspartnerinnen, die das so wahrnehmen und die nicht nur starr vor Angst dasitzen: „Was sag' ich jetzt?" und mir sagen: „Sagen Sie mir, was ich sagen soll. Fragen Sie mich etwas, ich weiß nicht, was ich sagen soll." Menschen, die eigentlich den Dialog verlernt haben.

Ruth: Im Dialog fällt einem ja etwas ein. Wenn ich sozusagen monologisiere, dann fallen mir sowieso nur dieselben Sachen ein, die mir schon hunderttausendmal eingefallen sind. Wenn du mir aber was erzählst, dann ist das eine ganz andere Sache.

Mechtild: Ich frage dich aber trotzdem jetzt noch etwas, weil es mir sehr am Herzen liegt. Ich habe von dir in einem deiner frühen Gedichte den Satz gelesen: „Wer trägt Mütter, die nicht gehen können?" Das hat mich sehr betroffen gemacht. Wie meintest du das?

Ruth: „Wer trägt Mütter, die nicht gehen können?" Ja, ich war geschieden, d. h., ich war getrennt, und ich war krank. Und zwar ziemlich krank. Beine, Arme – Polyneuritis. Ja, ich hatte sehr Mühe, zu gehen, buchstäblich. Und ich mußte doch weitgehend den Unterhalt für die Kinder verdienen, und das war de facto zuviel für mich. Da hab ich halt ab und zu noch Gedichte geschrieben. Das war Erleichterung, Katharsis, in einer sehr schweren Zeit. Ich schrieb, wenn ich das Gefühl hatte, daß ich einfach nicht mehr weiter kann.

Mechtild: Ich hab dich deshalb danach gefragt, weil ich – auch in unserer heutigen Zeit – immer wieder Frauen erlebe, die genau in der Situation sind, daß sie getragen werden müssen, weil sie selbst nicht mehr weiter können. Also direkt, so wie du's gesagt hast, per Krankheit oder aus anderen Gründen, weil sie einfach überlastet sind und mit der Belastung als Mutter in der Gesellschaft, in der wir nun mal leben, nicht fertig werden, nicht klar kommen.

Ruth: Aber es gibt ja heute schon Dinge, die's damals noch nicht gab, die ich damals aber schon gemacht habe, nämlich nicht mehr allein zu leben, sondern z. B. mit einer Familie zusammen, die auch kleine Kinder hatte. Das war übrigens sehr interessant, ich wohnte in einer kleinen Stadt in der Nähe von New York. Ich arbeitete in New York, aber ich lebte nicht dort. Ich mochte Großstädte nie gern. Und so annoncierte ich, daß ich eine Familie als Mieter suchte, vorzugshalber mit einem Baby, ca. ein Jahr alt wie mein jüngeres Kind. Da bekam ich zwischen 8 und 12 Uhr morgens ununterbrochen Anrufe. Und dann habe ich das Telefon ausgehängt. Am Nachmittag sah ich vielleicht zehn bis zwölf Familien. Ich nahm mir vor, zunächst noch nicht zu- oder abzusagen, sondern die Gespräche erst am Abend zu bewerten. Doch um 10 Uhr abends rief mich noch jemand an, übrigens ein Mann. Er sagte, daß sie einen Bub im Alter von einem Jahr hätten, und sie würden gern kommen. Und dies, obwohl der Weg anderthalb Autostunden lang war. Ich sagte ihm, daß ich zwar niemand zugesagt hätte, aber einige Bewerber gut fand. – „Nein, nein, wir wollen kommen!" Mit dieser Familie habe ich dann sechs Jahre lang zusammen gelebt. Das ging hervorragend in diesem Haus. Sie wohnten oben und ich unten. Sechs Jahre lang. Unsere Kinder sind jetzt über vierzig Jahre lang befreundet geblieben.

Mechtild: Also andere Möglichkeiten des Zusammenlebens als nur in der traditionellen Familie …

Ruth: Ja, dadurch konnte ich zwischendurch arbeiten gehen. Ich hatte auch noch eine für die Kinder sehr wichtige Schwiegermutter, die in mein Haus kam. Da waren die Kinder gut aufgehoben. Doch für mich war alles wirklich sehr viel.

Mechtild: Das könnte eine Chance sein für Frauen, ihr Leben bewußter zu leben und zufriedener zu machen, was ja dann auch wieder Auswirkungen auf die Kinder hat …

Ruth: Solche Formen gibt's jetzt schon ganz viel. Ich kenne eine Menge Leute, meist Frauen mit kleinen Kindern, die in Wohngemeinschaften zusammenleben. Damals war es ein neuer Gedanke.

Mechtild: Ja, solche Ideen und Wohngemeinschaften gibt es. Aber es ist leider so, daß das in unserer gegenwärtigen politischen Landschaft nicht gefördert wird. Und wir haben hier in der Bundesrepublik die Situation, daß etwa 80 % aller Kinder, die in Fremdunterbringung sind, also Heimunterbringung, Pflegefamilien aus sogenannten „kaputten" Familien kommen. Oder aus Ein-Elternteil-Familien. Es gibt so verschiedene Formen.

Du hast vorhin gesagt, was können wir tun? Ich denke, auch da können wir 'ne Menge tun. Es gibt so viele Möglichkeiten, wo wir was tun können, um – ja ich sage einfach mal: ein menschlicheres Leben zu ermöglichen.

Ruth: Also, wenn hier zwei oder drei Frauen, die Kinder haben, zusammenziehen wollen in eine Wohnung, die haben's schwerer, als wenn sie verheiratet wären mit Familie?

Mechtild: Ja, die haben's schwerer. Es ist noch gar nicht selbstverständlich, das Bewußtsein geht ja eher wieder rückwärts, rückwärts zur traditionellen Familie. Und die Großzahl von allein lebenden Menschen, von geschiedenen Menschen ist kein Thema.

Ruth: Man tut so, als sei es nicht. Es ist ja auch sehr interessant, man sieht es ja fast immer nur negativ, wenn Menschen geschieden sind. Ich würde auch sagen, wenn ich die Wahl hätte und gehabt hätte: eine glückliche Ehe scheint mir auch weiterhin zunächst noch die beste Lösung zu sein. Aber de facto ist es auch so, daß Ehen früher weniger geschieden wurden, nicht weil sie besser waren, sondern aus religiösem Bewußtsein oder auch weil die Frau dann „eben gar nichts mehr wert war". Und zudem hatten sie meist gar nicht das Geld, um allein zu leben, hatten selbst keinen Beruf, und es war eben eine große soziale Schande. Ich selbst habe es bei meiner Scheidung noch so empfunden: an mir kann nichts dran sein, ich bin wahrscheinlich keine richtige Frau, sonst könnte sowas gar nicht passieren! In meiner Familie gab es so etwas nie. Und für mich schien es klar, daß die Frau dafür verantwortlich war, daß die Ehe gut war und blieb.

Mechtild: Ich weiß gar nicht, ob sich da so viel verändert hat. Gerade Frauen leiden heute immer mehr sehr darunter, obwohl bei uns ja jede dritte Ehe geschieden wird.

Ruth: Wenn jede dritte Ehe geschieden wird, dann ist frau ja doch schon nicht mehr ein Außenseiter –

Mechtild: Aber die andere Seite ist, daß es dann gerade Frauen häufig materiell sehr trifft. Das ist auch der Grund für die hohe Zahl der Sozialhilfeempfängerinnen, die geschieden sind und Kinder haben, und daher wenig Möglichkeiten, Selbstverdiener zu werden.

Ruth: Doch das fängt jetzt an. Ich kenne Pfarrerinnen, die Teilzeit arbeiten, ich kenne Lehrerinnen, die Teilzeit lehren. Ich kenne sogar in der Redaktion Leute, die nur Teilzeit beschäftigt sind. Also man kann den Frauen, die jetzt deswegen zögern, sagen, daß sie vielleicht doch eine Chance haben. Viele sind noch zu befangen, um über Alternativen nachzudenken.

Z.B. wenn ich bei einem Kongreß in einem Auditorium bin und sage, daß ich viel lieber mit anderen zusammen auf dem Podium wäre als allein – das mache ich des öfteren so mit Interaktionsgruppen –, dann beeilen sich die Männer, ganz schnell nach vorne zu kommen und die Frauen schleichen bestenfalls hinterher. Das liegt dann nicht mehr an der Politik, sondern an dem verinnerlichten Minderwertigkeitsgefühl. Es liegt also nicht alles an der Außenwelt. Es liegt jetzt schon daran, daß jede sich selbst sagen muß: Ich kann das, oder ich kann das nicht. Und wenn ich's nicht kann, dann lern' ich's vielleicht noch.

Es kommt mir auch das Computer-Lernen in den Sinn, wo die Frauen erst so sehr langsam anfangen, es überhaupt in Betracht zu ziehen, für sich selbst, obwohl da sicher interessante Berufe aufkommen könnten. Oder auch nur Erleichterungen. Ich bin jetzt 74 Jahre alt und habe nicht die Absicht, auch nur zu versuchen, den Computer zu lernen. Aber ich habe gedacht, wenn ich mein letztes Buch mit dem Computer hätte schreiben können, das über „Gelebte Geschichte der Psychotherapie“, da hätte ich es sicher sehr viel leichter gehabt, den Inhalt der Kapitel zu ordnen und zu verbessern und weniger Mühe und eine kürzere Arbeitszeit gehabt. Computer lernen würde sich auch für freie Berufe und für andere Sachen rentieren. Viele Frauen sind offenbar sehr langsam, das zu erkennen. Daß der Computer außerdem auch Schreckliches machen kann, wissen wir sowieso. Alles was mit Datensammeln und -Korruption zu tun hat z. B. Doch es gibt die vielen positiven Dinge, die man damit tun könnte, auch im Privatleben.

*

… TZI ist ein Spiel, auf dem man spielen lernen kann …

Mechtild: Ein sehr faszinierendes Spiel finde ich, weil es so lebendig ist.

Ruth: Bist du in Ausbildung? Das wußte ich nicht, wie gefällt sie dir?

Mechtild: Mir gefällt sie ausgezeichnet. Ich habe vor etwa fünfeinhalb Jahren den ersten TZI-Kurs gemacht und war sofort fasziniert und bin mit der Zeit daraufgekommen, warum. Es war mir überhaupt nicht fremd, es hat mich wahnsinnig angesprochen, weil es so lebendig war und weil ich so viel Erfahrung hatte mit der Montessori-Pädagogik. Ich hatte meine Kinder alle drei in Montessori-Schulen und habe viel Elternarbeit dort mitgemacht, mich wirklich engagiert. Und als ich dann TZI kennenlernte, hat sich für mich der Kreis geschlossen: Montessori-Pädagogik, Lebendiges-Lernen, heute sagen wir das ganzheitliche Lernen.

Ruth: Das ist ganz interessant. Ich habe in Zürich nicht nur Psychoanalyse studiert, sondern bin auch als freiwillige Praktikantin in einen Kindergarten gegangen, in einer öffentlichen Schule. Und dann war ich Studentin in der Bankstreet School in New York, eine Ausbildungsschule für Lehrer für kleine Kinder. Die wurde wesentlich von Frauen initiiert und auch ausgeführt. Das ist ja auch ein Gebiet, in dem heute, speziell auch in Amerika, Frauen im Vordergrund stehen.

Ich glaube auch nicht an eine überkämpferische Auseinandersetzung. Aber vielleicht sind wir bereits da, wo die kämpferische Haltung von Frauen das Gegenteil bewirken kann, sowohl für sie selbst als auch für die Männer. Männer sind ja genauso betrogen um ihr eigenes Leben, wenn sie nicht das Weibliche, das Gefühlvolle, das Schwache in sich selbst lieben können, genauso wie wir uns um etwas bringen, wenn wir uns nicht erlauben können, aggressiv zu sein und unsere Stimmen auch in der Politik hörbar werden lassen.

Mechtild: Ich hoffe, daß die Männer immer mehr lernen, dies wahrzunehmen, es zu spüren, daß sie selbst betrogen sind.

Ruth: Ja, das geschieht auch schon. Als ich nach Europa kam, das erste Mal nach Wien, 1968, dann nach Deutschland 1969, da war noch nichts von der Frauenbewegung für mich zu spüren. Ich finde es erstaunlich, wie viele von den jungen Männern heute schon, wenige Jahre danach, wirklich mit Freuden Väter sind, ihre Kinder pflegen und erziehen, mit Freuden teilzeit zu Hause sind, viele mit Freuden weniger Geld verdienen, wenn sie dafür mit ihren Familien sein können.

Mechtild: Ja, daß wir langsam dahin kommen zu einem menschlichen Miteinandersein und in Balance mit den männlichen und weiblichen Anteilen, die jeder von uns hat.

Ruth: Es wäre doch wirklich schade, wenn die Welt gerade jetzt zugrunde ginge, wo wir gerade so einen schönen Anlauf machen, daß wir wirklich ganze Menschen werden.

Gedanken zum Leben – Politisches in unserer Zeit

Dorothee Meili mit Ruth C. Cohn
aus: „Gespräche mit Frauen“ Radio DRS 1, Schweiz, 21.1.1987

...

Dorothee Meili: Wir haben jetzt einen Sprung gemacht von meiner ersten Frage nach deinem Leben in der Hitler-Zeit, aber ich erleb' dich auch nicht als so säuberlich in Phasen aufgespalten, ...

Ruth: Ja, und du hast gesagt, daß wir ein Gespräch haben wollen, und daß ich nicht unbedingt bei einem Thema bleiben muß, und das find' ich auch sehr erleichternd – ich find' mich tatsächlich immer am produktivsten, wenn ich nicht auf einer Linie bleiben muß, sondern es kommen lasse und dann immer wieder irgendwie bündle. Was immer ich im Leben erreicht habe, ist eigentlich intuitiv gewesen, und erst nachher hab' ich es durchdacht. Das ist natürlich nicht ganz so. Wichtig finde ich, daß man auffängt, was einem so vom Himmel fällt.

Dorothee: Ich fasse zusammen, was du vorher gesagt hast: Achtung vorm Leben im Kleinen, im Großen, Dankbarkeit für das, was eben einfällt, auffangen, bündeln, weitergeben, das sind so deine Hauptlinien.

*

Dorothee: Nun zurück zu unserem Thema. Ruth heute, nicht denkbar ohne das Gestern. 1933 aus Deutschland geflüchtet, 1941 von der Schweiz nach den USA ausgewandert. Psychoanalytikerin war sie, aber wegen der flüchtlingspolitischen Situation noch ohne offiziellen Uni-Abschluß.

Ruth: Den offiziellen Abschluß hab' ich dann doch noch 1979 in Hamburg bekommen – den Ehrendoktor. Den Masters Degree hatte ich zuvor in New York gemacht. Ich wollte dort praktizieren, und dachte, ich brauch ein Papier. Und da hab' ich Bruno Klopfer getroffen, den Rorschach-Experten, den ich in Zürich kennengelernt hatte, und habe ihn gefragt, was ich zum Praktizieren benötige. Und da sagte er, den Masters Degree. Da bin ich sofort zu Teacher's College Columbia University gegangen und habe mir den Masters Degree geholt. Dazu brauchte man 36 Punkte, und als ich ihn zwei Jahre später hatte, habe ich noch nicht gemerkt, daß ich mit demselben Aufwand, weil ich in Zürich schon so viel studiert hatte, sofort den Doktor-Titel hätte bekommen können. Ich hab' ihn nicht gemacht, weil ich mich damals gar nicht erkundigt habe. Flüchtlingspsyche ist nämlich etwas anderes als die übliche. Ich habe damals nur gedacht: Wenn der Krieg jetzt ausbricht – der war ja zu der Zeit noch nicht von Amerika erklärt, dann wird mein Mann eingezogen werden, und ich hab' kein Geld mehr, und von den 60 Dollar, die ich bekommen würde, könnte ich mit unserem Baby nicht leben. Die Amerikanerinnen konnten meist in so einem Fall mit ihren Familien leben. Ich hatte nur einen Gedanken: Ich muß praktizieren können – und wenn mir einer, der Bescheid wußte, sagte, Du brauchst den Masters Degree, da hat mir das genügt. Und ich hoffte, daß sie mich als Masters Applicant trotz meiner schlechten Sprachkenntnisse aufnehmen würden. Der Test war natürlich auf amerikanische Studenten ausgerichtet. Für schwierige, der lateinischen Sprache entlehnte Worte sollte aus fünf einfachen englischen Worten das passendste ausgesucht werden. Ich hätte die lateinischen Begriffe zwar alle ins Deutsche übertragen können, aber Englisch? Ich schnitt mit dem schlechtestmöglichen Ergebnis ab; doch man nahm mich – wohl aus humanitären Gründen – auf. Es war eine sehr flüchtlingsfreundliche Zeit.

Dorothee: Ja, und wenn alles politisch störungsfrei gegangen wäre, dann hätte man sicher so eine Karriere bewußter anvisiert, dann ...

Ruth: Das hab' ich allerdings vorher auch nicht getan. Ich wollte Psychoanalytikerin werden, die Frage von Karriere ist damals überhaupt nie in mir gewesen. Es war nur die Frage:

Was mache ich mit meinem Leben, und wie kann ich mir den Unterhalt verdienen?

Dorothee: Also mir fällt jetzt auf, daß für dich die Frage vom Überleben und dem richtigen Leben immer schon im Vordergrund stand. Und daraus haben sich dann Sachen entwickelt.

*

Ruth: Das größte Vergnügen hab' ich immer gehabt, wenn ich etwas Neues gefunden habe. Und zwar ist es immer erst praktisch passiert, und dann hab' ich es herausgefunden.

Dorothee: Du hast die Sehnsucht gehabt, das, was du erlebt hast, weiterzugeben. Vielleicht können wir da mal einen Augenblick bleiben. – Was ist für dich das Zentrale, was du für ganz dringend hältst, daß es andere Leute auch wissen sollen?

Ruth: Das ist eigentlich das Politische, das zur Basis der TZI gehört. Es ist mein Anliegen, daß es sehr viele gut ausgebildete TZI-Leute geben soll, die die Methode in verschiedensten Bereichen praktizieren und weitergeben. Mein Hauptanliegen sind natürlich Schule und Universitäten. Vor allem geht es mir um die jüngeren Kinder und daß man in der Schule so lehrt, was es auch sei, Rechnen oder Shakespeare oder Heimatkunde, daß nicht nur die Sache, sondern auch die Schüler/innen und deren Art der Zusammenarbeit wichtig sind. Und daß man als Lehrer so unterrichtet, daß nicht nur Rivalität gezüchtet wird – der kann's besser, der kann's schlechter –, sondern daß die Grunderfahrung ist, wir leben zusammen, wir lernen zusammen, wir tun zusammen. Tatsache ist, daß, wenn eine Situation emotional in Ordnung ist, schneller und besser gelehrt und gelernt wird. Es ist kein Zeitverlust, auch nicht für die Sachthemen, außer in den ersten Wochen, wenn man in der Schule den Persönlichkeiten der Kinder und den Beziehungen zueinander ein offenes Ohr und Auge gibt. Das ist wirklich mein sehr zentrales Anliegen, und dazu gehört auch Elternarbeit. Ich habe gerade eine Statistik gelesen, daß die meisten Leute, die sich für TZI intensiv interessieren, Eltern sind und/oder in der Elternberatung arbeiten. Das freut mich sehr.

*

Dorothee: Beziehungen wahrnehmen, Beziehungen, die eben da sind, nicht Traumbeziehungen, die man sich so schön zusammenphantasiert, um darin ideal das Thema zu behandeln. Ich habe selbst kürzlich so eine Erfahrung in einem TZI-Kurs gemacht. Den Faden nehme ich jetzt im Gespräch mit Ruth Cohn wieder auf.

Ruth: Also mein Lieblingsthema ist: „Was mach ich mit *mir,* wenn der andere nicht so ist, wie ich ihn haben möchte?" Und da ist das eigentliche Thema nicht: „Wie kann ich den anderen ändern?", sondern was mach ich mit *mir,* wenn der andere nicht so ist, wie ich ihn möchte. Ich bin zu der Erfahrung und Überzeugung gekommen, daß, wenn ich mich in einer Situation anders einstellen kann als sonst, der andere sich sehr oft wie von selbst irgendwie ändert. Aber wenn ich mir zum Thema mache, daß z. B. *mein Mann* sich ändern muß, und ich ihn mit dem Vorsatz heirate, einen so „guten Einfluß" auf ihn zu haben, daß *er* sich ändern wird, dann klappt das natürlich nicht, und es ist auch gut so. Aber ich selbst kann mich immer ein bißchen ändern, wenn auch nicht so viel, wie ich gerne möchte. Weder mit noch ohne Therapie. Wir bleiben *intern* die, die wir sind, *und* wir können Fortschritte machen.

Dorothee: Das sagst du jetzt sehr dezidiert.

Ruth: Ja. Ich meine, daß man nicht perfekt wird, daß man immer Probleme hat, weil man sie als Kind mitbekommen hat, oder schon vorher, und diese Probleme lösen sich nicht total auf, es bleiben Narben und Restbestände. Das kann ich wirklich dezidiert sagen. –

Du hast mich vorhin nach meinen politischen Interessen gefragt. Dazu gehört die Frage, was kann ich, können wir zum Frieden beitragen, zum Frieden mit Menschen und der Natur. Ich war z. B. im Hamburger Kongreß der Internationalen Naturwissenschaftler für den Frieden. Da habe ich etwas gesagt, was ich jetzt den Zuhörern am Radio auch sagen möchte: Ich halte die Gleichrüstungsidee für eine Phantasie, die sich nicht erfüllen kann; wenn ich das Mittel der Angst besitze, so muß ich den anderen so viel Angst machen, daß sie mich nicht angreifen. Dann werden sie mir wieder Angst machen wollen, daß ich sie nicht angreife, und dann eskaliert die Angst immer weiter, und die Waffenberge werden immer größer, und was macht man mit den Waffenbergen? Mit den Butterbergen hat man schon nicht gewußt, was man damit anfangen soll, und was macht man mit den Waffenbergen? Man verkauft sie unter Umständen nach dem Iran oder nach Südafrika, und irgendwann müssen sie platzen. Auch gegen uns. Also Gleichrüstung ist die höchstgefährliche Explosionsbombe. Und wenn mir dann einer zur Antwort gibt, ohne die Gleichrüstung geht es nicht, es sei gesponnen, daß Menschen sich ändern, da könnt ich jetzt wahrscheinlich zehn, fünfzig oder hundert Stunden reden, ohne daß sich irgend etwas am andern tut. Da suche ich mir lieber Menschen, die ähnlich denken wie ich. Mit denen ich etwas gemeinsam tun könnte, um zu verhindern, daß das ganze viele Geld für Todesrüstung verpulvert wird, statt fürs Leben. Bei der Hamburger Konferenz hat jemand Peter Rühmkorf gefragt: „Was kann man denn machen?“ Und er antwortete: „Mehr werden.“ Wenn es viel mehr aktive Friedensbewegte gibt, dann werden sich vielleicht manche Gegner überlegen, ob der Wettrüstungsgedanke wirklich stimmt. Anzahl macht stutzig.

Dorothee: Also missionieren via Wort, das hat keinen Sinn ...

Ruth: Man kann's jemand *einmal* sagen und ihm dann vielleicht noch ein Buch dazu geben und sich dann über etwas anderes unterhalten. Ich weiß doch, wie schwierig es ist, mich selbst zu ändern. Warum soll's den anderen leichter fallen? Es ist besser, gute menschliche Beziehungen zu haben, und sich über andere Dinge zu unterhalten, die auch wichtig sind, und nicht gerade über das, wo's gar keinen Sinn hat.

Dorothee: Ich empfinde im Prinzip dasselbe wie du, wir sollten schon etwas für den Frieden und die Ökologie tun. Aber wenn ich nur in meinem Privatzimmer probiere, Beziehungen zu schaffen und etwas zu verbessern, und da draußen in der Welt passieren in ganz anderer Richtung so schreckliche Sachen – da will ich vielleicht gar nicht mehr, da kann ich vielleicht gar nichts mehr machen, weil ich gar nicht die Kraft dazu habe. Und jemand anderer ist zu Hause und hat kleine Kinder und kann nicht noch draußen politisch aktiv werden. Also die Hilflosigkeit: Es läuft alles irgendwie aneinander vorbei, in einer Richtung, wo man sowieso nichts machen kann.

Ruth: Aber das stimmt ja nicht ganz. Es ist ja wirklich so, daß in den letzten zehn Jahren ein zunehmend weitreichendes Bewußtsein entstanden ist, daß man z. B. die Erde nicht weiter belasten kann, wie wir's jetzt tun, speziell seit Tschernobyl und „Tschernobâle", den Chemieunfällen. Das hat doch vielen Leuten gezeigt, daß nicht nur die Aale im Rhein sterben, sondern schon weitgehend Luft und Umwelt vergiftet sind. Jetzt werden vielleicht nicht weniger Unfälle passieren als vorher, aber wenigstens werden sie schon publik gemacht. Es gibt wirklich viel mehr Leute heute, die die Gefahren merken. Und natürlich könnte, ebenso wie der Rhein verschmutzt wurde, auch eine Atombombe platzen. Aber heute können wir das schon im Radio sagen, daß kein Kraut gewachsen ist gegen die Möglichkeit eines solchen Unfalls. Weder gegen technische Unfälle noch gegen menschliches Versehen gibt es eine absolute Versicherung, außer daß man eben aufhört, mit Gift und Giftstrahlen Zauberlehrling zu spielen.

Dorothee: Ich hab' jetzt in der letzten Zeit von vielen Leuten gehört, daß sie sagen: „Ich weiß, ich sollte etwas machen und mich engagieren. Aber ich habe keine Kraft dazu, und dann merke ich, wenn ich nicht bei mir bleibe, dann habe ich die Kraft ganz bestimmt nicht. Und es nützt auch nichts, wenn ich mir den letzten Atem raube für etwas ganz Progressives und zum Beispiel zu einer Demo gehe, für den Frieden, weil ich zuviel Angst vor Menschenmassen habe. Ich sehe eine große Gefahr darin, daß ganz viele Leute aus der Situation ihre eigene Kraft abwürgen.

Ruth: Vielleicht muß jeder für sich nachdenken, was für ihn oder sie möglich ist. Ich habe z. B. eine Therapeuten-Supervisionsgruppe. Wir sehen uns etwa vier bis fünf Mal im Jahr für ein Wochenende, und ich habe da vorgeschlagen, daß wir am Sonntag in der letzten Sitzung ein gesellschaftspolitisches Thema haben und nicht mehr über Patienten sprechen. In der Gruppe sind zwei Männer, die beide mehrfach genau das geäußert haben, was du jetzt sagst: „Wir haben Familie, wir müssen das Geld für sie verdienen, wir haben Kinder, und es ist ganz ausgeschlossen, daß wir uns noch für etwas anderes einsetzen können." Nachdem sie dies schon mehrmals so ausgedrückt hatten, fühlte ich zunehmend tiefe Angst und Wut, bis ich auf einmal explodierte: „Und was wird geschehen, wenn eines Tages eine Atombombe fällt oder Gift ausläuft und Eure Kinder zugrunde gehen, weil Ihr Eure Zeit für die Kinder nur mit gemeinsamem Spiel verbrachtet, und nicht auch damit, Euch für sie zur Wehr zu setzen?

Ich explodiere fast nie. Die Männer erschraken. Einige Wochen später erzählten sie, wie sie mit ihren Familien und Freunden und auch im Beruf Zeit fanden zu gesellschaftspolitischer Arbeit.

Und so glaube ich, daß die meisten Leute mehr tun könnten, wenn sie sich ihre Möglichkeiten bewußtmachen, auch wenn diese noch so klein sind. Eine Mutter möchte vielleicht nicht auf eine Demo gehen, aber vielleicht zur Nachbarin und mit ihr bereden, für welche Dinge man am besten Geld ausgeben könnte, zum Beispiel für Dritte-Welt-Sachen oder für die Friedensbewegung oder für eine andere lebenswichtige Sache. Es gibt so vieles, was man tun kann; es braucht dazu kreative Phantasie und Nachdenken darüber: „Was ist *mein* Anteil, ohne daß ich mich überfordere." Es geht mir da um die Balance zwischen zuviel und zuwenig.

Dorothee: Es steckt mir jetzt noch der Brief einer Hörerin in der Seele, die mir geschrieben hat, warum wir am Radio niemals die Mütter stützen, die daheim sind, nicht beruflich, sondern zu Hause tätig, und nicht aus dem Haus gehen und sich draußen engagieren – das ist nur einer von Hunderten von Briefen, die wir immer bekommen, 99 von 100 gehen in die andere Richtung, aber dieser eine sagt eben dies. Und mir geht es wie dir nicht ums Missionieren, sondern ich möchte Möglichkeiten aufzeigen ...

Ruth: Ja, Möglichkeiten aufzeigen und nicht jemand überzeugen wollen, der gar nicht überzeugt werden will. Aussagen, was ich denke, wie ich das jetzt hier in diesem wunderschönen Radioraum machen kann, aussagen, was ich denke, das kann eine Hausfrau so gut wie irgend jemand anders. Wahrscheinlich sogar besser. Da gibt es hier im Dorf z. B. so Lädeligespräche und Strickabende von Frauen, und da gibt's Treppen zu Nachbarinnen und Gespräche darüber: „Was könnten wir denn machen, ohne aus dem Haus zu gehen?" Da gibt's vor allem auch die Kindererziehung. Es ist wirklich die Frage von Phantasie für all die Frauen und Männer, die vielleicht gerade jetzt zuhören, sich zu überlegen, „was würde mir Freude machen, was ich für den Frieden tun könnte?" Ich glaube, daß wirklich niemand etwas für den Frieden tun kann, der nicht selbst Freude am Leben hat. Und einseitige Menschen, die glauben, sie müßten gar nichts anderes mehr tun als sich für den Frieden oder die Ökologie einsetzen, bei denen stirbt etwas ab. Und dann geht keine Ausstrahlung mehr von ihnen aus. Es muß jeder Mensch irgendwo auch seine eigene Freude finden. Ich wüßte nicht, warum ich mich für etwas einsetzen sollte, wenn ich selbst keine Freude habe. Je froher man selbst lebt, desto wichtiger kann einem auch das Leben werden. Oder jetzt, wo ich älter bin, ist ja sehr wahrscheinlich, daß nicht mehr so viel Freude kommen wird wie in der Vergangenheit, obwohl das vielleicht auch nicht wahr ist. Ich freue mich jeden Tag so wie jetzt z. B. hier über dieses Zimmer und die Blumen, die darin stehen. Das sind wirklich Freuden – und so gibt es irrsinnig viele Freuden für mich. Ich glaube, in dem Augenblick, wo ich wieder von Schmerzen geplagt wäre, wie oft, als ich jung war, käme die Frage wieder, ob sich das lohnt. Heute habe ich natürlich Altersbeschwerden, aber die sind wirklich noch kleiner als die von vielen Leuten. Also, mir geht's wirklich gut. Und so weiß ich nicht, was ich anderes tun könnte, als zu versuchen, daß es anderen Leuten auch gut gehen soll.

Was mich vor allem betrübt, ist, daß es so wenig Leute gibt, die die politische Voraussicht suchen; und diese Bewußtseinserweiterung ist ein ganz großes Anliegen von mir. Mir tät's wirklich wahnsinnig leid, wenn dieser Planet zerstört werden sollte, wahrscheinlich auch noch, wenn ich tot bin und im Himmel oder in der Hölle herumschwebe, dann täte es mir immer noch wahnsinnig leid.

Dorothee: Und da willst du jetzt auf Erden wirklich noch etwas machen? Jetzt möcht' ich mal die zwei mit etwas Lachen von dir gesagten Worten aufnehmen, vom Schweben zwischen Himmel und Hölle. Ja, wie sieht das bei dir aus, mit den religiösen Vorstellungen?

Ruth: Wenn ich überhaupt etwas dazu sagen soll, dann würde ich sagen, daß ich so etwas glaube wie die Indianer von einem großen Geist; oder wie Goethe, der von Pantheismus spricht, Geist, der überall in der Welt ist. Über dieses Geistige hinaus, das Göttliche, habe ich eigentlich keinen definitiven Glauben. Ich glaube, daß da etwas Großes, Schöpferisches in der Welt ist, das mir auch das Gefühl gibt, daß ich etwas machen muß oder soll, etwas beitragen. Ich glaube nicht, daß das nur von der Erziehung als Kind abhängt, oder von dem, was man mitgebracht hat. Ich glaube nicht, daß es Illusion ist, sondern Wirklichkeit, daß ich in dieser Welt auch als ein geistig-göttlicher Anteil im pantheistischen Sinn meine Möglichkeiten ernst nehmen muß, zu tun, was ich für richtig halte, auch für die Zukunft, selbst, wenn ich nichts über sie weiß.

Dorothee: Nun, was heißt das konkret, z.B. hast du Angst vorm Sterben?

Ruth: Nein, ich habe Angst vor Krankheit, ich habe Angst vor Schmerzen, vor Behinderungen, die mich so sehr behindern würden, daß ich nichts Gescheites mehr tun könnte, vorm Sterben selbst habe ich keine Angst, nein. Ich habe eigentlich nie gewußt, wie man vorm Sterben Angst haben könnte, es sei denn vor der Hölle, an die ich nie geglaubt habe. Ich glaube auch nicht unbedingt an den Himmel! Aber ich glaube schon, daß es irgendwie weitergeht, dieses Es – aber was das Es ist, ob das die ganze Seele ist oder Teilchen oder Welle. – Nein, Angst hab' ich davor nicht. Eher Neugier, weil jetzt soviel von Sterben und Tod geschrieben wird, von dem schwarzen Tunnel und dem hellen Licht dahinter, welches die meisten klinisch für tot gehaltenen Leute gesehen haben – einige auch nicht …

Dorothee: Du hast mir vorhin erzählt von deinem ersten Traumberuf, an den du gedacht hast, und Lyrikerin bist du, glaube ich, immer noch ein bißchen …

Ruth: Das ist eigentlich ursprünglich kein Traumberuf gewesen. Ich habe schon geschrieben von meinem 7. Jahr an, bis ich junge Frau war, und das ist eigentlich ganz gut gewesen. Aber dann hab' ich die Sprache verloren, die deutsche. Die erste englische Lyrik habe ich erst nach zwanzig Jahren drüben geschrieben, und wenn ich sie jetzt lese, finde ich sie gar nicht so schlecht, und seit ich wieder zurück bin, schreibe ich ganz selten Gedichte, jetzt wieder in deutsch.

Dorothee: Jetzt hast du da ein Gedicht* im Jahr 1986 geschrieben, das mir zufällig in die Hand gefallen ist. Ich finde, das würde eigentlich jetzt sehr gut passen, wenn du das noch lesen würdest. Darf ich dich bitten, das noch vorzulesen?

Ruth: Ja, gern.

Die Frage ist

Die Frage ist, was denn bleibt,
wenn der Schatten vergeht,
und grelle Farben das Pastell verwunden?

Die Frage ist, was denn bleibt,
wenn sich der Humus löst
und nackter Fels starrt
wo wir Brot pflanzen wollten?

Die Frage ist, *wer* dann bleibt?

---

* Aus: Die andere Seite, Gedichte und Bilder von Ruth C. Cohn und Annemarie Maag. Zytglogge Verlag, Bern (erscheint 1990).

Resignation als Chance zur Innovation?*

Die Verantwortung der Wirtschaft für die Zukunft

Gefühle sind Boten von Wichtigem. Das Gefühl Resignation sagt: „Es geht nicht". Der Zweifel und die Chance sagen: „*So* geht es nicht". Was stimmt nicht: Das Ziel? Die Mittel? Ich? Wir?

Will ich re-signieren, d.h. meine Signatur zu etwas Neuem oder Verändertem geben? Angst heißt Enge. – Enge versperrt Erneuerung. – (Stell dich deiner Enge. Spüre sie und lerne sie zu verstehen.) Aus dieser Enge könnten unerwartete Worte aufsteigen, z.B. diese:

- „Gebrauche deinen Nächsten wie er dich". – (Dies ist die Verkehrung der goldenen Regel: „Liebe deinen Nächsten wie dich selbst" oder „... er ist wie du".) Die goldene Regel gilt auch im Alltag. Liebe schließt Brauchen nicht aus; doch Liebe flieht vor Berechnung. Liebloser Alltag ermüdet.
- „Das Recht gehört dem Stärkeren an Macht, Geld, Fleiß und I. Q." (Ich bin privilegiert, was kostet andere mein Privileg? Will ich das?). – Gerechtigkeit ist unteilbar oder nicht existent. Eine Frau ist nie ‚nur ein bißchen schwanger!' Ebenso ist Gerechtigkeit kein Prozeß, der in Regionen, Reichtum, Begabungen aufteilbar ist.
- „Wir sind *auch* Planetarier." – Wir sind Familienmitglieder, haben Freunde, kulturelle- und Arbeitsbeziehungen, gehören Gemeinden und Nationen an. Dies alles unter dem Dach des Himmels und auf dem Boden des Planeten.
- Elektronenschnelle Kommunikations- und Raumüberwin-

* Aufgeschrieben für einen Kongreß von 100 Wirtschaftsleuten (hohen Ranges) und ein Symposium von Experten verschiedener Herkunft. Von diesen 110 waren zwei Frauen (1984). – Dieser Beitrag erscheint parallel in: Peter Örtli (Hrsg.), Innovation statt Resignation. 35 Perspektiven für eine neue Zeit, Haupt Verlag.

dung, und unsere allgemeine Abhängigkeit von Rohstoffen und Handelsbeziehungen fordern uns zur planetarischen Bürgerpflicht auf. Wir müssen sie mit den familiären und anderen geschichtlich gewachsenen Gemeinschaftsgruppierungen in Einklang bringen.

- „Das goldene Kalb frißt unsere Erde". – Regenwälder werden zu Luxusmöbeln. Monokulturen verwüsten die Erde. Zuckeräcker füttern Autos. Baumwurzeln suchen nach reiner Nahrung und Tannen und Lärchen strecken vergeblich ihre Spitzen aus nach reiner Luft und Sonnenstrahlen. Steinschlag und Lawinen bedrohen unsere Dörfer.
  Die Tiere, die wir quälen, Blumen, Bäume und Gewässer, die wir vergiften, und der Boden, den wir auslaugen, werden sich an unseren Kindern rächen – wenn Atom- oder Chemieraketen nicht schneller explodieren.
- „Feindbilder sind Bumerangs". – Sich selbst als gut anzusehen und das Böse auf andere, die „Feinde", zu projizieren ist ein uraltes Spiel. Feindseligkeit ist die Seligkeit, das Böse auf Feinde zu projizieren und sie zu töten, anstatt sich mit den eigenen inneren Feinden auseinanderzusetzen. – In unserem Jahrhundert ist es lehr- und lernbar geworden, speziell in geeigneter Gruppenarbeit, solche Projektionen zu überwinden. Feindbilder sind psychologische und politische Atavismen.
- „*Männer* sind Menschen. Sie dürfen Ängste, Träume und Mitgefühl haben". (Nicht nur die Frauen.)
  „*Frauen* sind Menschen. Sie dürfen denken, Sachkenntnisse haben und handeln". (Nicht nur die Männer.)
  Alle Menschen haben emotionale, intellektuelle und geistige Fähigkeiten. Diese sind kein Geschlechtsmonopol. Emanzipation ist die Vorbedingung für die Möglichkeit, geschlechtspezifische Schattierungen sichtbar und fruchtbar zu machen.
  „*Kinder* sind beachtenswerte kleine Menschen; auch solche, die auf anderen Erdteilen leben". (Sie brauchen große Menschen, die sie beschützen.) – Wohnungskinder dürfen Bauklötze nicht fallenlassen und keine Bälle werfen; das stört den Verkehrs-, Bau- und Straßenlärm. Schulkinder müssen

im gleichgeschalteten Lehrplanrhythmus Stoffe und Fakten „beherrschen“. Aus Kindern werden Noten. „Besser sein“ und „für später lernen“ sind Lockmittel. – Lehrmeister TV verhindert Denk- und Fühlpausen und fördert Sinnlosigkeit, Gier nach Gütern und Gewalt. Apathie, Drogenzugewandtheit, Gewalt und Entfremdung sind folgerichtig.
Diese Kinder haben es doch noch weit besser als die anderen, die krank und verhungernd in Sonnenglut und Regennässe, in Stacheldrahtgehegen, Wüsten und ausgeraubtem Boden umkommen; oder sich als Waisen und wohnungslos in Großstädten zu Diebes- und Raubgangs zusammentun.

(Ja, kleine Kinder brauchen wirklich große Menschen ...)
Re-signieren: die Chance ist, eine neue Signatur zu geben. Es geht um Bewußtsein und um Werte.
Wirtschaftsberatung: Es geht um den Wert des Lebens und um lebenswerte Existenz. Für alle und für jeden. (Das hohe Risiko entspricht der mutmaßlichen Rendite.)

Aussagen und Entgegnungen über „Resignation als Chance zur Innovation“ von Ruth C. Cohn

1. Aussage Herr A.: „Im ökologischen Bereich gibt es zu viel Angsthysterie statt positiver Zukunftsstimmung.“
Meine Entgegnung: Durch die Fenster meiner Wohnung am Hasliberg (1100 m Höhe) schaue ich auf welkende Bäume – Lärchen, Föhren, Birken. Während unserer Tagung kamen die Oberförster der Schweiz andernorts zusammen und diskutierten erschreckt die katastrophale Zunahme des Waldsterbens, das die Dörfer im Tal mit Lawinen und Steinschlag bedroht.
„Angsthysterie“? Sind die Aussagen der Oberförster hysterisch? Oder ist es hysterisch, wenn wir glauben, daß die Bedrohung sich ausdehnen wird, von Bäumen zu Äckern, Wiesen und Tieren und befürchten, daß auch unsere eigenen Organe nur begrenzte Abwehrkräfte haben?
Ich nehme jedoch an, daß wir den lawinenhaften Sterbensprozeß noch aufhalten könnten, wenn wir unsere Befürchtun-

gen nicht als hysterisch ansehen, sondern als realistisch; und wenn wir unserer Angst den Raum geben, der ihr zukommt. Erst dann kann sich realistische „positive Zukunftsstimmung" einfinden. Wir könnten sofort unsere Biologen, Chemiker, Physiker, Botaniker von unwichtigen resp. destruktiven Posten abberufen und sie als „Ärzte unseres Planeten" anstellen.

Wir sollten vor allem unsere Knaben und Männer vom Tabu, keine Ängste haben zu dürfen, befreien. Ängste sind so wichtig wie Schmerzen, die Krankheit anzeigen. Unsere Angst ist ein Zeichen dafür, daß es notwendig ist (die Not, uns wendig zu machen), der Lebenserhaltung Vorrang zu geben vor dem „business as usual". Dazu brauchen wir vorhandene Kenntnisse, neue Forschung und vor allem den Mut, Fehler zu machen, sie zuzugeben und zu überwinden.

2. Aussage Herr B.: „Der Mensch hat sich in die Tiefe nicht verändert".

Meine Entgegnung: Die Tatsache, daß etwas so war oder ist, bedeutet nicht, daß es so bleiben muß. Ich sehe in unserem Jahrhundert die Möglichkeit eines Wendepunktes zur Menschwerdung.

Mehrere Faktoren sprechen dafür:

1. Wir haben unsere Wahrnehmungskapazität durch neue Instrumente und Techniken zum Sammeln von Fakten, Theorien und rapidem Weitergeben von Informationen vieltausendfach erhöht. Sie können positiv oder negativ angewandt werden.
2. Physiologische Veränderungen durch Ernährung, Chemie, Gen-Manipulationen und Operationen sind im Anzug. Diese können teuflisch oder segensreich eingesetzt werden.
3. Die Tiefenpsychologie hat die („subjektive") Innenschau als Forschungsinstrument den („objektiven") Außenbeobachtungen experimenteller und verhaltenspsychologischer Techniken hinzugefügt. Gleichzeitig hat die höhere Physik beiden Erkenntnismodalitäten Zusammengehörigkeit und Relativierung zugesichert.

   Die Innenschau bewußter und unbewußter psychologischer Prozesse führt zu bestätigten Hypothesen über dynamische Vorgänge im Menschen und zwischen Menschen. Diese können durch Psychotherapie und Pädagogik zum heilenden Gesellschaftsfaktor werden. Menschlichkeit ist eine angeborene Fähigkeit, die der Stimulierung und Pflege bedarf.

4. Die ökologischen und nuklearen Bedrohungen ebenso wie die leichte Herstellung von Guerillawaffen verdeutlichen die Unsinnigkeit des „Rechts des Stärkeren". Die Veränderung unserer selbst zur Menschlichkeit der Nächstenliebe und zum Überwinden des Verhaltens niederer Entwicklungsstufen ist die unausweichliche Bedingung zum Überleben.

   Pflanzen und Tiere reagieren auf Bedrohung mit biologischen Anpassungsvarianten (z. B. mit Farb- und Größenveränderungen, Entwicklung von Flossen oder Flügeln etc.). Wenn dies nicht geschieht, stirbt die Spezies aus.

Wir Menschen haben ureigene Qualitäten: Schöpferisch-abstrakte Intelligenz, differenzierte soziale und ästhetische Gefühlsfähigkeiten und die spirituelle Gabe zur Entscheidung zwischen Gut und Böse (aus der Resignation, die falschen Zielen entspricht, zur Re-Signatur der verantwortlichen Ethik).

„Der Mensch hat sich in die Tiefe nicht verändert" mag wahr sein. Dies sagt jedoch nichts aus über unsere Veränderungsfähigkeit. Ich habe erfahren, daß wir im Glauben an ein *klares Menschenbild kleine Schritte zur humanen Entwicklung tun* können: ein Menschenbild, das den Feind auch in uns selbst ebenso akzeptiert wie den Freund in uns selbst – und im vermeintlichen Feind ebenso den Freund und planetaren Partner zu erkennen sucht. Dies mag oder mag nicht genügen. Darüber hinaus gibt es in physikalischen, biologischen und psychologischen Geschehnissen *plötzliche unerklärte „Quantensprünge"*, die langsamere Evolutionsprozesse ergänzen.

„Wir können noch sehr viel tun“

Gesprächspartner: Burkhard Treude *

Burkhard: Neulich sprach ich mit jemandem, der fragte mich, *warum heißt es eigentlich Humanistische* Psychologie; ist Psychologie nicht immer humanistisch?

Ruth: Die Humanistische Psychologie wendet sich an die Ganzheit des Menschen, während die Verhaltenspsychologie sich nach dem richtet, was gesehen und gemessen werden kann. Die Humanistische Psychologie richtet sich im wesentlichen auf das, was nicht meßbar ist, vielleicht beschreibbar in gewissem Sinne, nämlich das subjektive Erleben. Und es ist für mich einer von vielen Aberglauben, daß dies unwissenschaftlich sei.

Burkhard: Und was ist dann wissenschaftlich?

Ruth: Wissenschaft geht immer vom Phänomen aus. Das Phänomen der Psychologie ist, daß Menschen denken, fühlen und erleben, also etwas, das von außen nie ganz erfaßt werden kann. Man kann zwar „Psychologisches“ messen, das dem Körperlichen psychisch entspricht, und man kann Verhalten beobachten und Aussagen interpretieren. Aber wenn das subjektive Erlebnis aus der Phänomenologie ausgeschaltet wird, verfehlen wir die Psychologie als Wissenschaft.

Übrigens hat die Physik den Einfluß des Menschen auf die Wahrnehmung ja schon lange als wichtigen Faktor begriffen.

Burkhard: ... und in der Psychologie ist er der *wesentliche* Faktor, nicht wahr?

---

* Gesprächspartner: CONGRESS-Redakteur Burkhard Treude. Erstmals gedruckt in: Congress + Seminar, H. 7, 1980.

Wenn von Humanistischer Psychologie gesprochen wird, fällt oft das Wort *Humanitätsduselei*. Gemeint ist damit wohl die Frage, ob wir uns humanistische Ideale überhaupt leisten können in einer Zeit, in der wir unter großem ökonomischen Konkurrenzdruck stehen und mit Unternehmen Profit machen müssen; haben humanistische Ziele etwas in Institutionen und Organisationen zu suchen, die so arbeiten müssen, daß sie mit möglichst wenig Aufwand möglichst effizient sind?

Ruth: Die Frage von Werten und Zielen muß immer der Frage nach der Methode vorausgehen. Die Frage der Effizienz kann nur beantwortet werden, wenn ich voraussetze, für *was* ich effizient sein will. Die „Effizienz der Gaskammern" bleibt ja unbestritten. Ich halte die Frage nach der Effizienz des Profitmachens nur dann für sinnvoll, wenn wir uns klarmachen, welche Werte wir mit Profit verbinden. Sonst sind wir genauso kurzsichtig wie im Jahre 1933, als die Leute sagten: „Das ist alles gar nicht so schlimm, die Nationalsozialisten interessieren uns gar nicht." Wenn Menschen mich fragen: „Können wir es uns leisten, Konkurrenz hochkommen zu lassen?", frage ich: „Können wir es uns leisten, ein Drittel der Menschheit verhungern zu lassen?"

Was sind die Werte? Wollen wir überhaupt, daß wir in Hülle und Fülle leben und andere verhungern? Wenn wir diese Frage an einzelne Menschen stellen, bin ich nämlich gar nicht so sicher, ob sie nicht sagen: „Nein, ich will das nicht".

Burkhard: Wie verhindern wir aber, daß es dennoch geschieht?

Ruth: Es geht ganz klar um eine Umwertung der Werte. Wenn ich als höchstes Ziel setze, daß meine Organisation nur den größten Profit macht, dann sind menschliche Werte Humanitätsduselei. Ich möchte es mal ganz kraß sagen, wenn sich jemand christlich nennt, dann weiß ich nicht, wie er eigentlich das Profit machen als „Wert-an-sich" vertreten kann. Das gleiche gilt für alle religiösen oder humanistischen Menschen. Profit um des Profits willen kann eigentlich nur von jemandem vertreten werden, der sagt: „Gut ist, wenn es mir gut geht, gut ist, wenn meine Organisation Profit macht, mir sind die anderen alle wurscht".

Burkhard: Nun gibt es ja in Organisationen und Wirtschaftsunternehmen meist zwei unterschiedliche Meinungen, nämlich die der einen, die die Ziele setzen und die der anderen, die diese Ziele erreichen müssen, damit sie ihren Lebensunterhalt verdienen.

Ruth: „Denn die einen sind im Lichte, – die im Dunkeln sieht man nicht ..."

Burkhard: Was sollen denn diejenigen, die sich zu humanistischen Prinzipien bekennen, tun, um die anderen davon zu überzeugen, daß die Ziele verändert werden müssen?

Ruth: Ich glaube, man kann keinen Menschen je überzeugen. Man kann nur die eigene Meinung immer wieder aussprechen und Situationen schaffen, in denen diese Meinung gehört wird und man selbst authentisch seinen eigenen Werten gemäß lebt. Was der andere mit dieser Meinung macht, steht nicht in meiner Macht. Ich habe die Erfahrung, daß, wenn ich mit den sogenannten Ausbeutern spreche, sie die gleichen Ängste und die gleichen Sorgen haben wie alle anderen Menschen auch. Ich denke sehr oft – und habe das auch erfahren –, wenn sie nur wüßten, wie sie aus ihren Ängsten herauskämen, würden sie es sofort tun. Das ist gar nicht so unwahrscheinlich, denn was wollen Menschen, die oben sind! Sie wollen Sicherheit, sie wollen Liebe, sie wollen Geborgenheit, sie wollen nicht von den anderen verdrängt werden. Die meisten merken schon lange, daß Wohlstand zwar angenehm ist, aber über ein bestimmtes Maß hinaus nicht glücklich macht, und sie wollen dasselbe wie die, die unten sind, nämlich Glück. Und die oben, die sind ja gar nicht mehr so sicher, die Weltgeschichte geht da ihren Gang. Ich möchte Dir ehrlich sagen, ich möchte alles andere sein als reich. Ich hätte eine Todesangst, Kinder zu haben, wenn ich in einer sehr exponierten Position wäre. Wer will seine Kinder gekidnappt haben?

Burkhard: Muß das nicht in den Ohren der Wohlhabenden reichlich zynisch klingen?

Ruth: Ob zynisch oder nicht, es ist real. Aber ich meine, daß nicht alle Menschen unbedingt gleichviel materielle Güter haben müssen. Das ist, glaube ich, gar nicht so wichtig, wenn es ein *bißchen* mehr oder weniger ist. Aber die Grundbedingung, daß alle Menschen ein Auskommen haben, von dem aus sie existieren können, mehr als nur nicht verhungern ...

Burkhard: ... und selbst von „nur nicht verhungern" kann ja wohl heute kaum gesprochen werden.

Ruth: Das ist es ja! Ich finde es einfach wahnsinnig, heute mitansehen zu müssen, daß da Millionen Menschen verhungern oder buchstäblich ins Meer geschüttet werden, und die anderen sitzen in ihrem Wohnzimmer vor dem Fernsehapparat, sehen sich das an und sagen nichts dazu. Ich brauche nicht zynisch zu sein, um zu sagen, wer das miterlebt und sagt, so ist es richtig und wir sollen uns nur um unsere eigene Nase und unsere Organisations-Angelegenheiten kümmern, der ist zynisch.

Burkhard: Auf einen Nenner gebracht: Unser kurzfristiges Gewinnstreben wird uns langfristig mit so explosiven Problemen wie dem Nord-Süd-Konflikt konfrontieren.

Ruth: Ich glaube, man braucht nicht mal langfristig zu denken. Ich finde, daß es jetzt geschieht, ist schon schrecklich genug. Ich weiß nicht, warum wir nicht heute schon sehen können, daß das unrecht ist (ein ganz altmodisches Wort). Mir ist die „Humanitätsduselei" vollkommen recht. Ich finde, Humanitätsduselei beschreibt einen Sinn für Gerechtigkeit und Anständigkeit, und den finde ich nicht unmodern. Und noch ein anderer Begriff gehört dazu, nämlich, zu Opfern bereit zu sein.

Burkhard: Willst Du damit sagen, humanistische Prinzipien sind nur zu verwirklichen, wenn ich mich selbst ändere, und nicht, indem ich versuche, andere zu ändern?

Ruth: Ja und nein. Ich muß mich selbst verändern, aber ich muß auch Einfluß nehmen *wollen*. Denn sonst sitze ich auf dem Berg in der Wüste und bin ganz allein. Ich will schon Einfluß nehmen. Umgekehrt möchte ich sagen, es geht nicht, ohne daß ich mich verändere. Und es geht nicht ohne Solidarisierung. Ich glaube, daß die meisten Menschen viel eher fähig sind, etwas für andere zu tun, wenn sie glücklich sind. Und glücklich ist kein Mensch, der nicht irgendwo eine Bindung hat an Werte ...

Burkhard: ... und an andere Menschen. Viele Leute sagen, „im Krieg da war's schön, da haben wir Blutsbrüderschaft gehabt, wir haben alle für jemand anders was getan".

Ruth: Bisher war es immer so, daß die Kameradschaftlichkeit und die Liebe in Notsituationen auftauchten. Und wenn die Not vorbei war, dann herrschte wieder das allgemeine Rivalitätsprinzip. Aber dieses Für-andere-da-Sein war bisher auch immer *gegen* andere gerichtet, der Krieg gegen andere Menschen hat uns solidarisiert.

Die Humanistische Pädagogik und Psychologie streben danach, menschlich sinnvolle Werte bewußt zu machen und sie solidarisch verwirklichen zu suchen – nicht im Krieg, sondern im Alltagsleben, ohne Gewalt.

Das pseudo-humanistische „Ich bin ich – und das ist die Hauptsache" ist wahnsinnig destruktiv. Ich verhindere damit nicht nur „Deine Sache", sondern sogar auch meine eigene; denn ich muß, um mich selbst zu verwirklichen, ja immer auch mit anderen in Beziehung sein, und das heißt auch, Kompromisse mit meinen eigenen Wünschen schließen zu können. Ich selbst würde mich gern mit denen solidarisieren, die auch finden, daß die Welt für alle da ist und daß wir es schaffen können, wenn wir wollen. Deshalb will ich Einfluß nehmen.

Burkhard: Auf welche Weise?

Ruth: Ich nehme ja Einfluß durch alles, was ich jetzt tue (auch auf diesem Kongreß) in diesem Sinn: Laß uns uns solidarisieren mit denen, die an humanistische, ethische, religiöse – wie Du's willst – Prinzipien glauben.

Burkhard: Was bedeutet das konkret?

Ruth: Wir können doch noch vielmehr tun, als die uns glauben machen wollen, die ständig von Sachzwängen reden. Überall wird von politischen Zwängen gesprochen, wirtschaftlichen Zwängen, wo noch gar keine sind. Wir sollten nicht immer von Sach*zwängen* reden, sondern von Sach-*Alternativen*. Ich übe das in meinen Seminaren. Es ist erstaunlich, wieviel Sachalternativen es gibt, wenn man sich vom Zwang des „Sachzwangs" erst einmal löst.

Gerade das macht Managern, Chefärzten, Verwaltern und Führungskräften sehr viel Spaß, wenn sie anfangen, die festen Mauern durch flexible Grenzsetzungen zu ersetzen. Es gibt natürlich auch Zwänge. Du warst noch nicht geboren, als der letzte Zwang in Deutschland war.

Burkhard: Ich habe mir schon oft die Frage gestellt: was hätte ich getan, wenn ich 1933 schon ein erwachsener, denkender Mensch gewesen wäre? Ich habe diese Frage letztlich nicht beantworten können.

Ruth: Ist auch nicht zu beantworten.

Burkhard: Ich habe nicht trennen können zwischen Wunschdenken und dem, was ich wohl wirklich getan hätte.

Ruth: Deshalb bin ich ja auch so entsetzt, wie das heute wieder bei vielen Jugendlichen aufkommt, die nichts weiter wollen als „Blutsbrüderschaft". Das kommt aus ihrer Leere, dieses „alles ist Scheiße". Das, wonach sie sich wirklich sehnen, ist ein Lebenssinn, erfüllende Arbeit und verständnisvolle Liebe. Aber das alles können sie sich ja nicht vorstellen, in der Art, wie es in ihren Elternhäusern vor sich geht und in Schulen, die Leistungsfabriken sind, in denen sie sich verloren und als Versager vorkommen. So suchen sie nach einer Lebenschance, die in „Blutsbrüderschaft" gefunden werden soll. Und dazu phantasieren sie noch einen neuen Führer, und die ganze Welt wird wieder vorbereitet zum Zerschießen und Verbrennen.

Burkhard: Wie siehst Du die Zukunft?

Ruth: Ich sehe die Möglichkeit, etwas zu tun, in der Gegenwart. Ich sehe, daß Du und ich und wir alle noch sehr viel tun können; viel, viel mehr, als wir tun. Bisher sind die Kriege ja „nur" auf lokaler Basis geführt worden …

Burkhard: Für die Menschen, die dort leben …

Ruth: … ist das schauderhaft, doch für uns ist es immer noch eine Chance. Für uns gibt es viele, viele Möglichkeiten. Nimm nur das Beispiel mit den ozon-zerstörenden Treibgasen. Und wenn's nur ein Kettenbrief wäre, den Du anfingst, in dem Du sagst: „Kauf keine FKW-Spraydosen, denn …". Das ist immerhin mehr als nichts.

Burkhard: Hast Du eine konkrete Utopie?

Ruth: Meine große Sehnsucht wäre es zum Beispiel, alle Siebenjährigen in TZI zu unterrichten. TZI ist ja im Grunde *eine* sehr gute Methode, für mich im Augenblick die beste, die ich kenne, um in Schulen und Betrieben die humanistischen Gedanken hineinzutragen. Mir geht's nicht um TZI, mir geht's um die humanistische Erziehung. Und wenn's anderswie geschieht, fein! Rogers* ist viel optimistischer als ich, der macht's personenzentriert. So optimistisch war ich nie, weil ich gemeint habe, ich muß dort anfangen, wo die Leute sind, in der Schule, in den Betrieben, in Kleingruppen. Dort müssen sie „themenzentriert" oder „aufgabenzentriert" arbeiten. Wenn in diesen Gruppen die Menschen sich in ihrer Arbeitsweise und ihrer Denkweise human erleben und zu verhalten beginnen, dann erscheint mir das als eine praktische Möglichkeit, die wesentlichen Werte der Person und der Beziehung bewußt und lebbar werden zu lassen. Wenn das vor allem in Schulen geschieht, dann dürfte sich die Werteinstellung in Betrieben und vor allem im politischen Verhalten auch ändern.

Burkhard: Es gibt ja auch schon eine ganze Menge Unternehmen, die Organisationsentwicklung betreiben. Doch mittlerweile löst schon der Begriff OE bei manchen Abwehr aus.

---

* Carl Rogers, amerikanischer Psychologe, Begründer der klientenzentrierten Gesprächspsychotherapie.

Und das meist bei denen, die sich damit noch gar nicht auseinandergesetzt haben, geschweige denn sie erlebt oder erfahren haben.

Ruth: Also, Du hast Gegner. Was machst Du mit Gegnern? Ich versuche erst mal, meine Freunde zu sammeln und dann versuche ich, Strategien zu finden, Einfluß zu nehmen. Ich glaube, der Einfluß kann nur von der menschlichen Seite kommen, denn der „Ausbeuter“, ich nehme jetzt mit Absicht das Wort, ist nicht nur Ausbeuter, er ist auch Freund und Familienvater und Kind, er ist all das auch. Ich kann mich vielleicht nicht an den „Profitmacher“ wenden, aber möglicherweise an den Vater.

Burkhard: Das erinnert mich an eine Frage, die mir kürzlich gestellt wurde: „Was mache ich mit Killern im Seminar?“ Und hinter der Frage stand eigentlich auch schon die Antwort, nämlich „Kill die Killer!“ Aber warum soll ich nicht den Killer einfach mal *nicht* Killer nennen und ihn statt dessen in seiner Abwehr ernst nehmen, mit ihm darüber reden, warum er Abwehr produziert? Ist es das, was Du meinst?

Ruth: Ja, genau. Ich gehe davon aus, daß alle Menschen Menschen sind. In dem Moment, wo ich das sage, es gibt Ungeheuer und Menschen, habe ich schon unrecht. Da habe ich das „Wir-die-da“-Problem genannt.

Burkhard: Wie beurteilst Du den Stand der Entwicklung, was die Veränderung des Bewußtseins in unserer Gesellschaft anbetrifft?

Ruth: Das ist jetzt noch ein sehr langsamer Prozeß. Ich hoffe, daß er sich verschnellern kann. Und das geschieht auch. Als ich nämlich aus Amerika hier herüberkam, das war genau vor zehn Jahren, da hatte noch kaum jemand etwas von Humanistischer Psychologie gehört, geschweige denn von Gestalt* oder von TZI. Und heute gibt es eine ganze Menge Leute, die es kennen …

---

* Gestalt-Therapie nach Fritz Perls.

Burkhard: ... und konsumieren.

Ruth: Ja, „Liebe kenn ich schon", „Humanität hab ich schon gehabt", oder, wie Du sagst: „Humanitätsduselei".

Burkhard: Schwierig, nicht?

Ruth: Schwierig nur dann, wenn Du meinst, das noch zu Deinen Lebzeiten lösen zu müssen. Sowie Du Dich darauf einstellst, daß Du ein Glied in einer Kette bist und eine Fackel trägst, geht es besser. Freu Dich an dieser kleinen Fackel! Wie lange hat es gedauert vom Wunsch der Menschheit zu fliegen, bis zur Tatsache, daß wir zum Mond, zum Mars, zur Venus fliegen können? Und wie lange wird es dauern, bis der Wunsch der Menschheit nach Humanität erfüllt ist? Nicht weniger lange, und wir fangen gerade erst an! Aber erfüllt werden wird er – meistens glaube ich das. Das, was die Philosophen und Dichter immer gewußt haben, fangen jetzt die Wissenschaftler an zu suchen. Darum bin ich ja auch optimistisch, wenn die Menschheit überhaupt überlebt. Und das glaube ich eigentlich doch.

„Sich zur eigenen Autorität und Fehlbarkeit bekennen"

Gesprächspartner: Albert Biesinger und Thomas Schreijäck

Albert: Warum *Thomas Schreijäck* und ich darum gebeten haben, mit dir sprechen zu können, hängt damit zusammen, daß in der letzten Zeit immer mehr Menschen biographisch von ihrer Glaubensentstehung sprechen, die etwa sagen, ich wäre heute kein glaubender Mensch, wenn nicht an meinem Wege jener Religionslehrer gewesen wäre, der mir etwas erschlossen hat von diesem Wert zu glauben. Ich persönlich wäre höchstwahrscheinlich heute nicht Theologe, wenn es nicht damals in meiner späten Kindheit und Jugendzeit jenen Priester gegeben hätte, der für mich ein guter Wegbegleiter war. Ich habe mich mit ihm identifiziert. Ich wollte zunächst einmal so werden, wie er war. Heute habe ich kaum mehr Kontakt zu ihm. Ich bin ihm noch in Dankbarkeit verbunden, aber ich habe mich eigentlich abgelöst. Der Punkt, um den es mir zur Zeit geht: Wie laufen solche Lernprozesse, bei denen sich Schüler identifizieren können. Dann weiß ich für mich selber, daß Lehrer nicht autoritär sein sollen, die Schüler nicht an sich binden sollen. Vielmehr sollen sie Schüler anleiten, sich selber zu leiten und eben gerade nicht nur die Lehrer nachzuahmen oder nachzuäffen. Dieses Problem beschäftigt mich auch als Lehrer an der Universität.

Ruth: Du weißt, daß ich sehr viele Menschen in Therapie- und TZI-Gruppen kennengelernt habe. Und sehr viele von ihnen sagen, daß ihnen Religion in ihrer Kindheit verdorben worden sei durch zu viele oder falsche Betonung von Dogmen

---

Erstmals gedruckt in: Katechetische Blätter, H. 9, 1985.

und Kirchgang. So hätten sie kein eigenes Interesse entwickeln können.

In den letzten paar Jahren wird mir jedoch deutlich, daß sehr viele früher Ungläubige jetzt ein lebendiges Interesse an Religion entwickeln. Das hat sicher viel zu tun mit Wellen, die von den Naturwissenschaften ausgehen, denn die größten Wissenschaftler unserer Zeit, z. B. *Einstein* und *Heisenberg,* haben sich deutlich gegen die Auffassung gewehrt, daß die Aufklärung Gott überflüssig gemacht habe. Die Schlagworte „Gott ist tot", die marxistische Einstellung „Opium des Volks" und die *Freud*sche Erklärung, Gott sei eine Übertragung vom individuellen Vater auf eine Wunschvorstellung eines All-Mächtigen sind heute im Abklingen. Dazu hat sicher auch die aufdämmernde Erkenntnis beigetragen, daß die Menschheit in einer wirklichen Notlage ist, denn Not hat schon immer beten gelehrt!

Auch viele Menschen früherer Generationen, deren Eltern keinen frommen Haushalt führten, haben als Kleinkinder auf die Fragen „Wer hat die Welt gemacht?", „Warum soll ich denn gut sein?" Antworten bekommen, die irgendwie mit einer Gottesvorstellung zusammenhingen. Der „liebe Gott" verschwand nur in wenigen Kinderzimmern.

Thomas: Ein guter Lehrer ist nach *Buber* nur dann ein guter Lehrer, wenn das, was er vermitteln will, in ihm selber Gestalt angenommen hat. Der Religionslehrer hat danach die grundlegende Aufgabe, sich, als Persönlichkeit nicht distanziert hinter dem „man" versteckend, in den Dialogprozeß mit den Schülern einzubringen. Wie bewertest du von deinem Ansatz des „Lebendigen-Lernens" her den Einfluß und die Bedeutung der Lehrerpersönlichkeit auf die Sinnwertentstehung?

Ruth: Ich höre zwei Fragen in deinen Aussagen: Die Frage nach der Echtheit des Lehrers und nach möglichen Schäden, die Schüler aus ihrer Abhängigkeit von der Persönlichkeit und den Handlungen des Lehrers erleiden können. Die erste Frage wurde für mich wichtig, als ich spürte, daß die neutrale Haltung, die wir als hilfreich und wichtig für die Behandlung von Patienten ansahen, nicht den gewünschten Erfolg hatte. Kinder und Patienten spüren zuallererst, ob der Erwachsene bzw. Therapeut echt ist oder nicht. Es kommt nicht auf ein „so Tun als ob man neutral wäre“ an, sondern man kann als Therapeut oder Lehrer von seiner Sache überzeugt sein, doch auch wissen, daß eine Überzeugung auch falsch sein kann, vielleicht auch einseitig. Da interpretiere ich nicht, sondern ich hypostasiere. „Ich glaube, so oder so könnte es sein.“ Dadurch bekommt der Einfluß von Eltern, respektive von Therapeuten, respektive Lehrern ein anderes Gesicht. Wir stärken die Autonomie des Jugendlichen oder Patienten, die zunächst in gewisser Weise abhängig von uns sind und sein müssen, indem wir uns zu unserer eigenen Autorität und gleichzeitig auch zu unserer Fehlbarkeit bekennen. Oder anders gesagt: Mit klaren Aussagen von Lehrern ist der Einfluß oder die Abhängigkeit viel weniger zwingend als mit einer unechten neutralen Haltung.

Albert: Das heißt also, es ist sinnvoll, daß die Schüler sich eine Zeitlang mit mir identifizieren, mich vielleicht sogar nachahmen, wenn ich – und da kommt dann die Debatte, was die richtigen Werte sind – ihnen etwa Toleranz vermitteln kann.

Ruth: Ja, und du vermittelst das durch deine Haltung mehr als durch das, was du sagst. Wirklich persönlich tolerant zu sein, bedeutet sehr viel mehr als „Sei tolerant!“ zu sagen! Natürlich wird keine Fehlhaltung sich je schnell ändern. Wenn du einen Schüler hast, der autoritär erzogen worden ist, dauert es sicher lange, bis er Toleranz überhaupt schätzen kann. Er könnte z. B. denken, daß du schwach bist, mag dich auf deine Stärke hin testen, oder auch nur deine Toleranz belächeln.

Albert: ... Demnach wäre der Lehrer dann, ob er will oder nicht, zunächst ein „Vergleichsobjekt“ und immer ein Modell.

Ruth: Ja, nicht nur der Lehrer, sondern jeder Mensch, der für jemanden aus pragmatischen oder wesentlichen Gründen wichtig wird, übt Einfluß auf den anderen aus.

Albert: Es ist immer wichtiger für mich geworden, an mich den Anspruch zu haben, die Schüler zur Selbstleitung anzuleiten. Ich habe jetzt zwei Maturaklassen, schon in einem halben Jahr habe ich zu den Schülern kaum mehr Kontakt. Dann sind sie in Innsbruck, der eine studiert Medizin in München, der andere in Wien; sie sind in einem ganz anderen Bezugsgeflecht. Ich will sie provozieren, daß sie so selbständig wie möglich werden, so daß bestimmte Werte, die wir gemeinsam erarbeitet haben, auch in der ganz anderen Umgebung sich bewähren.

Ruth: Das ist ein hoher Anspruch. Wieviel Jahre hast du denn mit den Schülern gearbeitet?

Albert: Jetzt schon drei Jahre.

Ruth: Das ist eine relativ gute und lange Zeit. Die meisten Lehrpläne geben Lehrern sehr viel weniger Zeit, echten Kontakt mit den Schülern zu bekommen. Ein bestimmtes Pensum an Leistung hat Priorität, und Leistung heißt meistens, das zu wissen, was im verlangten Textbuch steht. Über eine Sache nachzudenken und sich verschiedene Meinungen zu bilden, dazu gibt es bei Zeit- und Leistungsdruck wenig Gelegenheit. Ist das in Religionsstunden nicht doch etwas besser?

Albert: Ja, das ist so. Für den Religionsunterricht ist es das große Problem, daß, wenn ich den Anspruch zu denken, formuliere und die Schüler auf sich selbst hinleite, heutige Schüler sehr oft finden, daß ihnen das viel zu anstrengend ist. „Wir sind gewohnt auswendig zu lernen und darauf eine gute Note zu bekommen." Diese Haltung geht mir natürlich sehr gegen den Strich, und deswegen bin ich dann auch beim TZI-Modell angesprochen gewesen, weil ich gesehen habe, es gibt attraktive Lernwege, sowohl für mich selber, als auch für die Schüler. Hast du dir schon einmal überlegt, wie andere Lehrer solche kleinen Schritte zur Selbstleitung fördern können, da ja nun nicht alle Menschen TZI-Kurse machen können oder wollen?

Ruth: TZI ist eine gute Methode, aber keine Heilslehre. Es hat immer Menschen gegeben, die gewußt haben, daß sie als

Lehrer Selbständigkeit fördern wollen. TZI hat etwas Methodisches hinzugefügt.

Ich möchte zuerst als Analogie und als ein Beispiel einen Lernprozeß durch TZI in einem Familienhaushalt andeuten: Die bisherige Struktur der Familie: Die Mutter hat alles im Haus *besorgt,* der Vater außerhalb des Hauses *gearbeitet.* Die Kinder haben im Haus *geholfen.* Wenn man nun den TZI-Stil im Haushalt einführt, würde man z. B. anfangs der Woche in der Familiengruppe themenzentriert zusammensitzen: „Das sind die Aufgaben, die im Haushalt in dieser Woche gemacht werden müssen, und wir müssen sehen, wie wir die Arbeit teilen und einteilen können." Damit wird eine ganz andere Lehr-/Lernform im Haushalt eingeführt. Was kann und was will jeder einzelne für den Haushalt tun? Es muß gekocht werden, eingekauft, sauber gemacht werden etc. Frage: Was ist wichtig, und was kann liegen bleiben? Entscheidend ist das Gefühl, daß alle Mitglieder der Familie für diesen Haushalt verantwortlich sind, und zwar von Vater, Mutter, den Jugendlichen bis zum dreijährigen Kind. In solchem Planen werden alle in ihrer Verantwortlichkeit gefördert: Jeder nach Fähigkeit und nach den Notwendigkeiten des Haushalts. Die Flexibilität ist durch die gemeinsame wöchentliche Besprechung gestärkt.

Analog: Wieviel Verantwortung müssen oder können Lehrer/innen für ihre Schüler übernehmen? Sie können Schüler fördern zu erkennen, was sie lernen möchten und was von der Schule verlangt wird, und was sie für ihren späteren Lehrgang wahrscheinlich können müssen, je nach bestimmten Berufen und/oder Lebensvorstellungen.

Der Lehrer kann nicht verantwortlich sein für das, was der Schüler lernt, sondern nur für das, *wie er selbst lehrt.* Wie ich lehre, hängt damit zusammen, wie ich meine Aufgabe als Lehrer sehe. Und wenn ich sie zum Großteil darin sehe, mit dem Schüler dessen eigene Fähigkeiten und Verantwortlichkeiten zur Selbstentscheidung zu klären, dann muß ich ihn fragen, wie ich ihm helfen kann, diese Dinge zu lernen, die er lernen will. Mit anderen Worten: Ich glaube nicht, daß der Lehrer verantwortlich dafür ist, was und wie der Schüler lernt, sondern, daß er ihn zur Selbsterkenntnis und inneren Disziplin führt, wozu sein Vertrauen in den Schüler nötig ist. Ich halte es für eine übliche, aber *nicht gute Haltung, daß wir Schüler „motivieren"; ich halte es für wichtiger, wenn Lehrer die Motivationen der Schüler zu finden suchen.* Es hindert meiner Ansicht nach die Selbständigkeit des Schülers, wenn der Lehrer überzeugt ist, daß Schüler dies oder jenes können und wissen müssen, wenn die Schüler selbst diese Notwendigkeit nicht erkennen oder ablehnen. Schüler müssen ihren eigenen Einstieg in ihre Aufgabe finden können.

Thomas: Es gibt Lehrer, aber auch Pädagogen, z. B. in der kirchlichen Jugendarbeit, die Jugendliche oft erstaunlich mitreißen. Wir haben einige Studenten an der Universität, die in der ersten gehaltenen Religionsstunde Schüler begeistern, obwohl sie noch nie zu unterrichten geübt haben. Wie erklärst du dir dieses Phänomen?

Ruth: Begeisterung des Lehrers wird sicher zu einer Quelle innerer Motivierung für Schüler. Ich kenne dieses Begeisterungs- oder umgekehrt dieses Langeweilephänomen. Ich habe Stunden erlebt, wo ich das Gefühl hatte, daß ich etwas schon so oft gesagt habe, daß es mir zum Hals herauswächst. Und dann gibt es Sternstunden, wo ich ganz überzeugt bin, daß das, was ich lehre, sehr wichtig ist. Und dann reiße ich mit. Daß TZI in Europa überhaupt so schnell Fuß gefaßt hat, war sicher damit verbunden, daß ich in meiner Kongreßarbeit in Deutschland so überzeugt war, daß das, was ich aus Amerika mitbrachte, sehr wichtig war und mit diesem Wichtigkeitsgefühl andere mitriß.

Albert: Wenn du dich jetzt biographisch zurückerinnerst, was war das denn, was dir so wichtig war?

Ruth: Ich glaube, es war so: Ich war 36 Jahre nicht mehr in Deutschland gewesen. Als ich wegging, war die Philosophie des „Feindbildes" zum Unheil geworden. Und nun stand ich plötzlich da vor all diesen Deutschen, deren Väter oder vielleicht sie selbst Nazis waren, und es war für mich ein unerhörtes Erlebnis, daß ich nun etwas dazu beitragen könnte, ein mögliches Wiederaufleben von Feindbildern zu verhindern.

Das hatte ich übrigens auch in Amerika getan. Ich habe immer mein Erlebnis geschildert, daß nicht alle Deutschen Nazis waren, und daß es Terror überall gibt und geben wird, wo Feindbilder hochgespielt werden und die eigene Feindseligkeit auf andere projiziert wird.

Und was ich auch gut in Amerika gelernt hatte und weitergeben wollte, war die Betonung von Zuhören und Toleranz auf diesem ersten Kongreß. Da waren z.B. linksradikale Studenten, die zu den gegebenen Themen der Gruppendynamik und Selbsterfahrung zum Ausdruck brachten, daß „Sensitivity Training" ja nur im Interesse profitsuchender Ausbeuter gebraucht würde. Diese Meinung wurde zunächst, zusammen mit dem Verhalten dieser Studenten, von dem Auditorium vehement zurückgewiesen. Ich konnte diese Studentengruppe arbeitsmäßig integrieren, weil ich auch sonst Meinungen, die ich für total falsch halte, anhöre und versuche, auch etwas Richtiges in ihnen zu finden, und daß ich dann auch sachlicher – mit Toleranz – dafür oder dagegen kämpfen kann; und in diesem Fall lag die Wirklichkeit sicher zwischen beiden Seiten.

Thomas: Was also macht einen guten Lehrer aus? Er muß von dem, was er vermitteln möchte, überzeugt sein …

Ruth: Ja, doch wenn er etwas lehren muß, wovon er nicht überzeugt ist, kann er das natürlich zum Ausdruck bringen: Dies hat Herr X und Frau Y geschrieben, und ich möchte, daß ihr dies an euch ranlaßt. Ich teile deren Meinung nicht, aber vielleicht könnt ihr darüber nachdenken und euch in Pro und Kontra zur Sache äußern.

Albert: So daß man für Religionslehrer- oder Pfarrerausbildung darauf achten müßte, daß die jungen Leute im Prozeß mitlernen, warum ihnen etwas bedeutsam ist, und warum sie anderen etwas davon mitteilen wollen. Wer bin ich eigentlich, daß ich mit einem solchen Anspruch auftreten darf, anderen etwas so Wichtiges beizubringen wie Religion? Dazu habe ich Entscheidendes in TZI-Arbeitsgruppen hinzugelernt.

Ruth: Was war entscheidend für dich?

Albert: Entscheidend war für mich, daß ich in diesen Seminaren ein Thema so existentiell angehen lernte, daß ich selber darin vorkomme mit meinen Motivationen, mit *meinen* Einstiegen, auch mit meinen Blockaden; so daß ich nicht einfach lerne, Jesus Christus ist wahrer Gott und wahrer Mensch, sondern, daß ich lerne, was das für mich bedeutet. Will ich das später lehren? Eine Theologische Fakultät oder Lehrerausbildungsstätte hat demnach auch die Aufgabe, die Studierenden in die Entscheidung zu führen, ob sie das überhaupt lehren wollen, was sie dort gelernt haben.

Ruth: Das finde ich gut. Der Student oder Referendar soll sich damit auseinandersetzen, was er glaubt. Er muß zweifeln dürfen, sich mit den Zweifeln auseinandersetzen und doch zu einer Glaubensentscheidung kommen, die ihn auch durch den Zweifel hindurchträgt. Wenn er predigen müßte, was er nicht glaubt, dann könnte er diesen Beruf gar nicht ausüben. Stimmt das nicht?

Albert: Ich rate ihm dann ab, weil er in eine Spannung kommt, die ihn auf die Dauer entweder krank macht, oder ihm und anderen dauernde Probleme bereitet. Ein ähnliches Beispiel: Kann einer ein guter Musiklehrer sein, der von Musik nichts hält?

Ruth: Ja, das ist genau meine Ansicht. Wenn ich Religionslehrer einer bestimmten Konfession wäre, würde ich das auch sagen. Den Glauben, den ich lehre, müßte ich vertreten können. Ich hätte sicher Mühe, Rabbinerin zu sein, obwohl ich die jüdische Lehre sehr liebe, weil sie keinen Zweifel daran läßt, daß es nur einen Ewigen gibt, was für mich aber auch heißen kann, eine ewige Göttlichkeit.

Die jüdische Lehre ist für mich eine von vielen. Vieles finde ich im Christentum weitergeführt. Ich sehe Jesus als den großen Weiterführer der jüdischen Religion. Ich finde es auch sehr schädlich, wenn immer wieder gesagt wird: „Die Juden haben Jesus gekreuzigt.“ Es war damals wie heute: Es gab solche Juden, die ihn getötet haben oder töten wollten, und andere, die ihm folgten und ihn als Lehrer annahmen. Ich möchte das überall sagen, auch hier, daß ich keine Hoffnung sehe, den Antisemitismus zu überwinden, solange es Religionslehrern und Pfarrern nicht gelingt, diesen Satz „Die Juden haben ihn gekreuzigt" zu verändern in: „Jesus hatte Feinde und Freunde unter den Juden. Nur die Feinde wollten ihn kreuzigen, die Freunde akzeptierten seine Lehre." Verzeih, ich mußte das sagen. Es ist mir immer deutlicher geworden, welche entsetzlichen Wirkungen ein über Jahrtausende gezüchtetes Feindbild haben kann.

Ich könnte mir also nicht vorstellen, irgendeine Religionsstunde zu geben, außer der einer Übersicht über die verschiedenen Religionen.

Albert: Dennoch wirkst du auf mich wie eine Rabbinerin, vielleicht hängt das damit zusammen, daß du für mich etwas von chassidischer Weisheit verkörperst.

Ruth: Danke sehr, ich empfinde das als Kompliment. Doch es wird dich enttäuschen – es hat mich übrigens auch enttäuscht –, daß ich bis vor ungefähr zwei Jahren überhaupt nichts vom Chassidismus gewußt habe. Erst dann habe ich *Buber* gelesen. Was mir schon öfter gesagt wurde, ist nicht, daß ich wie eine Rabbinerin wirke, sondern Ähnlichkeit hätte mit der *Teresa von Avila.* Die sei so mystisch und so praktisch gewesen. Das hat mich auch interessiert und gefreut. Doch das sind relativ äußerliche Assoziationen. Von innen gesehen möchte ich meine Religiosität eher als Staunen vor dem Unwißbaren bezeichnen, das mich immer wieder zum Nachdenken und Nachlesen über Religiosität und Religionen geführt hat. Dies Staunen ist in mir als ständige Melodie bei allem, was ich auch tue. Doch schwer ist es auch, die Schönheit und die Grausamkeit in dieser Welt als Ausdruck Gottes oder der Göttlichkeit zu verstehen.

Thomas: Du bist dir also der philosophischen Grundvoraussetzungen sicherer als der religiösen. Du sagst, daß es ohne Ethik nicht geht, vor allem der Ethik, die aus der Ehrfurcht vor dem Lebendigen entsteht. Ich unterstütze diese Ethik, mit der du deutlich machst, daß es ohne Grundvoraussetzungen, Axiome, in der Erziehung überhaupt nicht geht.

Ruth: Die Frage ist, ob man sie sich bewußt macht. „Ehrfurcht vor dem Leben“ ist als Axiom zu abstrakt, um erzieherisch wirksam zu sein. Es muß konkretisiert werden. Wir stehen z. B. immer in der Verantwortung, Entscheidungen zu fällen. Eine Fliege lebt, und ein Kind lebt, und wenn die Fliege eine Malariafliege ist, werde ich sie töten. Ich habe also weniger Ehrfurcht vor dem Leben der Malariafliege als vor dem des Kindes. Und diese in diesem Fall simple Frage, welches Leben zu schützen ist, ist eine grundlegende ethische Frage, sowohl für körperliches Leben als auch bei seelischen Konflikten. Wann finde ich es wichtiger und richtiger, mich zurückzuziehen, wann meine Kinder oder andere Angehörige oder Freunde zu unterstützen? Wann gebe ich Geld für mich und Luxus aus, wann unterstütze ich die Ärmsten? Zweifel können nie aufhellen, ob das, was ich entscheide, von einem anderen Standort aus richtig wäre. Alle Entscheidungen sind subjektiv. Doch zum Kompaß von Entscheidungen gehört für mich das Anerkennen unabdingbarer Werte. Es scheint mir unmöglich zu sein, daß wir richtig handeln, wenn es Millionen von Menschen gibt, die heute zum Verelenden, Verhungern, Verdursten gezwungen sind. Es kann nicht richtig sein, daß wir „gemeinsam autistisch“ mit unserer Konsumwelt andere erschlagen. Dieses Nichtbewußtsein der Interdependenz Aller mit Allem und Allen, und daß wir Menschen und Erde zerstören, das ist Verletzung der ethischen Grundvoraussetzungen des Lebens. Es ist wohl das, was Jesus gemeint hat, wenn er sagte, daß ein Reicher eine geringere Chance hat, in den Himmel zu kommen, als ein Kamel durch ein Nadelöhr zu gelangen.

Wenn wir diese ethischen Grundfragen nicht in unser eigenes Leben und in unsere Arbeit als Lehrer miteinbeziehen, dann sehe ich keine Hoffnung mehr für diese Welt.

Thomas: Das bedeutet also, daß wir die ethische und religiöse Erziehung in Schulen trotz ihrer Bürokratisierung und Institutionalisierung im Sinne der Autonomie und Selbstverantwortung unterstützen müssen?

Ruth: Ich halte es für krankhaft, wenn heute Nationen oder Religionen darauf bestehen, so wie etwa in ihren Vertretern *Reagan* oder *Thatcher,* Erziehung auf Ziele wie die des „starken Amerikas" oder „starken Englands", also einen gesteigerten Nationalismus, auszurichten. Es geht darum zu verstehen, daß wir zwar kleinen und kleinsten Gruppen angehören, daß aber die Perspektive auf die „Familie Menschheit", auf den Planeten, eine Notwendigkeit ist. Es kann keine geteilte Gerechtigkeit geben, sowenig wie einen geteilten Frieden. Es nützt nichts, wenn wir in Schulen lehren, welche Fakten auswendig gelernt und Techniken geübt werden müssen, wenn wir nicht lehren, *Prioritäten zu setzen zwischen Wichtigem und Unwichtigem.* Wichtig ist mir grundsätzlich die Ehrfurcht vor dem Leben, vor allem Leben. Wenn wir die Wichtigkeit von nationalen Fußballspielen für größer ansehen als die Wichtigkeit, Wege zur Gemeinschaftlichkeit und Gemeinschaftsgefühl zu finden, dann dürfen wir uns auch nicht über Terrorismus und Folter wundern. Wenn wir die Angst zum Grundprinzip des Lebens machen, indem wir aufrüsten und „nach"-rüsten, bis unsere Dritte-Welt-Geschwister nichts mehr zu essen haben, und bis die Wälder und der Boden und das Meer vernichtet sind, dann ist die Hoffnung gestorben.

Schulen sind fast überall gesetzlich aufgefordert, Kooperation und Fairneß zu lehren. Was jedoch wirklich gelehrt wird, ist ethische Gleichgültigkeit und Leistungswahn. Ich sehe als die Lehraufgabe aller Lehrer, aber speziell von Religionslehrern, sich diesem Wahn nicht zu unterwerfen, sondern daß sie ethische Prioritäten erkennen und auch gegen quantitativen Leistungsdruck kämpfen. Wir sollten das aus der Nazizeit gelernt haben, daß es sich nie lohnt zu sagen, „Mein Lehrplan sagt mir", „Mein Vorgesetzter hat mir doch gesagt" ... Es gibt ein Ethos, das wir höher zu stellen lernen müssen. Was kann ich tun in einer Zeit, in der die Reaktion des Unverständnisses überhandnimmt?

Es gibt ein Gedicht von *Matthias Claudius:*

Kriegslied

„'S ist Krieg! 's ist Krieg! O Gottes Engel wehre,
Und rede Du darein!
's ist leider Krieg – und ich begehre
Nicht schuld daran zu sein!

Was sollt' ich machen, wenn im Schlaf mit Grämen
Und blutig, bleich und blaß,
Die Geister der Erschlagnen zu mir kämen,
Und vor mir weinten, was?

Wenn wackre Männer, die sich Ehre suchten,
Verstümmelt und halb tot
Im Staub sich vor mir wälzten und mir fluchten
In ihrer Todesnot?

Wenn tausend tausend Väter, Mütter, Bräute,
So glücklich vor dem Krieg,
Nun alle elend, alle arme Leute,
Wehklagten über mich?

Wenn Hunger, böse Seuch' und ihre Nöten
Freund, Freund und Feind ins Grab
Versammelten und mir zu Ehren krähten
Von einer Leich' herab?

Was hülf' mir Kron' und Land und Gold und Ehre?
Die könnten mich nicht freun!
's ist leider Krieg – und ich begehre
Nicht schuld daran zu sein!

Das ist eines der schönsten deutschen Gedichte, das ich kenne, nicht so bekannt wie „Der Mond ist aufgegangen", genauso schön und politisch wichtiger. Ich möchte dieses *„Kriegslied"* von *Matthias Claudius* im Unterricht aller Religions- und Deutschlehrer sehen! Dieses Kriegslied könnte, wenn Worte Einfluß hätten, ein Wendepunkt vom Grauen zum Leben hin bedeuten. „... und ich begehre / nicht schuld daran zu sein" – am Krieg gegen diese schöne Welt. Und doch bin ich es auch. – Als Lehrerin möchte ich den Jüngeren helfen, weniger schuldig zu werden.

Thomas: Ich beobachte mit ganz großer Sorge, was ich mit dem Stichwort Entlastung und Entlastungsmechanismus bezeichnen möchte. Ich meine, die Haltung des einzelnen, der im Zweifelsfall noch bereit wäre, für eine gute Sache (im Sinne des genannten Ethos) zu arbeiten, sich dann aber wieder zurückzuziehen mit den Erklärungen, über einen bestimmten kleinen Schritt nicht hinauszukönnen. Eben wegen des Lehrplans oder des Schulrahmens oder der Erwartung des Direktors, der Andersheit der Kollegen etc. Ich möchte auf die erste Frage zurückkommen: Ist es nicht die Aufgabe des Lehrers, Prozesse zu ermöglichen, daß *sinnvolles* Lernen geschieht?

Ruth: Für mich heißt Ethos, die Aufgabe zu finden, die meinem eigenen Leben und dem der anderen dient. Bei jedem Konflikt kommen unausweichliche Fragen, und niemand kommt um diese Konflikte herum, wenn er sich für das Leben, für den Frieden, für sinnvollen Schulunterricht, für gerechtere Lebensweise einsetzen will: Welche persönlichen Gefahren will ich ertragen und wo ziehe ich die Grenze? Es ist wirklich sehr viel leichter für die meisten von uns, mit einem schlechten Gewissen zu leben, als sich in schwierige ökonomische Situationen zu begeben, Freunde oder Prestige zu verlieren - im täglichen Kleinkrieg.

Thomas: Wie würdest du mit den verschiedenen - und zum Teil extremen - Positionen der Schüler umgehen, insbesondere bei der Behandlung des Themas „Schöpfung und Ökologie“ mit der besonderen Absicht, die Notwendigkeit einer hohen Verantwortung gegenüber der Umwelt bewußt zu machen?

Ruth: Ich würde mir soviel Informationen über die ökologische Zerstörung beschaffen, wie ich kann, respektive soviel Informationen, wie erhältlich sind, sie an die Schüler verteilen bzw. sie Tatsacheninformationen aufsuchen lassen. Dann würde die Besprechung dieser Situation in kleinen oder mittelgroßen Gruppen vor sich gehen, wobei ich jeweils meine eigene Ansicht auch sagen würde. Ich habe sehr viel Vertrauen in die Wirkung realer ehrlicher Informationen, wenn diese ehrlich und mit viel Mühe gesucht werden. Ich bin auch ziemlich sicher, daß in solchen Klassen die Frage aufkommen wird, was dieser oder jener tun möchte, um der Zerstörung entgegenzuwirken. Dies würde ich unterstützen, vor allem bei ökologischen Problemen und Friedensfragen.

Die Frage, die der theistischen Religionsfrage entspricht, wäre, welchen Anspruch Menschen an Gott stellen, die Welt, die er geschaffen hat, zu schützen, und welchen Anspruch Gott an den Menschen hat, seine Schöpfung nicht zu verletzen. – Wenn eine solche jüdisch-christliche Schöpferfrage nicht ansteht, dann kann die Frage der ökologischen Verantwortlichkeit auch vom ethischen Standpunkt her diskutiert werden.

Für mich kommt es in jedem Unterricht darauf an, daß Menschen Informationen suchen und erlernen können, daß sie sie untereinander austauschen, daß sowohl Gedanken, Meinungen und Gefühle besprochen werden, und daß eine große Gruppe sich jeweils in kleine Gruppen aufteilt und wieder zusammenkommt, damit sowohl die Notwendigkeit des Sichaussprechenkönnens als auch die des gemeinsamen Zusammenfindens einsichtig gemacht wird.

Albert: Unser Gespräch geht zu Ende, ich möchte aber doch gerne noch auf eine Frage zurückkommen, nämlich auf die zum Problem Nähe und Distanz zwischen Lehrer und Schüler. Es wird mir in Erinnerung bleiben, wie ich heute morgen den Blumenstrauß geholt habe, und viele Schüler von der Ecole d'Humanité sich herzlich umarmt haben am Beginn der Osterferien, und auch die Lehrer gekommen sind zum Winken. Mir ist aufgegangen, das ist eine andere Art der Kommunikation, ein anderer Stil, auch wie dann Lehrer mit einzelnen Schülern gesprochen haben. Es schien mir eine sehr intensive Nähe der Lehrer zu den Schülern, die Lehrer erscheinen wie gute Freunde. – Und dann sehe ich in meiner Biographie, daß es manchmal auch sehr wichtig ist, auf Distanz zu gehen. Ich habe schon die intensive Erfahrung mit Schülern gemacht, daß, wenn ich mich heftig mit ihnen auseinandergesetzt und zum Teil auch schon Konflikte provoziert habe, gerade durch diese Konfliktlösungen Eigentliches entstanden ist, erhebliche

Lernprozesse wie zum Beipiel Verstehen, daß ein gemeinsamer Gottesdienst u.a. entstanden sind.

Ruth: Die Frage von Nähe und Distanz stellt sich ja in jeder menschlichen Beziehung und ist weitgehend ausschlaggebend für die Entwicklung des Menschen. Wenn z.B. eine Mutter dem Baby zu viel Nähe gibt, es überwältigt mit etwas, das das Kind im Augenblick gar nicht will, hat das schwerwiegende Folgen für seine Entwicklung. Das Gleiche und oft noch Schwerwiegendere gilt natürlich für mangelnde Nähe.

Es kommt in jeder menschlichen Beziehung auf die individuelle Sensivität und die Bedürfnisse von Partnern an. Eine absolute Antwort wäre sehr gefährlich. Innerhalb jeder Beziehung muß beides, und in der Beziehung von Lehrern und Schülern auch deren sachliche Aufgaben immer wieder durchfühlt und durchdacht werden.

Auch in der Ecole d'Humanité sind Lehrer sehr verschieden genauso wie Schüler. Nicht alle Lehrer und nicht alle Schüler waren beim Postauto, als die Kinder in die Ferien fuhren. Nicht alle Lehrer und nicht alle Schüler werden sich physisch umarmen oder auch nur menschlich nahekommen.

Manche Menschen sind prinzipiell distanzierter und andere näher. Die Aufforderung „Sei nah!" wäre ebenso unnatürlich wie „Sei distanziert!". Jeder und jede haben ihr übliches Maß an Nähe- und Distanzbedürfnis und sind zudem auch von der inneren Situation in den äußeren Gegebenheiten abhängig. Für mich gilt es, die eigene Sensitivität zu üben und als Lehrer auch die Sensitivität der Schüler zu fördern. „Selektive Authentizität" ist ein Begriff, den ich für interaktionelle Aussagen geprägt habe und liebe! Dieser Begriff paßt auch für Nähe und Distanz: „Sei echt und selektiv beim Wählen der Nähe in der jeweiligen Situation mit einer Person – entsprechend deinen eigenen Gefühlen, deinem Denken und deinem Verständnis für die andere Person und die äußeren Gegebenheiten." Dies ist, wie überhaupt TZI, kein Rezept, sondern ein Lebenskompaß, den ich gut finde.

„Zuwenig geben ist Diebstahl – zuviel geben ist Mord“

Gesprächspartner: Otto Herz

Zum ersten Mal erlebte ich Ruth Cohn Anfang der siebziger Jahre auf einem Seminar in der Ev. Akademie Loccum. Der Bundesminister für Bildung und Wissenschaft unterstützte damals ein Seminar für Multiplikatoren im Bildungsbereich in der Absicht, herauszufinden, ob die von Ruth entwickelten Vorschläge eines Lebendigen Lernens dazu beitragen könnten, den Lehr-Lern-Prozeß in den Institutionen des Bildungsbereiches zu humanisieren.

Ruth traf damals auf Zustimmung und Skepsis. Zustimmung gewann sie vor allem als Person. Sie lebte, was sie sagte. Und was sie sagte, war erfüllt von der Vielfalt gelebter und reflektierter Erfahrungen.

Skepsis galt der politischen Tragweite und Veränderungsbreite ihres Ansatzes, der themenzentrierten Interaktion (TZI).

TZI will eine Hilfe zur Herstellung der Balance in Lern- und Arbeitsprozessen sein
- zwischen der Befindlichkeit jedes einzelnen,
- dem Beziehungsgeflecht in einer Gruppe
- und dem Ernstnehmen eines Themas.

Die themenzentrierte Interaktion hat mittlerweile Eingang gefunden in fast alle Bereiche des mehr oder weniger organisierten Lernens. Wo nach Prinzipien der themenzentrierten Interaktion gelehrt wird, wird meist von einem erfüllten Lernen gesprochen.

Fast zehn Jahre später traf ich Ruth nun wieder in ihrer mit Papier überschwemmten Stube im kleinen Haus am abfallenden Hügel im Berner Oberland in Goldern-Hasliberg. Ein

---

Erstmals abgedruckt in: betrifft: erziehung, Januar 1981.

Blick aus dem Fenster setzt Maßstäbe: die Größe und Großartigkeit der Wetterhorngruppe bis hin zu den beziehungsreichen Nachbarn „Jungfrau“ und „Mönch“.

Die nahegelegene École d'Humanité, die Schule der Menschheit, nicht nur die Schule der Menschlichkeit, die Schule, die Edith und Paulus Geheeb gegründet haben, als sie am Anfang des aufziehenden Nationalsozialismus ihre Odenwaldschule und Deutschland verließen, lenkt das Thema auf schulisches Lernen.

Ich stelle Ruth einige Fragen. Sie kauert in ihrem Stuhl, beide Beine verschränkt, den Oberkörper leicht vornübergeneigt. Ihr ganzer Körper ist Konzentration. Sie hört die Frage und hört dann in sich. Es bedarf immer nur des Anstoßes. Ruth spricht nicht nur, es sprudelt aus ihr heraus ...

Otto Herz

Otto: Es wird über wenige pädagogische Fragen so viel diskutiert wie über die Frage „Leistung in der Schule“. Ich kenne fast niemanden, der wirklich gegen Leistung ist, obwohl immer wieder der meist unsachliche Vorwurf der „Leistungsfeindlichkeit“ gegen manche erhoben wird. Aber was einzelne unter Leistung verstehen, das scheint mir manchmal auseinanderzuliegen wie Himmel und Hölle. Das ist der Grund, weshalb ich dich, Ruth, fragen möchte: Wie siehst du das – *was soll die Schule leisten?*

Ruth: Ja, zunächst ein paar Worte zu meinem persönlichen Hintergrund. Den habe ich vielleicht immer ein bißchen zu sehr verschwiegen. Ich habe mich seit den Anfängen meiner Ausbildung für schulisches Lernen interessiert. Während meines Studiums in Zürich bin ich im Kindergarten Assistentin gewesen, weil ich immer gefunden habe: Psychoanalyse zu machen, ohne Kinder zu kennen, ist irre. Und dann bin ich aus anderen Gründen, die jetzt nicht wichtig sind, in Amerika zuallererst Lehrerin geworden. Ich bin – und darum ist dieses nicht irrelevant – in die Bank-Street-School for Early-Child-Education gegangen, was eine unerhört phantastische Schule war. Wir hatten am Vormittag 200 Kinder von ungefähr 3 bis maximal 6 Jahren, manche waren erst 2 1/2, die meisten Kinder waren 4 und 5 Jahre, es handelte sich also um eine Vorschule. Am Vormittag waren wir – wir waren assistant teacher – für die Kinder verantwortlich unter der Supervision der Lehrerin. Am Nachmittag hatten wir dann akademischen Unterricht über „Wie man Kinder lehrt". Das war ein Jahr – das schönste Studienjahr meines Lebens.

Eine besonders positive Erfahrung in diesem Jahr war die Leistung, die Leistungsbereitschaft der Kinder. Positiv war, daß die Kinder zeigten, was man sonst vor allem bei Babys bewundert: Sie fangen an zu leisten, ohne daß ihnen jemand etwas sagt. Ein Baby will sprechen, es will laufen, es will sitzen – es will all das, was es braucht und was ihm vom Herrgott mitgegeben ist. Es will es lernen, und es leistet es. Aber es leistet nicht nach Programm, sondern nur nach einem ihm innewohnenden Programm, also nicht nach einem, das von außen aufgesetzt wird. Und es leistet in Beziehung zu denjenigen Menschen, um die es ist. Also: wie die Menschen sind, so spricht es, so tut es, so sagt es. Es reagiert in seiner angeborenen Weise auf die Umgebung, die *dann* seine angeborene Weise modifiziert. Und in dieser Zeit gibt es kaum ein Kind, das, wenn es z. B. Hunger hat oder in fürchterlicher Not ist, das nicht leistet, was es *braucht,* das, was es *will* – und dabei vergnügt ist. Das bedeutet nicht – und das sehe ich immer wieder bei den Babys, wenn sie z. B. laufen lernen –, daß sie nicht auch Angst haben, wenn sie laufen lernen. Beim ersten Aufstehen haben sie Angst, beim ersten Schritt haben sie Angst, aber sie sind begeistert, strahlen und sind vergnügt, wenn sie dann merken, daß sie etwas leisten. *Und das geht auch so weiter,* wenn nicht eine von zwei Sachen passiert:

- Die eine ist, es wird *zuviel gelobt,* so daß plötzlich die Leistung nicht mehr interessant ist als Leistung, sondern nur noch interessant ist: „Ich werde gelobt"; damit wird die Leistung verdorben; da heißt es dann nicht mehr: „Ich freue mich an meiner Leistung", da heißt es dann nur noch: „Ich freue mich, wenn ich gelobt werde"; das ist der leider *seltenere* Fall;
- Die andere Sache ist, es wird *nie gelobt,* es wird immer nur

geschimpft, z. B. wenn irgend etwas kaputtgeht; *so wird die Leistung beladen mit Angst.*

Aber wenn alles gut geht – was leider selten ist –, dann bleibt noch für längere Zeit Wachstum und Leistung im Zusammenhang. Das Kind *will* lernen, es *will* leisten, es tut es auch, wenn es Anregungen, also z. B. Sprache, Spiele, aber auch Buchstaben erklärt bekommt, die an der Autobusstation stehen; und wenn es mit jemandem lebt, der an ihm interessiert ist und der es *nicht zu sehr* oder *zu wenig* belastet.

D. h.: *Leistung ist Arbeit, die geleistet werden muß, Arbeit, die Sinn hat.*

Arbeit, die nicht geleistet werden muß und nicht Sinn zu haben braucht, kann Spiel sein; Spiel ist *auch* eine *Leistung.* Aber das Spiel ist eine Leistung, die jetzt nicht unbedingt gebraucht wird. Das Spiel – das Doktorspiel, das Hausspiel, das Kuchenbackenspiel –, das alles ist sinnlos in dem Sinne: es wird das Haus nicht sauber, wenn man so spielt, als mache man es sauber.

Sehr oft kann man sehen, daß solches Spiel die schönste Zeit für das Kind darstellt. Wenn es wirklich anfangen soll, sauber zu machen, dann ist es schon schwieriger ...

Das ist also immer neu die Balance zwischen zuviel und zuwenig.

Ja, und jetzt wollte ich noch einmal auf die Bank-Street-School zurückkommen. Die ganz großartige Erfahrung war, daß in der Schule die Leistung das blieb, was sie für Babys ist. D. h., die Schule akzeptierte, wo die Kinder lernen wollten, sie akzeptierte, was sie lernen wollten, sie akzeptierte, wie sie lernen wollten; und sie gab ihnen immer die Hilfe und das Material, das für ihr Lernen nötig war. Es wurde nicht zuviel und nicht zuwenig gelobt – und das blieb bestehen durch die ganze (Vor-)Schulzeit bis zum sechsten Lebensjahr.

Ein Negatives war (was nichts mit Leistung zu tun hat, was ich aber doch sagen will, weil es nämlich selten etwas gibt, was nur positiv ist) die damalige Auffassung, daß, wenn man einem Kind nur recht begegnet, also freundlich ist und ihm hilft, daß es dann ganz genauso wird. Und die Erwachsenen – einschließlich meiner und aller anderen assistant teachers – wurden auf diese Weise Sklaven von Kindern. Wir mußten ihnen folgen, d. h., was sie brauchten, bekamen sie – *„brauchten"* in Anführungsstrichen –, und wir Erwachsenen bekamen nichts.

Es ist ja unser Job, dachten wir, acht Stunden am Tag völlig für Kinder zur Verfügung zu stehen, dann haben wir ja frei. So wurden wir zu *Leistern* gemacht, die nur für die Kinder da waren und nichts für sich selbst bekamen außer am Nachmittag Unterricht. Der Unterricht war schön, aber wir waren schlicht todmüde. Die Kinder erfuhren uns als diejenigen, die für sie Sklaven sind. Und das hat sich dann entsprechend ausgewirkt.

Der Erwachsene war der *Leister,* der für Geld oder fürs Studium oder für einen akademischen Grad arbeitete – und so wurde er von den Kindern behandelt. Und welches Kind möchte eigentlich erwachsen werden, fällt mir jetzt gerade ein, wenn die Idee ist: Wenn ich erwachsen bin, dann muß ich alles für die anderen tun?

Otto: Lehrer können also Kinder nicht zur Freiheit erziehen, wenn sie ihrerseits zu den Sklaven der Kinder werden. Du hast klargemacht, daß diese Gefahr kaum bei den Lehrern und in den Schulen besteht, wo der Beruf nur als Job verstanden wird oder wo es vorwiegend um die distanzierte Darstellung von Stoffpensen geht. Dort besteht ja meist nur ein geringes Interesse an der emotionalen, sozialen und natürlich auch der damit verbundenen intellektuellen, also der ganzheitlichen Entwicklung von Kindern. Das Problem, daß die Lehrer zu den Sklaven der Kinder werden könnten, ist sicher eher ein Problem der Progressive Education, die, quantitativ gesehen, gewiß in Amerika wie bei uns in der Minderheit ist. Und doch möchte ich gerade diesen Aspekt, der den, ich sage mal: den engagierten Lehrer betrifft, aufgreifen, weil dieser immer in der Gefahr ist, nur allzu leicht in Resignation zu verfallen.

Ruth: Genau. Und speziell für die alternativen Schulen ist es sehr wichtig, das zu wissen, was ich mühsam in Bank-Street miterlebt und dann gelernt habe. Vielleicht weiß man dies heute in den alternativen Schulen? Aber ich habe doch auch den Eindruck, daß die Haltung „Wir sind doch für die Kinder da" noch nicht ausgestorben ist. Es wird wirklich noch sehr oft gesagt – vielleicht weniger oft auch wirklich gemacht. Ich möchte ausdrücklich betonen, daß ich diese Einstellung für schneller überwindbar halte als die der Rohrstock-Politik; aber auch sie ist schwer zu überwinden.

Otto: Hier will ich nachfragen: Weißt du Hilfen für dieses Überwinden? Wie können für Kinder engagierte Lehrer auch sie selbst sein, damit sie als „Freies Selbst" den Kindern einerseits als Helfer, andererseits aber auch als Gegenüber begegnen können?

Ruth: Ich habe das mit dem „Überwinden" jetzt so gemeint: Kinder, die von zuviel Liebe verdorben sind, sind leichter zurückzuerziehen zur Welt als die Kinder, die zuviel mit dem Rohrstock traktiert wurden. Ich wiederhole deine Fragestellung in meinen Worten: Wie kann der Lehrer in *Balance* kommen zwischen dem *zuviel* geben und dem *zuwenig* geben?

Ich habe mal in einem Buch einen Satz geschrieben: zuwenig geben ist Diebstahl; zuviel geben ist Mord. Wenn ich dem Kind zuviel gebe, ist das Mord auch am Kind. Das Kind, dem ich zuviel gebe, verlernt seine Menschlichkeit. D. h., es entwickelt seine Menschlichkeit nicht, und das ist Mord am Menschsein. Wenn ich einem Kind alles gebe, so daß es selber nichts mehr zu denken, zu tun oder sozial zu geben braucht, dann ermorde ich in ihm seine Humanität und meine in mir. Natürlich letzteres auch, denn ich überarbeite mich und sterbe an Herzkrankheit oder sonst irgend etwas Schönem ...

Es ist erwiesen, daß ein Kind sich nicht nach einem Modell anpaßt, das unmenschlich lebt gegen sich selbst. Es sieht: ich bin der Herr – und das ist der Sklave. Das Kind führt das fort, wie alle Herren in der Welt das fortführen, solange die Sklaven sich nicht auflehnen. Wenn ich mir also als Lehrer vorstelle, ich möchte kein Herr und kein Sklave sein, sondern ich möchte *mit-sein,* dann werde ich mich selber immer fragen müssen: Was sind meine Bedürfnisse, was sind die des Kindes, und wie wäge ich beides – nicht gegeneinander, sondern füreinander – ab? Im Lehrberuf kommt ja noch vieles andere dazu: Was sind die Erfordernisse, die ich von unten sehe? Die Balance als Lehrer zu finden in einer Staatsschule, halte ich für praktisch unmöglich und immer nur als einen annäherungsweisen Versuch. Denn es sind ja eben nicht nur die Erfordernisse der Kinder, die er abwägen muß, sondern auch die, was wird verlangt von oben, was verlangt der Lehrplan etc. Das ist freilich sehr verschieden in verschiedenen Staaten. Darüber will ich jetzt nicht mehr aussagen.

Ich bleibe bei dem, was der Lehrer tun kann. Der Lehrer muß sich fragen: Wann fühle ich mich wohl in meinem Lehren, wann wird es mir zu viel?

Meine Erfahrung ist es, daß, wenn ein Lehrer sich als Mensch dem Kinde darstellt und sagt: Jetzt ist es genug, jetzt müßt ihr das mal selber machen; oder: jetzt verlange ich mal dieses oder jenes, weil ich nicht mehr kann – nicht, weil es moralisch gut ist, und nicht, weil es ein Lehrbuch verlangt, sondern weil ich genau wie ihr in einer Lage bin, daß ich nur soundso viel leisten kann und will, und deswegen sollten wir es jetzt zusammen machen – dann wird dies auch akzeptiert. Wenn ich den Schülern die Möglichkeit gebe, sich selbst als autonom zu erleben, nämlich Entscheidungen zu treffen, die sie entscheiden können innerhalb eines geeigneten Rahmens, dann darf ich auch meine Autonomie in akzeptierter Weise in Anspruch nehmen. Ein klarer Rahmen scheint mir wichtig zu sein. Ich kann jetzt nicht Fußball spielen, wenn leider Lateinstunde ist. Es wäre schön vielleicht, wenn wir diese Freiheit hätten – aber ich weiß es auch nicht so genau. Ich bin sehr für das Wählenkönnen. Aber nach der Wahl muß auch das zunächst gelten, wofür ich mich entschieden habe.

Ich habe im Psychoanalytischen Institut immer gelehrt: wie können wir uns – ohne Noten natürlich – gegenseitig *feedback,* also Rückmeldung geben. Ich tue es auch im WILL, im *Workshop Institute for Living Learning,* dem Institut, das ich gegründet habe. In jedem Kurs, den ich gebe, geht es mindestens zwei Stunden um das feedback, um die Rückmeldung für jeden in dem Sinne: Was kann ich, was kann ich nicht; wie sehe ich mich, wie siehst du mich? Ich übe das in jedem Kurs, weil ich es schrecklich finde, wenn jemand zum Examen, oder wie es auch immer heißen mag, kommt und ein Fähigkeitszeugnis haben will, und ich muß ihm sagen: Du kannst das und das noch nicht. Ich lege Wert darauf, daß Lehrer und Studenten sich gegenseitig orientieren, sich gegenseitig informieren, was sie können und was sie nicht können und was sie voneinander halten. Und gerade dabei lernt man ganz besonders viel ...

Otto: Ich stelle mir die individuelle Not des einzelnen Lehrers vor, der bewußtseinsmäßig so denken mag wie du, der auch so reden mag und der doch immer wieder in die konkrete Situation kommt, in der er sich fragt: Drücke ich nicht gegen meinen Willen meinen Willen dem Kind, dem Schüler auf? Wie meinst du, sollte dieser Lehrer mit seiner spezifischen, individuellen, aber auch wieder gar nicht so individuellen Not umgehen?

Ruth: Grundsätzlich gilt: individuelle Probleme eines Lehrers sind auch nur individuell zu lösen. Ich kann daher jetzt nur einmal sagen, was ich tun würde und tue, was ich oft auch für gut halte, wenn einem Kind, einem Schüler, entsprechend seinem Alter, etwa folgendes gesagt wird. Ich sage es in meiner Weise.

Ich sage z. B.: ich wünschte, daß ich jetzt nicht dieses verlangen müßte von dir, weil ich selber gar nicht so sicher bin, daß das gut für dich ist. Wenn du aber das Reifezeugnis bekommen, das Abitur bekommen willst, dann müßtest du das jetzt tun. Du mußt dir das jetzt überlegen. Ich kann dich nicht zwingen. Ich kann überhaupt nie machen, daß du lernst. Ich kann nur lehren. Ich freue mich, wenn du mir hilfst, gut zu lehren, und das kann ich nur, wenn du mir sagst, wie du am leichtesten lernst. Das ist, wenn du lernen willst. Wenn du aber nicht lernen willst, dann kannst du mir vielleicht erzählen, warum du nicht lernen willst und ob du das wirklich meinst. Aber wenn du wirklich nicht lernen willst und das wirklich meinst, dann kann ich dir gar nichts bieten, und dann möchte ich dich nur bitten, mich auch nicht zu stören.

Ich glaube, das ist die Haltung, die ich einnehmen würde ..., und wenn ich jetzt diese Worte sage, merke ich, daß diese Worte bei einem Kind ankommen, beim anderen nicht. Deine Frage ist für mich also nur individuell zu lösen. Ich kann nur in jeder Situation – wenn ich gut funktioniere, was noch dahingestellt ist –, also wenn ich so bin, wie ich sein möchte, versuchen, *meine* Aufgabe *mir* klarzumachen. Wenn dieses eine Kind wirklich mit den Ohren besser lernt, dann würde ich versuchen, mich in meinem Lehren darauf einzustellen. Ich würde versuchen, dafür vielleicht geeignete technische Hilfsmittel zu finden. *Im wesentlichen muß ich aber von jedem Kind wissen: Was hilft dir beim Lernen?* Und wenn ein Kind nicht lernen will, stellt sich die Frage: Habe ich die Zeit, habe ich die Kraft, mich mit diesem Kind auf das Gespräch einzulassen? Meiner Erfahrung nach ist es natürlich immer besser, sich eine Viertelstunde nach der Schule einmal Zeit zu nehmen, um dem Kind zu zeigen, wie wichtig es mir ist, als mich ein Vierteljahr herumzuschlagen, ohne je herauszukriegen, warum es mich eigentlich verachtet. Es kann ja eben sein, daß das Nicht-Lernen-Wollen eines Kindes gar nichts mit dem Lehrstoff zu tun hat, sondern daß *es einfach mir etwas übelnimmt. Daher mein Prinzip* in der Themenzentrierten Interaktion: Störungen haben Vorrang. Wenn ich mir die Zeit nehme, meine eigene Störung mit dem Kind in mir aufzunehmen, und mir die Zeit nehme, zu versuchen zu verstehen, was seine Störung ist, habe ich eine Chance, daß die Lernstörung ausgeräumt wird.

Otto: Legt das nicht eine Haltung gegenüber Kindern und Jugendlichen nahe, die heißen könnte: Gut, wenn ich dir nicht helfen kann, dann kann ich dir eben nicht helfen? Führt das nicht schnell zu einer Gleichgültigkeit gegenüber dem Kind, einer Gleichgültigkeit, die es ja ohnehin weithin gibt? Meine negative Einschätzung geht in diese Richtung.

Viel spannender finde ich aber dies: alles, was du gesagt hast, hat zur Voraussetzung, daß ich erkenne, was braucht jedes einzelne Kind, was brauche ich als Lehrer.

Ruth: Ja, also die meisten Dinge im Leben muß man einfach lernen, gleichgültig, ob man Tischler wird oder Klavierspieler. Die meisten Dinge muß man lernen, was es auch für ein Beruf ist. Und es ist leider eine ungeschriebene Tradition, daß Eltern nichts lernen müssen, um Kinder zu haben und zu erziehen, und daß das Lehrer auch nicht brauchen. Lehrer müssen traditionellerweise nur den Stoff kennen, und die Eltern müssen das Kind auf die Welt bringen. Das andere wird nicht gelernt.

Ich glaube, daß Selbsteinschätzung, Selbstgefühl, ein Gefühl für einen selbst und ein Gefühl für andere zu haben, gelernt werden muß wie jeder Beruf. Ich glaube nicht, daß man das einfach kann, auch wenn man es sich immer wieder vornimmt. In der Lehrerausbildung besteht m. E. eine Notwendigkeit dafür

- zu lernen, wer ich bin und wer die anderen sind,
- die Wahrnehmung nach innen und nach außen zu verschärfen,
- Intuition zu üben,
- Grenzen, die man hat, zu erkennen,
- einzusehen, daß das nicht so ganz von selbst geht,
- und daß ich als Lehrer überfordert bin, wenn ich humanistisch lehren soll und es nicht gelernt habe.

Ich weiß da kein anderes Mittel als zu sagen: es gibt heute Kurse, wo das gelehrt und gelernt wird. Und ich glaube nicht, daß die meisten Menschen, die nicht von Gott begnadete Eltern gehabt haben und eine unglaublich gute Kindheit und außerdem noch talentiert sind, dies nicht zu lernen bräuchten. Also, ich weiß keine andere Antwort als zu sagen: üben, üben, üben. Und da man den Umgang in menschlichen Beziehungen allein nicht üben kann, brauche ich Gruppen dazu, oder ich brauche auch Lehrpraktiker mit Supervision, um zu lernen, zu sehen, was in mir und in dem anderen vor sich geht. Ein billigeres Rezept weiß ich nicht ...

Otto: Was meinst du denn mit Lernen, welchen Begriff von Lernen hast du? Und: wie können wir unsere Lerneinrichtungen zu Orten des Lernens machen, wie es dir vielleicht vorschwebt? Weithin scheint es doch eher so zu sein, daß, je länger jemand zur Schule geht, desto weniger will er wirklich noch lernen ... Da muß doch irgend was daran falsch sein?

Ruth: Ja, da bleibt mir jetzt nichts anderes übrig, als Reklame zu machen, Reklame für meinen Begriff des Lebendigen Lernens. Lebendiges-Lernen heißt: daß ich *mich* ernst nehme, daß ich *die anderen* ernst nehme und daß ich *die Sache* ernst nehme. Das ist das Dreieck in der Themenzentrierten Interaktion, weshalb abgekürzt oft nur von *„Ich, Wir und das Thema“* die Rede ist. Wenn dieses geschieht, wenn ich mich, den anderen oder die anderen *und die Welt* und die Aufgaben, mit denen wir uns befassen, wirklich ernst nehme, dann wird Lernen lebendig. Dann laß ich mich nicht aus; dann laß ich euch nicht aus. Darum ist es mir so wichtig, daß die Kinder oder Schüler miteinander kooperieren und zusammen etwas ansehen. Das ist mir viel wichtiger, als daß sie bessere Noten bekommen. Ich werde das immer laut sagen, ich werde das auch den Kindern immer wieder sagen, gleich auf welcher Altersstufe und in welcher Schule ich auch bin: mir persönlich als Lehrer ist es viel wichtiger, daß ihr eine Integrität in euch selber bekommt, daß ihr miteinander auskommen lernt, daß ihr Konflikte lösen lernt – als daß ihr Mathematik lernt. Mathematik ist auch wichtig. Und wenn ihr anhand der Mathematik lernt, euch untereinander zu helfen und zu verstehen, dann ist das großartig! Ich frage mich bei allem: Was bringt es mir, wenn ich das kann, was bringt es anderen, wenn sie das können; welches mir und dir wichtige Problem läßt sich durch unser Können besser bewältigen? Wenn jeder beim Lernen sich so fragt und wenn dann nur das zum Lerngegenstand wird, worauf die einzelnen sich selbst gegenüber eine ehrliche Antwort wissen, dann bekommt das Lernen ein ganz anderes Gesicht. *Lebendiges Lernen heißt zu leben, während ich lerne.*

… und wie fandest du deinen Weg?

Eva Mezger* im Gespräch mit Ruth C. Cohn, in: „Treffpunkt", Fernsehen DRS, Zürich, 30. Mai 1985

In diesem (dritten) Gespräch ging es um das damals 1984 gerade erschienene Buch mit dem Titel Ruth C. Cohn, Alfred Farau, „Gelebte Geschichte der Psychotherapie", Klett Verlag, ²1988.

Eva Mezger: Ruth, dieses Buch hat für mich eine ganz bemerkenswerte Entstehungsgeschichte. Kannst du uns hier jetzt ein wenig davon erzählen?

Ruth C. Cohn: Ja. Ich habe eigentlich nie in meinem Leben ein Buch schreiben wollen. Ich schrieb immer nur einzelne Papiere, die dann irgendwie zusammengestellt oder in Büchern veröffentlicht wurden. Dies Buch hab' ich auch nicht angefangen, sondern ein früh verstorbener Freund, Alfred Farau, der, als er starb, mindestens zwanzig Jahre daran gearbeitet hatte. Er hatte vor seiner Krankheit schon einen Vertrag für dieses Buch mit dem Klett Verlag gemacht. Sechs Jahre nach seinem Tod bat mich der Verleger, doch ein „Notdach" für sein unvollendetes Manuskript zu schreiben – etwa 80 bis 100 Seiten. Faraus Buch sollte „Psychologie und die Zukunft" heißen. Farau war ein Gelehrter. Er fing die Geschichte der Zukunft mit der Geschichte der Vergangenheit an, speziell der der Tiefenpsychologie. Der Verleger meinte, ich solle ruhig nur das schreiben, was ich selbst nach 1950 von der Geschichte der Psychotherapie miterlebt hatte. Das verlangte Notdach von 80–100 Seiten wurde …

Eva: … daraus ist jetzt dies umfangreiche Buch geworden!

Ruth: Ja, 600 Seiten und sechs Jahre meines Lebens! Ich fühlte mich meinem Freund Fred Farau gegenüber verpflich-

* Moderatorin der Fernsehsendung „Treffpunkt" des Schweizer Fernsehens DRS.

tet. Doch ich bin keine Historikerin. Ich bin unabhängig von Faraus ursprünglichen Plänen weitergegangen.

Eva: Und so sind es wirklich zwei ganz verschiedene Bücher geworden! Du hast mir von deinem Vertrag erzählt, und daß du ihn um mehrere Jahre und viele Seiten überschritten hast. Was für mich so bemerkenswert ist, daß du den Vertrag nicht als Sachzwang angesehen hast! Ich kenne dich ja privat, und du hältst Verpflichtungen ein. Aber für dich wurde *dieser* Vertrag kein Sachzwang! Bei unserem Gespräch hier im Studio hast du damals gesagt, nicht alle Sachzwänge seien *unbedingt* Sachzwänge. Da bin ich unheimlich erschrocken. Von dir habe ich zum ersten Mal gehört, daß solches Hinterfragen wirklich notwendig ist.

Ruth: Natürlich gibt es auch echte Sachzwänge, z. B. daß du atmen mußt, wenn du leben willst. Die Prämisse ist also, daß wir leben wollen. Und damit ergibt sich der schlüssige Sachzwang, daß wir Luft, die uns gegeben ist, reinhalten müssen. Das ist die einzige Prämisse, das heißt die einzige Grundlage für diesen Sachzwang, daß wir Luft zum Atmen brauchen.

Ich halte also auch Verträge für einen Sachzwang, weil die Gesellschaft nicht ohne sie leben kann. Es ist ein ethischer Sachzwang. Ohne verbindende Zusagen bricht jede Gemeinschaft zusammen. Aber es gibt natürlich Ausnahmen, z. B. wenn es um höhere Werte, Menschenrechte z. B., geht. Oder, wie's in meinem Fall war, man kann ja Verträge mit den Partnern zusammen ändern. Der Verlag erlaubte mir die lange Verzögerung, da ja dadurch das Buch gehaltvoller werden würde.

Meist, wenn ich denke, daß ich dies oder das muß, frage ich mich, warum ich dies für einen Sachzwang halte. Oder auch, wenn ich berate, z. B. eine Schülerin: „Du sagst, daß du Ärztin werden willst. Dann brauchst du natürlich das Abitur. Aber wenn du nicht so sicher bist, daß du wirklich Ärztin werden willst, sondern etwas anderes in Betracht ziehst, dann brauchst du es vielleicht nicht. Das mußt du dir überlegen."

Eva: Das heißt, daß man seine Gefühle wirklich kennen muß und wissen muß, was man *wirklich* will.

Ruth: Ja – die Gefühle, die Gedanken, die Motivationen – aber auch die Realität der Außenwelt; Naturgesetze, die Grenzen setzen, und die menschlich geschaffenen Gesetze, die immer wieder hinterfragt werden müssen.

Eva: Noch ein anderer Begriff, der bei dir oft auftaucht, hat mich zum Nachdenken gebracht: im Hier-und-Jetzt leben, also nicht in der Vergangenheit, nicht in der Zukunft, sondern in der Gegenwart.

Ruth: Das Hier-und-Jetzt enthält ja immer auch, was in der Vergangenheit gewesen ist, und meist auch, was ich von der Zukunft denke oder haben möchte. Jemand hat mal gesagt: „Wer die Geschichte nicht kennt, muß sie wiederholen!" Das Hier-und-Jetzt ist eingebettet in die persönliche Geschichte. Das hat mich sicher auch mit dazu gebracht, dieses Buch als gelebte Geschichte weiterzuschreiben.

Eva: In dieser „Gelebten Geschichte der Psychotherapie" sind zwei Briefe, die du an Alfred Farau, natürlich nach seinem Tod fiktiv, geschrieben hast. Im ersten drückst du Wut aus, daß er dir durch seinen Tod diese Aufgabe angehängt habe, und im zweiten, gegen Ende des Buches, daß du jetzt dankbar seist, daß er dir diese Chance gegeben hat.

Ruth: Die Dankbarkeit war, ist noch, daß ich durch diese Aufgabe einen in mir kaum zuvor bewußten Wunsch wiederentdeckte und erfüllen konnte. Ich las, las, las. Dazu hatte ich vorher wenig Gelegenheit, oder ich nahm sie mir nicht, in meinem Leben als Flüchtling, Ehefrau, Mutter, Geldverdienerin. Und nun *mußte* ich lesen, aus Loyalität zu Fred, und aus der Passion, meine eigene Geschichte im Rahmen der Zeit- und Therapiegeschichte zu studieren.

Eva: Dies Buch ist im üblichen Sinn kein Sachbuch. Doch man erfährt sehr viel über die Geschichte der Psychotherapie, weil eben deine persönliche Geschichte viel von der Geschichte der Psychotherapie enthält. Daß sie verbunden ist mit deiner Biographie, machte es für mich als Laie unheimlich spannend zu lesen.

Ruth: Ein paar Leute haben gesagt, „es liest sich leicht wie ein Krimi".

Eva: Das finde ich nicht. Ein Krimi liest sich schon leichter. Aber es ist spannend. Und am Anfang hast du einen Satz von Laotse zitiert, der etwa dies sagt: „Eine tausend Meilen lange Reise beginnt vor deinen Füßen mit dem ersten Schritt". Und so ist es mir mit dem Buch gegangen. Ich hab' wirklich das Gefühl gehabt, ich mach mit dir eine Reise, Schritt für Schritt in diese Geschichte hinein.

Du bist nach Zürich 1933 gekommen, weil du aus Deutschland wegmußtest. Du hast hier in Zürich Psychologie und Psychoanalyse studiert. Du hattest schon vorher in Berlin ein Erlebnis, das dir später für deinen Beruf sehr wichtig wurde. Du hast eine Art Körpertherapie mitgemacht, was etwas ganz Außergewöhnliches war in jener Zeit?

Ruth: Ja, schon als Teenager. Durch einen Zufall kam ich zu einer Schülerin von Elsa Gindler. Diese war eine Pionierin für das Training im Bewußtwerden von Körperempfindungen als Heilmethode. Dies ist heute bei Physiotherapeuten nicht mehr neu. Damals war das ganz unbekannt. Ich lernte die Methodik von Carola Spitz (Speads), um Kreuzschmerzen loszuwerden. Carola lehrte mich, meinen Empfindungen, speziell dem Atmen während des Sitzens, Gehens, Stehens etc. nachzugehen. Ich lernte, daß dadurch Schmerzen weggehen können. Erst mehrere Jahre später in meiner Lehranalyse wurde mir der Zusammenhang von Bewußtwerden von Schmerzen und Veränderungen deutlich. Bewußtwerden von physischen Spannungen und Bewußtwerden von seelischen Zusammenhängen hatten ähnlichen Effekt: Wahrnehmung des Körpers, Einsicht in seelische Zusammenhänge; beide bringen therapeutische Veränderungen mit sich. Interessanterweise kümmerte sich Elsa Gindler ebensowenig um die Seele wie mein klassischer Analytiker um den Körper! Letzteres schien mir um so erstaunlicher, als die Theorie der frühen Psychoanalyse durchaus körperbezogen war: seelische Entwicklungen wurden im Zusammenhang mit der Entwicklung der Triebe verstanden. Doch die damals übliche analytische Frage war meist nur:

„Was geht durch Ihren Kopf, was fällt Ihnen zu diesem oder jenem ein?“ Dies bezog sich fast nie auf Körperempfindungen.

*

Eva: Als du 1940 nach Amerika kamst, was war dort die Situation für eine ausgebildete Psychoanalytikerin?

Ruth: Die Situation war außerordentlich günstig, weil es dort noch sehr wenige Psychoanalytiker und fast keine psychotherapeutischen Psychologen gab, außer den neu Einwandernden. Es war ganz lustig: für die Leute dort kam jeder, jede, die von Europa kam, aus Wien und direkt von Freud persönlich! Es war, als ob man meine Herkunft aus Berlin nicht zur Kenntnis nehmen wollte, und als Analytikerin empfingen mich die Leute sehr herzlich.

In der „Gelebten Geschichte“ habe ich ja auch viel über die positiven und nicht so positiven Erfahrungen meiner Lehranalyse geschrieben, das würde hier zu weit führen. Ich lernte dann in Amerika viel in der Schule von Harry Stack Sullivan, der sich von der neutralen Haltung des Analytikers abgewandt hatte und zum „Teilnehmenden Beobachter“ wurde. Er hielt Empathie, d.h. Mitfühlen, für den wesentlichsten Faktor im Heilungsprozeß durch Psychotherapie. Das beruhte auf seiner Auffassung, daß dafür bei Patienten ein Nachholbedarf aus der frühesten Lebenszeit besteht. Mit dieser theoretischen Veränderung der Freudschen Auffassung ging Hand in Hand, daß er die Couch als therapeutisches Instrument ablehnte und sich dem Patienten gegenübersetzte.

Ich hatte die Couch schon zuvor als Werkzeug aufgegeben – zum Teil durch Zufall. Ich praktizierte nämlich zuerst in Räumen, die ich mietelos bekam und in denen keine Couch stand. Wir hatten sowieso nicht die „appearances“, das Renommee, das in New York erwartet wurde. Es war eigentlich als Flüchtling ganz gut, daß ich nicht genau wußte, was *eigentlich* überhaupt nicht geht! Das erleichterte es, solche Risiken einzugehen.

Eva: Beim Lesen deines Buches gab’s unter anderem einen Augenblick, wo es bei mir auch „aha“ gemacht hat. Du sagtest, daß die Psychoanalyse davon ausging, kranke Menschen zu heilen, und daß die übliche Einstellung war, den Patienten danach zu fragen, was schiefgegangen war, was nicht in Ordnung ist, wo das Problem liegt: „What's wrong with you?" Und du hast einmal, ich glaube in einer Radiosendung, gesagt: „What is right with you?"

Ruth: Ja, ich schrieb für das Radio einen Sketch, den ich mit einer jüngeren Frau im Dialog vortrug. Und der hieß „What's right with you?" (was stimmt bei ihnen?). Es ging da um ein Erstinterview mit einer Patientin. Ich hatte mich nämlich schon als Psychologin, die diagnostische Teste macht, darüber geärgert, daß wir für die Kliniken immer nur die negativen Faktoren des Patienten aufschreiben sollten, und nichts über seine positiven Eigenschaften und Fähigkeiten. „What's right with you?" ist natürlich eine viel therapeutischere Grundlage, weil das Selbstgefühl der Patienten angesprochen wird, statt das bedrückende Negative. Von einem erhöhten Selbstgefühl aus, ist es viel einfacher, *auch* an dem zu arbeiten, was nicht stimmt. Diese veränderte Einstellung hat mir als Therapeutin sehr geholfen.

Eva: Und das ist ja auch etwas, was in die Pädagogik hineinreicht. Ich denke manchmal, wie leicht es ist, Kindern zu sagen, was sie falsch machen resp. was mit ihnen nicht stimmt. Ich nehme mich da mal an der eigenen Nase. Ich habe viel schneller zu meinen Kindern gesagt: „Macht doch nicht immer das, was ihr nicht tun sollt", als daß ich ihnen gesagt hätte, was mir gefällt.

Ruth: Genau das hat mir in einem Gespräch mit meinem Teenager-Sohn einen richtigen Schock gegeben! Er hat ganz nebenbei, scheinbar nicht einmal auf mich bezogen gesagt: „How strange, if you do something wrong, you never hear the end of it, and if you do something right, nobody says anything."

Eva: Also: „Wenn man etwas falsch macht, dann wird einem das ewig vorgehalten; und wenn man es richtig macht, hört man nie wieder was davon."

Ruth: Da hab' ich auch gedacht: „Mein Gott, er hat ja recht!" Und damals hatte ich ja auch schon viel Pädagogik studiert und praktiziert. Wobei ich am meisten gelernt habe in den Bank-Street-Schools. Das war keine antiautoritäre, aber doch sehr kind-ausgerichtete Lehrerschule. Die Kinder waren das Wichtigste, der Job der Lehrerinnen war, sie zu fördern; und man glaubte, daß man sie nur loben, nicht tadeln sollte. Mir wurde beigebracht, daß, wer als Lehrerin mehr als viermal im Jahr „nein" zu einem Kind sagt, keine gute Lehrerin ist. Dieser Respekt, fast Überehrfurcht vor dem Kind war schon eine sehr gute Erfahrung für mich *als Balance* gegen die übliche Haltung, daß nur die Erwachsenen wirklich wichtig sind.

Das war alles in der Zeit, als die klassische Analyse weniger klassisch wurde und die Stärkung des Egos in den Mittelpunkt trat. Und es gab die Encounter-Bewegung, die vom *Wachstumspotential* sprach. Diese Dinge kamen synchron – also etwa gleichzeitig – auf. Sie kommen immer synchron auf, wenn viele Menschen mehr oder minder durch ihr eigenes Erleben gleichzeitig erkennen, wo etwas richtiggestellt werden muß: so war es auch in den Theorien der Psychotherapien. In meinem persönlichen Erleben ging die Erfahrung eines pädagogischen Neuanfangs dem des therapeutischen voraus.

Eva: In diesem Buch schreibst du auch, daß eine wichtige Stufe in deinem Leben und Weiterkommen dein „Gegenübertragungs-Workshop" war. Hier würde man wohl Arbeitsgruppe für Gegenübertragung sagen.

Ruth: Das war wohl die wichtigste Stufe auf meinem Veränderungsweg. Dazu müssen die Zuhörer natürlich wissen, was mit Gegenübertragung gemeint ist. Das Wort Übertragung gehört in die psychoanalytische Theorie. Freud entdeckte, daß seine Patientinnen ihre Gefühle und Vorstellungen auf ihn *übertrugen,* die weniger ihm selbst zukamen, als erwachsenen Personen aus ihrer Vergangenheit – meist den Eltern oder Lehrern/innen der Patienten. Sie übertrugen etwas von damals aufs Hier-und-Jetzt, von anderen Personen auf ihn. Sie sahen ihn mit den Augen des Kindes, das einen Erwachsenen ansieht. Die Couch-Position, d. h. die Unsichtbarkeit des Analytikers, verstärkte diese Übertragung natürlich. So war es leichter, die Ursprungsgeschichte zurückzurufen. Die Erkenntnis, daß solche *Übertragung* existiert, ist nie widerlegt worden und wird es wohl auch nicht werden. Inzwischen ist dieser Begriff sehr bekannt geworden, er gilt auch für andere Autoritäten, wie Lehrer, Lehrerinnen oder Meister; diese können sich der Übertragungen, die auf sie zukommen, bewußt werden.

Das Wort Gegenübertragung wird sehr verschieden gebraucht. Der ursprüngliche Begriff war: Gegenübertragung ist die Übertragung, die der Therapeut oder die Therapeutin auf die Patienten hat. Also auch die Beziehungen seiner frühen Kindheit werden übertragen. Ein etwas veränderter Gegenübertragungsbegriff ist, daß Patienten oder Schüler/innen sich so verhalten, daß sie diese Gegenübertragung induzieren, d. h. suggerieren. Und darin kann man sich auch als Therapeut oder Therapeutin fangen lassen. Die Therapeuten verhalten sich dann quasi so, wie es die Patienten oder Patientinnen von ihnen erwarten; dies ist unbewußt. Die Doppelbegrifflichkeit der Gegenübertragung, die Phänomene selbst, sind Grundhandwerkszeug für die Therapeuten. Die Lehranalyse soll unter anderem bewirken, die eigenen blinden Flecken, also die Schwachstellen der Selbsterkenntnis, kennenzulernen. Übertragung und Gegenübertragung sind nie ganz auflösbar, doch sie können bewußt gezähmt und konstruktiv behandelt werden.

Eva: Ja, und wie war das mit dem Gegenübertragungs-Workshop? Du sagst, das war eine, vielleicht die wichtigste Stufe in deinem Leben als Therapeutin?

Ruth: Mich hat damals geärgert, daß Freuds Erkenntnis, die schon ein halbes Jahrhundert lang beschrieben worden war, nämlich, daß Gegenübertragung ein wichtiges Element der Analyse ist, welches es zu erkennen gilt, daß diese Wichtigkeit im Praktikum der Kandidaten tabu war. Es wurde darüber nicht gesprochen, nicht einmal mit dem Supervisor. Nur mit dem Lehranalytiker, also in der eigenen Analyse, war dies zulässig. Diese Ausklammerung fand ich schlimm für den therapeutischen Beruf. Das analytische Institut, dessen Vorsitzende des Trainingskomitees ich damals war, erlaubte mir nicht, ein Gegenübertragungsseminar einzuführen. So machte ich es zunächst privat. Methodisch fiel mir nichts anderes ein, als daß ich den angehenden Analytikern mit einem eigenen Fall vorzeigte, wie ich selbst mit Gegenübertragung umging. Also ich legte mich sozusagen selbst auf meine eigene innere Couch, stellte mir eine schwierige Patientin vor und ließ mir einfallen, was ich mit ihr innerlich erlebte, an wen sie mich erinnerte, was in den Stunden vorgegangen war, wie ich reagierte etc. Gleich in der ersten Stunde fanden wir, die Gruppe und ich, die methodische Basis für alle weiteren Gegenübertragungs-Workshops, vor allem aber auch überraschende Phänomene, die in den Interaktionen zwischen den Teilnehmern und Teilnehmerinnen und mir aufkamen.

Eva: Du schreibst auch, daß du Angst hattest vor deinen Kollegen, die die Kandidaten analysierten, und weil sie dadurch über dein Vorgehen orientiert werden würden. Und davor hattest du Angst!

Ruth: Ja, doch ich wußte keinen anderen Weg, wie ich die Arbeit an Gegenübertragungen demonstrieren könnte. Und durch diese Überzeugung fand ich den Mut, das Tabu zu brechen! Darüber bin ich froh, denn das hat mich dann zur Veränderung in der Psychotherapie geführt!

Eva: Und für mich war es so: als ich das gelesen habe, hab' ich mir gedacht: „Moment mal, das ist doch bereits die von Ruth später gegründete Themenzentrierte Interaktion!"

Ruth: Das war die unbewußte Geburtsstunde.

Eva: Du warst dir nicht klar darüber, daß du da etwas völlig Neues getan hast?

Ruth: Das schon, aber zunächst nur als Lehrerin, nicht als Therapeutin. Obwohl ich bemerkte, daß die Studenten auch nach ihrer Analyse im „Gegenübertragungs-Workshop" persönlich und nicht nur methodisch sehr viel weiterkamen, hatte ich meine Therapie-Praxis nicht verändert. Ich wunderte mich nur, warum überhaupt Therapeutisches geschah, weil ich doch eigentlich keine Therapie machte. Und dann kam mir wieder der Zufall und das Phänomen der Gleichzeitigkeit in der Geschichte zu Hilfe.

Ich gab eine Demonstration des Gegenübertragungs-Workshops in einem professionellen Kongreß. Kollegen einer psychiatrischen therapeutischen Gemeinschaft in Atlanta luden mich daraufhin ein, sie für ein paar Tage zu besuchen. Sie ließen mich sofort in ihren Gruppen mittherapieren, und ich sah, daß sie sich mit den Patienten so verhielten wie ich mit den Studenten; und daß die Interaktion von Therapeuten und Patienten sehr ähnlich war wie die meiner Lehr-Lern-Gruppen. Auch gewann ich den Eindruck, daß die Atlanta-Patienten sehr schnelle Fortschritte machten.

Trotzdem blieb ich ängstlich bei dieser „Experiential Therapy". Ich beschloß, nur mit zwei Patientinnen, die mir als unheilbar oder ungeheilt von Kollegen geschickt wurden, zunächst einmal so zu arbeiten: als Partnerin im Hier-und-Jetzt, nie die Funktion der Therapeutin aufgebend, wohl aber die neutrale und auch die „teilnehmende Beobachterin"-Positionen.

Eva: Da ging wohl ein großer Prozeß in Amerika vor sich ... hörte dann die Einzeltherapie auf, und es kam die Gruppenarbeit?

Ruth: Nein, sie hörte nicht auf, und ich hab' sie auch immer weitergemacht. Es gibt ja sehr verschiedene Gruppenarbeit. Auch sehr verschiedene klinische Gruppenarbeit. Mein Anliegen war von Anfang an bedingt durch mein ungeheures Interesse, meine Leidenschaft für das Phänomen des sich erweiternden Bewußtseins. Und aus dieser Leidenschaft heraus kam das Bedürfnis, durch Bewußtwerden nicht nur leidende und kranke Menschen zu behandeln, sondern eine Methode zu finden, um Krankheiten vorzubeugen und vor allem besser, erweiterter zu leben.

Eva: Also eine Arbeit nicht so sehr für kranke Menschen als für unseren täglichen Umgang. Es zeigt sich aber auch, daß die TZI in Spitälern angewandt werden kann, in Arbeitsgruppen.

Ruth: In Teamarbeit in Spitälern ja, aber für Therapie würde ich es nur ausgebildeten Psychotherapeuten und Psychiatern empfehlen. Mir persönlich haben immer die *Schulen* am meisten am Herzen gelegen: die Kinder bringen den Wunsch zum Miteinanderleben und zur Selbstbestimmung mit auf die Welt. „Fair zu sein" liegt ihnen näher als von außen gefordertes, ungerechtes Verhalten. Ich arbeite heute noch an der Ecole d'Humanité am Hasliberg im Berner Oberland. Dort unterrichte ich vor allem Lehrer. Die Schule ist traditionell wachstumsfreundlich. Intensiver zu leben, kooperativer zu leben, mit weniger Sachzwängen, mit mehr Liebe. - Alfred Adler war übrigens der erste Tiefenpsychologe, der schon anfangs dieses Jahrhunderts die Vorsorgearbeit in Schulen eingeleitet hat. In seiner Theorie gibt es den Begriff des Gemeinschaftsgefühls resp. des Gemeinschafts*sinns*. Alfred Farau war Adler-Schüler. Er übernahm von Adler dessen Ansatz, die menschliche Psychologie auch als kosmisch gebunden zu sehen. Farau hat dies selbst dann weitergeführt.

Eva: Mir kam es beim Lesen dieses Buches so vor, wie wenn man einen Stein ins Wasser wirft, und dann gibt es Ringe! Zuerst kleine Kreise und dann werden sie weiter und größer; also von der Einzeltherapie zur Gruppentherapie, zur humanistischen Psychologie, und du sagst jetzt zur kosmischen Psychologie. In der holistischen Psychologie den Menschen als Ganzheit in der kosmischen ...

Ruth: Der ganze Mensch im Kosmos: wir erleben ja diese Interdependenz immer deutlicher, das Von-einander-abhängen, Mit-einander-zusammenhängen.

Eva: Das ist in meinen Augen nicht möglich ohne Religiosität –. Ganzheitliches Sehen, nicht nur in der Psychologie, flakkert plötzlich überall auf. Auch in der Medizin. Aus der Physik ist ja der Begriff überhaupt gekommen.

Ruth: Farau hat schon sehr früh darauf hingewiesen, daß Physiker überhaupt die fortschrittlichsten Wissenschaftler wären. Einstein und Heisenberg waren bewußt religiös. Und auch ein großer Teil der Jugend, in welcher Form auch immer, wird wieder religiös. Religiös zu sein heißt ja nicht konfessionell-orthodox gebunden zu sein. Ich meine, daß wir langsam anfangen müssen, auch religiös ganzheitlich zu denken. Was geben uns die verschiedenen Formen der Religion, die ja auf Glauben aufbauen und nicht auf Wissen. Wenn wir das erfassen, dann können wir vielleicht toleranter werden.

Eva: Ich muß leider zum Schluß kommen. Gegen Ende des Buches hast du geschrieben, daß dir die Rückschau auf die Geschichte der Psychotherapie auch zu einer Vorschau geworden sei. Ich möchte nun gern, daß du noch ein paar Worte sagst zu deiner Vorschau.

Ruth: Vorschau – eigentlich meine ich „Vorphantasie". Mehr kann es ja nicht sein. Ich habe zwei solche Phantasien: die eine ist grauenhaft, nämlich, daß wir so weitergehen mit Konsum, Nicht-Ehrfurcht, Ungerechtigkeit, Grausamkeit, und wir im Westen vor allem mit Gleichgültigkeit oder Resignation, Luxusmanie und ethischem Stumpfsinn. Das ist die eine Phantasie. – Die andere ist die Möglichkeit eines Evolutionssprungs, so wie er z. B. gewesen sein mag zwischen Meerestieren und Vögeln. Als die Wasser zurückgingen und es Land gab, dann wuchsen einigen Fischen die Flügel! Da wir mit unserer hochentwickelten Intelligenz die hochentwickelte Technik schaffen konnten, die die Grundlage des Lebens zu zerstören droht, wachsen uns vielleicht jetzt ethische Flügel, die den Zusammenbruch verhindern können. Die Hoffnung ist, daß es genug Menschen gibt oder geben wird, die nicht resignieren und die die vielen kleinen Schritte machen, die zum Sprungbrett werden für einen geistigen Evolutionssprung!

In der „Gelebten Geschichte der Psychotherapie" war mir das Wesentlichste das Kapitel „Es geht um Werte". Da habe ich die Hypothese eines Wertesinns aufgestellt. Es gilt, diesen Wertesinn in sich selbst zu entwickeln und vor allem als Eltern oder Lehrer Werte im Kind nicht zu zerstören, sondern zu nähren. Das gehört zu den kleinen Schritten für die zweite große Vorschau-Phantasie, die einen Evolutionssprung einleiten könnte.

Vom Widerstand gegen Gewalt

Gesprächspartner: Lukas Hartmann

Frau Cohn, „Widerstand", genauer: „Widerstand gegen den Ausverkauf der Menschlichkeit und des Lebens" – das muß etwas sein, was Sie im Augenblick sehr beschäftigt; sonst hätten Sie wohl kaum ein Seminar zu diesem Thema veranstaltet.

Es ist ein Thema meines Lebens. Ich bin deutsche Jüdin (als Kind hätte ich gesagt: jüdische Deutsche), 1912 in Berlin geboren. Im März 1933 emigrierte ich in die Schweiz. Auf diesem Hintergrund muß ich sagen: Ich fühle mich heute, in dieser Zeit, so, wie ich mich 1932 in Deutschland fühlte, mit dem absoluten Bewußtsein: Wer nicht blind ist, sieht, was auf uns zukommt; und wenn wir jetzt nichts dagegen tun, wird es bald zu spät sein. Ich hatte Hitlers „Mein Kampf" gelesen; ich machte in der Schule meine Erfahrungen mit antisemitischen Lehrern; ich erlebte Anfang 1933 häßliche Schlägereien zwischen nationalsozialistischen und jüdischen Studenten. Was geschehen würde, lag in der Luft; man konnte es wissen. Und ich weiß heute: Die Welt steht buchstäblich vor dem Abgrund. Aber ich war kürzlich in Amerika, und dort traf ich – noch stärker als in Europa – auf die Haltung: Es ist alles gar nicht so schlimm. Oder: Es wird schon noch irgendwie ein Wunder passieren. Oder: Man kann ja doch nichts machen; die Mächtigen sind zu mächtig. Und ich kann nur wiederholen: Wenn jetzt nichts Entscheidendes geschieht, dann ist es zu spät. Das gilt für die Länder der Ersten Welt; es gilt wohl noch mehr für jene der Dritten Welt.

Erstmals abgedruckt in: ZYTGLOGGE, Nr. 112, Oktober 1986

Die Stimmen, die das gleiche sagen, wie Sie, vereinigen sich seit einiger Zeit zum weithin vernehmbaren Chor (und erzeugen bereits eine Art Überdruß: Laßt uns doch in Ruhe mit eurer Schwarzmalerei!). Mir fällt auf, daß es vielfach ältere Leute sind, die unverhüllt eine solche apokalyptische Sicht vertreten: Sie, Robert Jungk, Günter Anders, Konrad Lorenz usw. Hängt es wohl damit zusammen, daß Sie nicht mehr soviel zu verlieren haben, daß Sie sich's also eher leisten können, der schlimmen Wahrheit ins Auge zu blicken?

Ich sagte das gleiche, als ich 18 oder 19 war, und jetzt sage ich's wieder, mit 74. Mit 20 ging ich weg aus Berlin, und da meinten die Leute immer noch, es werde nicht alles so heiß gegessen wie gekocht. Nein, das hängt nicht mit dem Alter zusammen. Ich glaube eher, daß es immer wieder Leute gibt, die dazu befähigt (oder verflucht) sind, Entwicklungen, die eigentlich voraussehbar wären, weniger zu verdrängen. Damals konnten Juden oder Kommunisten sich wenigstens vornehmen, in ein Nachbarland zu flüchten. Und heute? In welches Land emigrieren wir nach einem Atomkrieg? Wer will danach noch leben?

Aber die heutige Lage ist wesentlich komplexer, schwieriger zu erfassen; wir haben Mühe, das Unrecht so eindeutig zu orten. Katastrophen globalen Ausmaßes brauchen sich gar nicht explosiv zu ereignen; ökologische Zusammenbrüche, die nicht minder schrecklich sind als der nukleare Krieg, bahnen sich unmerklich und schleichend an ...

Nicht unmerklich! Darum geht es doch! Das schleichende Herannahen bedeutet: Wer's sehen will, der sieht's. Verdrängung heißt: heimliches Wissen. Viele wissen es heute; aber die Masse will's nicht wahrhaben. Ein Beispiel aus dem Haslital, wo ich lebe: Vor fünf Jahren begann ich damit, mir die Bäume in meiner Umgebung genauer anzusehen. Ich wußte noch nicht, was passiert; es fielen mir einfach – wie einer Mutter am krankwerdenden Kind – merkwürdige Veränderungen auf. Dann sah ich eines Tages ein Bild mit den Angsttrieben, den Lamettazweigen; da wurde ich in meiner intuitiven Wahrnehmung bestätigt. Ich glaube nicht, daß ich über eine außergewöhnliche Begabung verfüge; aber vielleicht fürchte ich mich in der Tat weniger vor der Wahrheit als andere. Ich erinnere mich, was für Kämpfe ich deswegen auch mit guten Bekannten ausfocht. Maßlose Übertreibung, sagten sie; Bäume sind immer schon gestorben. Und noch vor einem Jahr wollten es viele Bauern hier oben nicht wahrhaben ... Doch, mein Widerstandswille hängt wohl auch mit dem Alter zusammen: Menschen, die das Herannahen einer riesigen Katastrophe schon einmal erlebt haben, reagieren vielleicht feinfühliger darauf, wenn die Alarmzeichen sich häufen.

Wir sind ein Teil des Universums

Gut, Sie waren 1932 ehrlich genug, sich selber klarzumachen, was auf Sie – als Jüdin – zukommen würde; Sie waren imstande, sich den künftigen Schrecken auszumalen, und Sie haben darauf reagiert: mit der Flucht. Bleiben wir noch im Jahre 1932. Wo wäre damals die Chance eines wirkungsvollen Widerstands gegen das Nazi-Regime gelegen? Ich meine, darüber gibt es längst tausend Hypothesen, Untersuchungen, Dokumentationen. Aber wie ist Ihre persönliche Sicht?

Ich wollte studieren, nur dies; meine Mutter hingegen besaß ein Haus, hatte Vermögen. Ich war ohne diese Last; es fiel mir verhältnismäßig leicht, nach Zürich, später in die USA zu gehen. Konkreten Widerstand zu leisten, das hatte ich damals überhaupt nicht im Kopf. Ich wollte fortlaufen; ich wollte leben, überleben. Widerstand leisten im Großen: das kam uns manchmal als gewalttätige Phantasie in den Sinn, z. B. bei den Nürnberger Parteitagen, wo all diese Naziköpfe versammelt waren. Da sagten wir uns: ein Flugzeug, eine Bombe – und der Spuk ist vorbei. Aber es schien uns praktisch und moralisch unmöglich, so etwas zu tun. Nein, die Idee, einer Widerstandsbewegung anzugehören, eine ins Leben zu rufen, das war mir fremd.

Aber das Davonlaufen ist, wie Sie sagen, heute fast nicht mehr denkbar.

Ja. Und manchmal komme ich mir schlecht vor, wenn ich denke, daß ich tot sein möchte, bevor es passiert. Aber so ist es. Und wenn eine Bombe fallen sollte, so hoffe ich natürlich, daß ich in der Mitte wäre und nicht am Rand. Das denken wohl auch viele Junge, und dann fügen sie, um sich zu entlasten, gleich hinzu: So schnell wird's ja nicht dazu kommen. Aber Sie haben recht: Die schleichenden Umweltschäden sind genauso gefährlich wie die Atomwaffen. Und noch eine größere Gefahr sehe ich im Islam, in den aufgeputschten Halbwüchsigen, die keine Angst vor dem Tod haben, die ihn im Gegenteil suchen. Für sie ist das Leben nicht lebenswert, das halte ich für etwas unglaublich Zerstörerisches. Doch auch da gibt's wieder die Verdrängungsmechanismen in der westlichen Welt: Man glaubt es einfach nicht, am wenigsten in den USA. Ich habe ja den größten Teil meines Erwachsenenlebens in Amerika verbracht; und ich war gerne dort. Die gängigen Vorurteile – zuviel Pragmatismus, nacktes Geldstreben – haben sich für mich nicht bestätigt. Aber inzwischen hat der Reaganismus um sich gegriffen, dieser absurde Drang, die Stärksten zu sein, der neue Nationalismus, der Autoritätswahn; daran glaubt unterdessen wieder eine starke Mehrheit. Ich finde es beängstigend.

Es scheint ein tiefgreifender Wertewandel zu sein, der sich in ein paar wenigen Jahren vollzogen hat.

Wertewandel: da sprechen Sie das Wort aus, das mir, im Zusammenhang mit Widerstand, am wichtigsten ist. Je mehr ich mich, an meinem letzten Buch schreibend, in die Geschichte der Psychotherapie vertiefte, desto klarer wurde mir, daß menschliches Leben ohne transzendierende Wertsetzung nicht denkbar ist. Das heißt: Wir brauchen Werte, die über den Einzelnen, über die Nation hinausgreifen. Wir sind Bewohner *einer* Welt, und wenn wir nicht glauben, daß das Leben für alle lebenswert sein soll, dann kann ich gar nicht mehr argumentieren.

Dieses Bewußtsein, ein Teil in einem umfassenden Ganzen zu sein, hebt sich ab vom üblichen Verständnis des „Widerstands". Der Begriff wird, im politischen Sinn, wohl noch immer stark geprägt von der französischen Résistance und der existentialistischen Betrachtungsweise, die sich darauf bezog. Darin wird der Einzelne heroisiert: Er wählt sich selber durch die Tat des Widerstands; obgleich eigentlich ins Sinnlose geworfen, gibt er seinem Leben dadurch Sinn. Erfüllung heißt: Sich selber sein im Akt des Widerstands, selbst wenn er in den Tod führt.

Ja, das ist das Konzept der Selbstverwirklichung, das besonders in der Psychoanalyse starke Geltung gewann. Das Ich hat aber nur ein Recht, sich zu verwirklichen, wenn es weiß, daß es in der Welt nicht allein ist. Ohne Sprache z. B. kann ich nicht denken, komme ich zu keinem Selbst-Bewußtsein; aber Sprache entwickle ich nicht aus mir heraus, sie wird mir beigebracht, sie entsteht im Dialog. Wir sind kein Selbst ohne Sprache. Wir sind kein Selbst ohne unsere Umgebung, ohne Tiere und Pflanzen, ohne Luft und Regen. Wir sind ein Teil des Universums. Die Naturvölker wußten das immer; in unserer Zivilisation ist diese Gewißheit verlorengegangen. Ich sehe einen Wert in mir selber nur dann, wenn ich mich nicht lediglich als Ich fühle, sondern als jemand, der Anteil hat am Weltganzen. Daher kommt meine Wertphilosophie. Ich kann nur sagen: Ich bin für mich *und* andere da. Das richtet sich gegen einen immer noch verbreiteten falschen Antagonismus. Nur für andere dazusein ist eine masochistische Haltung; dabei wird man so leidend, daß man erkrankt oder von der Umgebung nicht mehr ertragen wird. Oder nur für mich selbst dazusein: das läuft, im Zustand des Abgetrenntseins von der Welt, auf dieselben Krankheitssymptome hinaus. Ich bin ich, weil ich Teil des Universums bin; das ist die Realität. Und dies zu wissen und danach zu leben, bedeutet für mich, Widerstand zu leisten. Ich plädiere für geistigen, für kulturellen Widerstand, nicht unbedingt für einen, der sich auf der Straße manifestiert. Ich versuche, dem persönlichen Egoismus zu widerstehen, dem nationalen Egoismus, dem überpersönlichen Egoismus, den auch Religionen vertreten. Ich versuche, den größeren Gruppen zu widerstehen, die genau so partikularistisch handeln, wie wenn ich allein, also isolierter Einzelner, handeln würde. Amerika will das stärkste Land sein; der Spitzensportler will der Schnellste sein – mit dem Vierten und Fünften hat man nur noch Bedauern. Das ist das Gegenteil des Teil-Seins, des Anteil-Habens. Kleine Kinder muß man darüber gar nicht belehren: sie sind, bis zu einem bestimmten Alter, bereit zu teilen; sie wissen, daß sie zusammengehören. Gegenstände sind für sie wie Lieder, die jedem einzelnen gehören und gleichzeitig allen.

Von Fröschen, Affen und Menschen

Sie prägen in Ihrem Buch den Begriff der „dynamischen Balance", und Sie meinen damit z.B. die Balance zwischen Verstand und Gefühl, zwischen Ich und Wir, zwischen Wunsch und Möglichkeit, zwischen Freiheit und Zwang. Diese Balance, so sagen Sie, stellt sich nicht von selber ein; sie muß immer neu gesucht werden, und dazu benötigen wir nicht einen moralischen Rigorismus, sondern einfühlende Flexibilität, genügend Offenheit gegenüber dem „Ganzen". Diese Balance anzustreben, heißt ja heute wohl ebenfalls, Widerstand gegen den Ausverkauf der Menschlichkeit zu leisten. Meine Frage ist aber: Reicht das? Reicht es aus, sich selbst zu ändern und sich dabei von direkten politischen Aktionen fernzuhalten? Ist das nicht ein Wettlauf gegen die Zeit? Die wachsende (und stummgewordene) Verzweiflung vieler Jugendlicher, die Lethargie der unberührbaren Mehrheit oder auch der aufgesetzte Optimismus der Yuppies, der Reaganomics: dies alles erlaubt ja den destruktiven Tendenzen weiterzuwuchern. Was kann ich als Einzelner tun, um ihren neuen Werten zum Durchbruch zu verhelfen, statt sie nur denkend vorwegzunehmen?

Allem Anschein nach ist es unmöglich, uns mit unsern Ideen durchzusetzen; allem Anschein nach geht die Welt kaputt; allem Anschein nach orientiert sich die allgemeine Stimmung nicht an Werten der Lebensförderung und der globalen Teil-Nahme. Allgemein gesprochen sind die Leute so blind wie nur möglich, und die Mächtigen setzen alles daran, mächtig zu bleiben. Von diesem Standpunkt aus hätte ich keine Hoffnung. Die einzige Hoffnung besteht darin, daß es manchmal anders herauskommt, als wir denken, daß es manchmal so aussieht, als gebe es keine Lösung – und sie kommt doch. Möglicherweise bewirkt die totale Bedrohung des Lebens im letzten Augenblick doch noch eine Wende. Damit die Leute wirklich erwachen, müßte mit Bestimmtheit noch mehr geschehen als in Tschernobyl. Die verhältnismäßig kleine Katastrophe hat aber immerhin den Beginn eines Umdenkens in Energiefragen ermöglicht. Warum ich nicht aufgebe? Warum ich weiterschreibe? In meinem ersten Buch zitierte ich im Vorwort eine alte griechische Legende; für mich stimmt sie immer noch: Zwei Frösche fallen in einen Milchkrug. Der eine streckt alle Viere von sich und ersäuft; der andere strampelt solange, bis er einen Haufen Butter erzeugt hat und Grund findet. Ich bin der Frosch, der strampelt. Der Rest ist weder Ihre noch meine Sache; das übersteigt unsere Macht. Natürlich braucht es eine Massenbewegung; aber ich kann sie nicht allein erzeugen. Ich kann sie fördern helfen; ich kann tun, was in meinen Mitteln steht. Ich bin weder allmächtig noch ohnmächtig; ich bin partiell mächtig.

Es gibt noch eine andere Froschgeschichte; sie steht bei Gregory Bateson, dem amerikanischen Ökologen und Begründer der Systemtheorie. Der eine Frosch, den man in genügend heißes Wasser wirft, stirbt; der andere, bei dem man das Wasser allmählich bis zur genau gleichen Temperatur erhitzt, paßt sich der schleichenden Veränderung an und überlebt. Dieses Beispiel symbolisiert für mich das ungeheure Verdrängungspotential in unserer Gesellschaft, die enorme Anpassungsfähigkeit, über die wir – auch ich – verfügen. Woran müssen sich nicht schon unsere Kinder gewöhnen? Wir können sie in Städten kaum noch unbeaufsichtigt lassen; wir nehmen Einschränkungen des Lebensraums schweigend oder leise murrend in Kauf; wir verbieten ihnen – nach Tschernobyl –, im Sandkasten zu spielen; wir würden ihnen wohl auch stundenweise, bei Smogalarm, Gasmasken aufsetzen. Nach ein paar Monaten hätten wir uns auch an diese Norm gewöhnt. Und immer noch wäre, denke ich, nur eine Min-

derheit bereit, den Lebensstil radikal zu ändern, Komforteinbußen zu akzeptieren. Wie weit geht dieses Anpassungsvermögen? Wie lange dauert es, bis der kollektive Lebenswillen in einem „So nicht!" explodiert?

Sie sehen's beim Wasser: Das Kochen setzt von einer Sekunde auf die andere ein. Auch evolutionäre Veränderungen bei Tieren eignen sich plötzlich, wenn alle Lebensumstände es erfordern. Kennen Sie die Geschichte vom hundertsten Affen? Ob sie wahr ist oder nicht, spielt keine Rolle. Auf einer Insel wurden, von einem Schiff aus, dreckige Kartoffeln ausgeleert. Die Affen aßen sie, aber ungern. Eines Tages entdeckte ein besonders intelligenter Affe, daß es möglich war, die Kartoffeln im Meerwasser zu waschen. Ein paar andere sahen es und imitierten ihn. Als der hundertste Affe es kapiert hatte, begannen plötzlich auf einer andern Insel die dort lebenden Affen dreckige Kartoffeln ebenfalls zu waschen, und zwar nicht nur einer, sondern alle, so als habe die neuerworbene Fähigkeit sie, über den trennenden Ozean hinweg, angesteckt. Das heißt für uns: Wenn genügend Leute zu einer Einsicht gekommen sind und ein neues Handeln erlernt haben, dann besteht die Hoffnung, daß sich dies nicht nach linear-kausalen Gesetzmäßigkeiten verbreitet, sondern sprunghaft, als rätselhafte Wellenbewegung von Energie und „Wissen". Man weiß ja auch sonst, daß das Phänomen der Synchronizität existiert: Immer wieder, in verschiedenen Epochen, haben verschiedene Forscher, unabhängig voneinander, das Gleiche entdeckt oder erfunden. Vielleicht muß es – wie bei den hundert Affen – den millionsten oder zehnmillionsten Menschen geben, der sagt: Ich mache nicht mehr mit; ich will nicht, daß meine Kinder zu Computern degradiert werden; ich will reine Luft und reines Wasser; ich will weniger Konsum und mehr wirkliches Glück; ich will kein Wettrüsten mehr – dann geschieht vielleicht das Wunder eines geistigen Quantensprungs, dann kommt es möglicherweise zu einer plötzlichen Veränderung des Bewußtseins, die uns befähigen würde, uns und unsern Planeten zu retten.

Das berührt sich stark mit den „New-Age“-Gedanken. Und dagegen gibt's unterdessen ja herbe Kritik ...

... „die sanfte Verblödung“: so nennt es Hans A. Pestalozzi (in Anspielung auf Marylin Fergusons Bestseller „Die sanfte Verschwörung“; H.).

... ja, die Kritiker greifen diese Hinwendung zum Apolitisch-Esoterischen an, das Sich-Heraushalten aus konkreten politischen Entscheidungen, den Unwillen, handfest – unter Umständen auch auf der Straße – für die eigene Überzeugung einzustehen. Sie mokieren sich über den Glauben, daß alle Widersprüche – auch die gesellschaftlichen – sich irgendwo auf tröstliche Weise gegenseitig aufheben. Auch Robert Jungk vertritt da pointiert eine andere Meinung als Sie. Er befürwortet direkte Aktionen; er schließt – in sehr selektiver Weise – auch Gewalt gegen Sachen nicht aus. Das heißt: Er findet es unter Umständen legitim, zugunsten eines umfassenderen Rechts lebensbedrohende Gesetze – auch die eines Rechtsstaats – zu verletzen.

Ich kann gegen Legalität sein, ohne Gewalt anzuwenden.

Aber das würde „reine“ Gewaltlosigkeit, wie sie Gandhi vertrat, im Extremfall bedeuten? Gandhi war, glaube ich, 1937 in der Schweiz. Er wurde gefragt, wie er auf den Einmarsch deutscher Truppen reagieren würde. „Stellt euch mit Frauen und Kindern den Eindringlingen in den Weg, waffenlos“, das war seine Antwort. „Setzt euch auf die Straße und laßt euch notfalls von den Panzern niederwalzen. Wenn ihr nicht euer Leben in die Waagschale werft, so ist das nicht das Äußerste an geistiger Kraft, was ihr dem Gegner entgegenzusetzen vermögt.“ Dieses Bild ist für mich eine erschreckende Herausforderung. Ich glaube, ich könnte ein solches Verhalten für mich selber nicht wählen.

Ich auch nicht. Wenn ich sage: Ich werde nie Gewalt gegen Sachen anwenden; ich werde nie einen Hochspannungsmast beschädigen, um ein AKW lahmzulegen, dann weiß ich, daß ich damit unter Umständen – im Sinn einer Unterlassungssünde – anderes Leben zerstöre. Bei der Gewalt gegen Sachen hätte ich, in bestimmten Fällen, wohl kein Problem. Wenn ein Soldat mit dem Revolver in meine Wohnung einbräche, würde ich alles versuchen, um ihm seine Waffe zu entreißen. Ich würde mich auf keinen Fall völlig passiv umbringen lassen; aber ich würde mich auf den Standpunkt stellen: so wenig Gewalt wie nur möglich. Wenn ich eine diktatorische Armee einmarschieren lasse, ohne mich zu wehren, dann weiß ich, daß sie Menschen umbringen wird, und dies zuzulassen, ist, von meiner Seite aus, ebenfalls gewalttätig; dann bin ich für Gewalt, genauso, wie wenn ich selber der Täter wäre. Aber das sind die Extremfälle, die man immer zitiert, um unbequeme Meinungen zu entwerten. In Wirklichkeit sind wir jetzt, 1986, durchaus fähig, uns gegen sinnlosen Konsum zu wehren, ohne Gewalt anzuwenden. Dies zu tun, ist weit mehr, als sich darauf hinauszureden, wir könnten ohnehin nichts machen. Ich finde, geistige Kraft kann sehr wirksam sein. Der Glaube an die Möglichkeit, daß sie hilft, ist bis zum letzten Augenblick gegeben, wo der rettende Bote des Königs eintrifft (und das wäre in unserm Fall eben der Quantensprung). Es geht immer um die *geringstmögliche* Gewalt. Moralische Prinzipien absolut zu setzen und sie nicht, der Situation entsprechend, immer wieder neu auszubalancieren, halte ich für lebensverneinend. Für Extremfälle können wir ohnehin nicht voraussagen, wie wir handeln werden; da handeln wir aus dem Moment heraus.

Grenzerfahrungen

Sie haben ja, wie Sie in Ihrem Buch schildern, einen solchen Extremfall erlebt – oder zumindest seine Vorwegnahme.

Ja. Im Mai 1940 – als Therapeutin in der Klinik Littenheid – erfuhr ich, die Deutschen seien einmarschiert und würden in einer halben Stunde an meinem Wohnort eintreffen. Ich war krank, ich hatte ein kleines Kind, und ich beschloß, mich selber auf jeden Fall mit Morphium umzubringen, um der Gefangennahme und der Folter zu entgehen. Mein Mann hingegen wollte versuchen, auch im KZ leben zu bleiben. Was das Kind betraf, so war ich im furchtbaren Zweifel, ob ich es ebenfalls töten sollte. Bevor ich handeln mußte, entpuppte sich die Nachricht als falsches Gerücht, und ich war erlöst. Ich weiß bis heute nicht, was ich wirklich getan hätte. Daß ich mich selber getötet hätte, daran zweifle ich nicht. Aber das Kind? Es war die schlimmste Situation in einer langen Kette von Gefahren, denen ich ausgeliefert war. Und ich fühle mich heute beinahe berechtigt zu sagen: Wenn nichts anderes übrigbleibt, als entweder mich oder den andern zu töten, der mich töten will, dann würde ich wohl das zweite versuchen. Ich würde versuchen, es nicht zu tun; aber ich kann mir vorstellen, daß ich's täte. Und vielleicht fände ich in diesem Augenblick: Ich gebe der Welt noch ein bißchen Hoffnung, der andere nicht.

Ich erzähle Ihnen die Geschichte eines jungen Theologen, der nach Nicaragua ging. Er arbeitete auf dem Land in einer Aufbaubrigade. Er war Pazifist, und er weigerte sich, ein Gewehr in die Hand zu nehmen. Also schaute er zu, wenn nachts die Wachen rund ums Dorf patrouillierten. Dann wurde das Dorf von Contras überfallen; Leute, die er kannte, starben. Der Theologe hatte sich unterdessen so weit mit den Dorfbewohnern identifiziert, daß er plötzlich bereute, nicht schießen gelernt zu haben. Er lernte es; seine Solidarität bestand darin, sich in die Wache einzugliedern. Gandhi wäre über ihn traurig gewesen.

Aber ich verstehe ihn. Die Leute dort sind in einer andern Situation als wir. Sie – hier in der Schweiz – können bei der Regierung intervenieren und protestieren, können sich gegen Praktiken wenden, die der Dritten Welt schaden usw.; den Contras direkt gegenüber müßten Sie Ihre Haltung neu ausbalancieren. Die beiden Situationen – hier im reichen Land, dort im Kriegsgebiet – sind letztlich nicht miteinander vergleichbar. Die Welt ist nicht einfach in logischen Kategorien erfaßbar; und Absolutismus im Denken ist destruktiv. Das habe ich in den letzten Jahren von der östlichen Philosophie gelernt. In unterschiedlichen Situationen bedeutet Gewalt jeweils etwas anderes. Die Mutter, die ihr zweijähriges Kind aus Verzweiflung schlägt, weil es immer wieder auf die Straße hinausläuft, wendet Gewalt an; aber aus ihrer Situation heraus ist sie dazu berechtigt. Ein paar Klapse auf den Hintern haben dem Kind weniger geschadet, als wenn es von einem Auto überfahren worden wäre. Und dennoch ist diese Mutter gegen Gewalt, gegen das Schlagen. Und ich bin es auch.

Ich versuche zu widerstehen, mit aller Kraft – und dennoch will ich meinen Gegner als Menschen wahrnehmen. Aber manchmal merke ich selber, wie schnell ich eigenen Feindbildern aufsitze, zu Verzerrungen und Diffamierungen neige. Wie kann ich geistigen Widerstand in Ihrem Sinn praktizieren, ohne mich zu verhärten? Wie kann ich verhindern, daß es im Kampf der Argumente zur üblichen symmetrischen Eskalation kommt, die wir ja auch vom Wettrüsten her kennen?

Es ist furchbar schwierig, Andersdenkende immer zu verstehen – außer Sie wären ein Heiliger. Dazu kommt: Verständigung zwischen weltanschaulichen Gegnern ist vor den Augen der Öffentlichkeit kaum möglich; das kann eher im privaten, kleineren Rahmen passieren. Es kommt auch hier auf die Situation an. Wo geht's? Wo nicht? Aber wie wollen Sie Leute, die seit Jahrzehnten von ihren Meinungen nicht abgerückt sind, umstimmen? Ich wende mehr Zeit darauf, gemeinsam mit Bekannten, die meine Überzeugung teilen, zu überlegen, was wir sonst noch tun können. Da muß ich wieder auf die Wirkung der wachsenden Zahl vertrauen. Ich selber kann nur dies: in mir finden, was ich zu tun vermag; in ihnen finden helfen, wozu sie fähig sind. Und dann tun wir's, jeder das seine. Und wenn's schief geht, dann sagen wir: Tun wir etwas anderes, beginnen wir von vorn. Wir sind Mitschöpfer, Miterschaffer der Solidarität, und zwar in einem universellen Bezugsrahmen. Und obgleich wir Miterschaffer sind, können wir nicht wissen, welchen Weg die Schöpfung als Ganzes nehmen wird. Es liegt nicht in unserer Hand, und dennoch müssen wir uns anstrengen. Verstehen Sie?

Flüchtlinge schaffen – Flüchtlinge aufnehmen*

Eine Fühl-Denkpause für Wähler und Gewählte

„Bürger, seid vernünftig und weckt keine fremden-feindlichen Instinkte“, sagte der Verantwortliche und befahl, fünfhundert Fremdlinge in die Baracken eines kleinen, abgelegenen Dorfes zu bringen. Die Gemeindevertreter erfuhren dies erst kurz vor vollendeter Tatsache. Sie waren deshalb ein wenig erleichtert, daß sie wenigstens die Anzahl der Fremden und deren Aufenthaltsdauer noch herabsetzen konnten.

Wenn die Gemeindevertreter zuvor angegangen worden wären, hätte vielleicht einer von ihnen mit wachem Gemüt gesagt: „Herr, es gibt keinen besseren Weg als den, den Sie gehen wollen, um mit Sicherheit fremdenfeindliche Instinkte im Dorf und im ganzen Land zu wecken; und um gleichzeitig ungezügeltes Benehmen der zur Untätigkeit gezwungenen verängstigten Fremden zu programmieren.“

„Sie haben recht“, hätte vielleicht der überforderte Verantwortliche geantwortet, „dann wird das Volk verstehen, daß wir uns vor diesen paar tausend Asylbewerbern schützen müssen. Wir müssen ja auch deren Freunden und Verwandten draußen nicht das Gefühl geben, daß sie hier freudig von uns empfangen würden. Doch weil Sie so weise sind, geschätzter Gemeindevertreter, sagen Sie mir bitte, wie Sie dies Asylantenproblem lösen würden.“

Der Weise antwortete: „Herr, das kann niemand, Sie nicht, ich nicht und niemand im Dorf. Nur wenn wohlmeinende Bürger und Behörden aus Dörfern, Städten, in diesem Land und in anderen Ländern sich zusammentun, und die Problematik des

* Erstmals gedruckt im Aargauer Tagblatt, 1. 2. 1989.

Flüchtlinge-Schaffens und Flüchtlinge-Aufnehmens untersuchen und transparent machen, könnten wir Lösungen finden.

Es ist wichtig, zu verstehen, wie Flüchtlingsströme geschaffen werden, z. B. durch Armut und Gewalttätigkeiten und in manchen Fällen um des grüneren Grases Willen.

Es geht um Bewußtwerden dieser Prozesse und die Fähigkeit und den Mut zum Weitblick. Nein, ich habe auch keine Lösung für dieses Problem. Doch ich weiß, daß wir zunächst die richtigen Fragen stellen müssen. Wir dürfen nicht in ethischen Stumpfsinn verfallen, weil wir der Realität tödlicher Armut und Grausamkeit, die uns vom Bildschirm her entgegenstrahlen, entgehen wollen. Wir müssen unser Mit-Leiden, unsere Angst und unseren Zorn zulassen. Dies wäre sicher ein erster wichtiger Schritt zur Lösung der Problematik. Dann könnten wir auch den Regierenden besser beistehen, und diese würden eher Ungewöhnliches und Konstruktives wagen. Es muß Ihnen, mein Herr, etwas Besseres einfallen, als Heimatgeschädigte in kahle Baracken zu setzen und die Gastlichkeit der Einwohner zu erschweren oder gar zu verhindern. Nur Heilige können unter solchen Umständen seelische Stärke und Liebesfähigkeit behalten."

Seit dieser phantasierten Unterhaltung ist viel Zeit vergangen. Manches hat sich verändert. Baracken und wenig genutzte Hotels werden für Asylbewerber ausgewählt. Dorthin werden sie in „kleinen" Gruppen von 50 bis 100 hingebracht. Seltsam erscheint mir, wenn wir über öffentliches Erstaunen lesen, daß Bürger fremdenfeindlich seien. Dies schicke sich nicht. Dabei ist es wirklich schwierig, die Gratwanderung zu finden zwischen kühl-höflicher Haltung und menschlicher Wärme. Überdies gibt es Worte wie „Wirtschaftsflüchtlinge" und „Ausschaffen", die Angst und Terror verständlich machen. Und trotzdem hatten sich sehr viele Bürger auf einmaligen Aufruf am Bildschirm bereit erklärt, Flüchtlinge mit und ohne Familien für einige Zeit in ihrem Heim aufzunehmen. Dies wurde leider abgelehnt!

Absondern ist Sünde. (So las ich es in theologischen Abhandlungen.) Vertrauenswürdige Begegnungen dagegen können heilen, wenn sie gegenseitig ehrlich sind. Verantwortliche, und im weiteren Sinn sind dies alle Bürger, müssen sich öffnen für die Tatsache, daß die extreme Ungerechtigkeit zwischen reichen Luxuswohnungen und Flüchtlingselend zu immer größerem Unheil für alle führen muß. Es geht nicht an, Menschen unwürdigen Lebensbedingungen auszusetzen. Mächtiger sein sollte auch heißen, mehr Verantwortung anzuerkennen für Schwächere, ob es sich um unterprivilegierte Rassen, Religionen, Behinderte, Arme oder Wohn- und Heimatlose handelt.

Ich glaube, daß absondernde Maßnahmen meist aus Blindheit, Verzweiflung oder Resignation getroffen werden. Wahrscheinlich würden diese abnehmen, wenn die Betroffenen sich näher kennenlernen dürften. Betroffen sind auch die Besitzenden, nicht nur die materiell Ungesicherten. Über unsere Besorgnis und Freuden zu sprechen, sie auszutauschen, das wäre menschlich. Unmenschlich dagegen ist Absonderung, wie sie sonst nur in offenen Kriegen erfahren wird. Die Zivilbevölkerung und die feindlichen Gefangenen sollen sich nicht kennenlernen!

Das Flüchtlingsproblem ist planetarisch. Wenn dies nicht bewußt wird und zu übernationalen humanen Handlungen führt, sind Terror und Krieg unvermeidlich. Ich weiß, daß planetare Lösungen nur sehr langsam zustande kommen können. Doch ich weiß auch, und wir alle dürften es wissen und uns darum bemühen, daß das Herz die Empfängnis-, Geburts- und Lebensstätte der Vernunft ist. Wirklich erkennen können wir nur mit dem Herzen, sagte der weise Fuchs. Es liegt an uns, dies Herz zu schulen.

Ohne-Heimat-und-Adresse*

Sie waren geflohn
nach Ohne-Heimat-und-Adresse
Geflohn vor spaltlosen Mauern
und dem hohlen Lachen
der Menschzerbrecher
Geflohn vor solchen, deren Sinn und Sinne
vor-getötet worden waren
Und so ausgehöhlt
kaum wissen konnten
was sie taten
(und tun).

Die Geflohnen kamen zum gelobten Land
Wo gläubig Richtende
– mit Heimat und Adresse –
und Teleskopenaugen
Ihre Würfelbecher voller Paragraphen schüttelten,
um die fremden Nächsten
abzuschätzen, abzuschütteln.

Keiner der Geflohnen wagte
seinen Unschuld-Stein durchs Glas zu werfen:
den verlornen Heimatpaß.

Manche Richter weinten
später. Daheim.
Denn sie wußten, was sie taten
(und tun).

---

* Aus: Die andere Seite. Gedichte und Bilder. Ruth C. Cohn / Annemarie Maag, Zytglogge Verlag, Bern (erscheint 1990); auch das gegenüberliegende Bild stammt aus diesem Buch.

Annemarie Maag: Kirchenasyl

Machbare Schöpfung – oder?*

Wir lernen langsam, daß nicht alles, was machbar ist, gemacht werden darf. Auch Physiker, Techniker und Biologen werden sich bewußt, daß der menschliche Intellekt nicht immer weitsichtig genug ist, um unheilvolle Begleiterscheinungen von Erfindungen voraussehen zu können.

Heute wissen wir schon viel über Gift, Krankheiten und Sterben von Wäldern, Flüssen und Meeren, vom Durchbrechen der Schutzhülle über der Erde und Vergiftungen von Lebewesen. Wir erleben Schreckstunden, vielleicht auch Schreckmonate, durch chemische Unfälle und terroristische und kriegerische Gewalt. Wir werden, oft berechtigt, mißtrauisch gegen Werbung für Fortschritt, bei dem es oft mehr um persönlichen oder nationalen Gewinn geht als um die Erhaltung und Förderung von lebenswürdigem Leben. Immer häufiger fragen sich viele von uns: „Was gewinnen und was verlieren wir für uns selbst, für unsere Kinder und Kindeskinder und unsere baum- und tierschöne, grünende Erde und den lichtvollen blauen Himmel über uns?"

Was können wir tun, um uns vor privaten oder öffentlichen schadenbringenden Entscheidungen zu schützen und um menschverursachten Zerstörungen vorzubeugen oder ihnen Einhalt zu gebieten? Wie können wir als einzelne oder gemeinsam unser Bewußtsein so schulen, daß Voraussehbares rechtzeitig einsichtig wird oder überflüssige Bedenken ad acta gelegt werden können? Wie können wir uns selbst und anderen helfen, zwischen tödlichen und verantwortlichem Machbaren zu unterscheiden?

---

* Erstmals abgedruckt in: Berner Zeitung (BZ), Kulturforum, 18. Juli 1987.

Ich erfahre durch die Zeitung, daß es riesige Gemüseproduktionshallen mit Steinwolle statt Erde und mit künstlichem Licht und stetig tropfendem Bewässern gibt. Weite Flächen in den Niederlanden sind mit solchen Hallen überbaut worden. Die Anlage kostet sehr viel Geld, doch wer dieses anlegen kann, wird wahrscheinlich große Gewinne weit über die nationalen Grenzen hinaus machen können. Ich glaube, daß Kleinbauern sich finanziell dies nicht leisten könnten, selbst wenn sie es widerwillig tun wollten. Wenn diese Gemüsehallen international Schule machen, wird die Erste Welt ihre Fleisch-, Butter-, Weizen- und Milchschwemme durch eine Gemüseschwemme erweitern; jedenfalls, solange es nicht zu einer übernationalen Produktions- und Verteilungsorganisation von Rohstoffen und Nahrungsmitteln kommt.

*

Ich lebe in mittlerer Höhe zwischen einem wiesengrünen Tal und schneebetupften Bergspitzen. Ich stelle mir vor, daß sich das Grün unter mir zu grauen Dächern verwandeln könnte und von den Bergen über mir kein Glocken- oder Treichelklang mehr zu mir her tönen wird; denn es gibt noch eine weitere Schreckvorstellung neben der des Gemüsehallentals. Die Zeitung hat etwas Neues berichtet: Daß Kühe, die Injektionen mit somatotropen Hormonen bekommen, 30 bis 40 Prozent mehr Milch in die Melkmaschinen abliefern können. Solche somatotropen Hormontropfen gibt es in den USA seit etwa zwei Jahren. Dort hat man herausgefunden, daß die Milchflüssigkeit sich analytisch nicht von der normalen Milch unterscheidet. Ob es Untestbar-Lebendiges gibt, welches sich der Analyse nicht offenbart, weiß ich nicht; und Untersuchungen, ob die Kühe nach den zwei bisher untersuchten Jahren Schaden erleiden, sind erst jetzt im Gang. Sicher ist, daß weniger Kühe mehr Milch geben können und weniger Futter brauchen. Industrielle Kuhställe neben den Gemüsehallen könnten Klein- und Bergbauernbetrieben die letzten Chancen verderben.

*

Nicht alles Machbare ist gut. Wir haben bereits erfahren, daß viele der vor 40 Jahren angepriesenen Wundermedizinen und Hormonzugaben ebenso wie die etwas später zu Markte gekommenen Agrarproduktionsvermehrer zum Bumerang geworden sind. Ihre Hilfe kann kostspielig sein: Sie können die Immunitätsschwellen von Menschen senken und die der Insekten und Bakterien erhöhen, was oft erst nach Jahrzehnten deutlich wird.

*

Es stand in der Zeitung: Gemüsesteinwollehallen und Kuhhormonspritzen gibt es. Auch Bauern und Politiker lesen dies. Und solche und ähnliche Gedanken und Bilder, wie ich sie habe, mögen in ihnen aufkommen. Manch eine/r mag sich vergegenwärtigen, daß jetzt die Zeit sein könnte, um verantwortungsvoll zu untersuchen und zu entscheiden, ob auf Steinwolle in Hallen gezüchtetes Gemüse und somatotropenbehandelte Kühe nicht nur machbar, sondern auch wünschbar sind. Es geht auch um Gesundheit, um die Schönheit der Landschaft und um das Lebensgefühl von Bauern und vieler anderer Menschen.

*

Ich bin keine Bäuerin und auch keine Politikerin. Ich bin Psychotherapeutin und Pädagogin. Ich sehe eine meiner Aufgaben darin, Verdrängungstendenzen im Menschen entgegenzutreten. Täusche ich mich, oder sind die Gefahren, die ich durch diese zwei Beispiele aufzuzeigen glaube, wirklich? Wird es berufenere Leser oder Leserinnen geben, die meine Besorgnisse teilen und dementsprechend versuchen zu handeln? Werden auch sie glauben, daß Ehrfurcht vor der Natur und dem Göttlichen weiser sind, als mit Machbarem fortzufahren, bis eine unwirtliche Erde unseren unwirtlichen Seelen Folge leisten könnte?

Vorurteile und Feindbilder*

Als Gruppenleiterin in einer Friedenswoche der reformierten Kirche in Schlieren/ZH hatte ich das Thema: „Vorurteile und Feindbilder: Wie kann ich, können wir sie vermindern?" gewählt. Über dasselbe Thema wollte ich ein „Kulturforum" für die BZ schreiben. Ich verschob das Schreiben, weil ich müde war, und drehte das Fernsehen an.

Es war ein Zufall: „Chile – wie lange noch?" Ein Dokumentarfilm über Chiles Alltag unter Pinochet; eine heimlich gedrehte Reportage von David Bredbury, 1985. Der Film begleitete mich zu meinem verschobenen Vorhaben.

Vom Bildschirm her strahlten metallene Orden und Gewehre, Marschstiefel und unbewegte Soldatengesichter. Sie zogen in dichten Reihen an jubelnden und an grimmig schweigenden Zuschauern vorbei. So hatte ich sie in Nazideutschland erlebt; und so ziehen sie über viele Filmstreifen, gestellte und wirkliche, damals und heute. Auf fremden Straßen auch, in fremden Ländern.

*

Eine Szene: Ein Vierzehnjähriger spricht am Sarg seines Vaters zu den Trauernden. Der Vater wurde auf Befehl des Diktators ermordet. Der Knabe beschwört die versammelten Trauernden, den Kampf fortzusetzen, für den sein Vater sterben mußte. Der Ruf nach Rache und der Ruf nach Gerechtigkeit fließen zusammen von des Knaben tränenloser Leidenschaftlichkeit, die für liebendes Trauern keinen Raum läßt.

Die Szenen wechselten schnell: Szenen des Elends, der Gewalt, der Auflehnung, der Solidarität. Eine Bombe zerschmet-

---

* Erstmals abgedruckt in: Berner Zeitung (BZ), Kulturforum, 18. April 1987.

tert ein Geschäftshaus im wohlhabenden Stadtteil. Ein Gewirr von Stimmen: „Das waren die Kommunisten, die Terroristen! Kein Chilene würde das tun!“ Ein junger Mann widerspricht: „Ich wohne, wo alle arm sind. Da sagt man was anderes: Die Bombe ist im Auftrag Pinochets gelegt worden. Die wollen sagen, daß wir das gemacht haben.“ Und dann fügte er hinzu: „Ich glaube niemand. Ich weiß nicht, wer es wirklich war.“ So (oder ähnlich) sagte er es.

Niemand weiß es. Doch daß Menschen verschwinden und gefoltert werden, weiß jeder.

Eine Frau schreit: „Sie sind Mörder, Mörder! Mit denen kann man nicht verhandeln. Seht Ihr das nicht? Die haben meinen Vater getötet und meinen Mann verschwinden lassen. Meinen letzten Blutstropfen werde ich geben, um sie zu rächen!“ So (oder ähnlich) schreit sie mit tränenüberströmtem Gesicht. Sie schwankt. Stützende Hände greifen nach ihr.

Tränengas, Hunde, Kolbenschläge, Stiefeltritte, Folterbilder Luxusrestaurants, großartige Empfänge, Staatsreden, das alles zeigt dieser Chile-Film. Mir fällt ein, daß ein heimlich gedrehter Film in Nazideutschland, Stalins Rußland, in Bothas Südafrika, in Khomeinis Iran ebenso aussehen könnte, oder wenigstens sehr ähnlich.

*

Feindbilder: Wie kann ich, wie können wir sie vermindern? Feindbilder erzeugen Feinde, und Feinde frieren Feindbilder ein, die neue Feinde erzeugen, über alle Landesgrenzen und Jahrhunderte hinweg.

Feindbilder: Der andere tut es, der Böse. „Wir sind gut. Wir würden so etwas nicht einmal träumen!“ Gehört es zum Wesentlichen von Feindbildern, daß wir Böses auf andere projizieren, weil wir nicht wagen, Böses zu träumen oder unsere Träume zuzugeben? Wir müssen endlich lernen, daß niemand frei von bösen Gefühlen und Gedanken ist, außer wenn er diese verdrängt und sie nun aus dem dunkelsten Loch der Seele herausquellen – als Projektionen, die wir andern anhängen, oder als böse Taten, die wir als gut rationalisieren, statt sie als böse zu träumen. Träume und Tagträume sind eine göttliche Gabe, die uns helfen können, nicht am Bösen zu ersticken oder es wirklich zu tun. Sie geben uns Zeit, uns mit ihnen auseinanderzusetzen und zu wählen, was wir tun.

„Kommunisten waren es, Terroristen: kein Chilene würde das tun!" – Und dies angesichts der Gewaltorgien chilenischer Polizisten und Soldaten, die auf offener Straße gesehen und hinter Mauern mehr als nur vermutet werden.

Der TV-Moderator sagte, daß sich jeder selbst eine Meinung über den Film bilden solle. Ich glaube, daß manche Zuschauer Pinochet verurteilten und manche sich mit ihm verbündeten: „Es ist gut, wenn er die Kommunisten und Terroristen ausrottet; dann kann es endlich Frieden geben, ohne dieses Gesindel." Und „Gesindel" können hier die Kommunisten sein, und anderswo die Nigger oder die Juden oder die Türken oder die Faschisten oder die Katholiken oder die Amis oder die Sowjets – oder???

Die meisten Vorurteile entstehen und verhärten sich durch Generalisieren von einigen Beispielen auf eine ganze Kategorie von Menschen. Dieser Vorgang ist ursprünglich notwendig. Weder Kinder noch Erwachsene lernen nur aus eigener Erfahrung. Kinder identifizieren sich zunächst mit den Gefühlen und Meinungen der Erwachsenen. Erst langsam können sie vieles, was sie nicht erfahren haben, beurteilen. Beispiel: Ein Stadtkind fragt: „Wie kommt denn die Milch von der Flasche in die Kuh?" Daß es umgekehrt ist, wird ihm erklärt. Das Kind glaubt es, auch wenn es noch nie Euter, Melken und Füllen von Flaschen gesehen hat.

Auch wir glauben Landkarten, Büchern, geschichtlichen Erzählungen, die wir selbst nicht gesehen bzw. erlebt haben. Wir haben Vertrauen in viele und vieles. Doch auch Vertrauen kann ein Vor-Urteil sein, das korrigiert werden sollte. Wenn ein Mensch oder eine Kultur nicht mehr vertrauenswürdig sind und desinformieren, wird Mißtrauen lebensnotwendig.

*

Ich wußte schon als deutsch-jüdisches Kind, daß es Antisemitismus gibt. Antisemitismus kam von Christen. Jesus muße daran schuld sein, denn ohne ihn hätte es ja keine antisemitische Christen geben können! Später, als ich das Neue Testament studierte, erkannte ich, daß Jesus selbst ein Jude war, der sich nicht gegen das Judentum, sondern gegen Mißstände wandte. Auch seine Jünger waren Juden. Es gab damals in Palästina, ebenso wie heute überall, verschiedene Parteien. Wenn diese einfache Tatsache überall so gelehrt würde, würde das Vorurteil vermindert, welches durch den verallgemeinernden Satz verewigt wird: „Die Juden haben Christus ans Kreuz geschlagen.“ Es waren ja nicht die Juden, sondern eine Partei von Juden, die diesen Reformer loswerden wollten. Getan wurde es übrigens von römischen Söldnern!

Ich überwand manche meiner Kinder-Vorurteile; doch als Narben werden sie angerührt, wenn ich zum Beispiel das Adjektiv „christlich“ vor dem Wort „Nächstenliebe“ lese oder höre. Gibt es christliche Nächstenliebe, die anders wäre als jüdische, hinduistische, atheistische, indianische?

Wir können Vorurteile und Feindbilder vermindern, wenn wir mit wachen Sinnen und sich klärenden Gefühlen und Gedanken die Welt erfahren; und wenn wir uns mit reifenden Urteilen den übernommenen Vor-Urteilen und unseren eigenen Reinwaschungsprojektionen entgegensetzen. Wo immer wir uns der Wirklichkeit unserer Innen- und Außenwelt bewußt werden, vermindern wir die Last vorurteilsvoller Traditionen und Selbsttäuschungen.

Wir brauchen Signale des Entsetzens*

Ich lebe in einem Bergbauerndorf, das bis vor wenigen Jahren fast unberührt vom Tourismus war. Jetzt gibt es Bergbahnen und Skipisten, Motorräder und Autos und immer breitere Straßen, die Felswände und Wiesenland und manchmal auch schöne alte Häuser vernichten. Doch die Dorfschulen sind noch klein, die Chästeilet ist noch die Chästeilet, und es gibt gesunde und schöne Kühe, die ihren Platz und Namen in den Menschenfamilien, zu denen sie gehören, kennen.

Wie eh und je werden böse Geister um die Neujahrszeit von Männern und Buben im wuchtigen Treichelrhythmus vertrieben. Doch es gibt auch neue böse Geister, die sich nicht vertreiben lassen. Sie verbreiten Gerüchte, daß Bäume heute nicht öfter krank würden als zu alten Zeiten, daß der Bannwald nicht gefährdet sei, und daß das Mitgefühl für das Schicksal von Menschen fremder Sprachen oder für das Leiden sprachloser Lebewesen wie Laboratoriumstiere für unsere realistischen Entscheidungen überflüssig sei.

Die Kleinbauern und ihre Frauen bangen um den Lebensunterhalt, den sie nicht mehr von ihren Wiesen und Tieren allein bestreiten können. Ihr Nebenverdienst ist zum Hauptverdienst geworden: Sie arbeiten im Bergbahnbetrieb, in Gaststätten, im Chaletbau. Und Subventionen sind erforderlich.

*

In dieser Atmosphäre wachsen zwei achtjährige Freunde auf, die ihre schulaufgabenfreie Zeit zwischen Spielen und dem Füttern von Kühen, dem Säubern der Ställe, Heuen oder

---

* Erstmals abgedruckt in: Berner Zeitung (BZ), Kulturform, 1987.

Holzhacken verbringen. Eines Nachmittags beobachtet eine Frau von ihrem Fenster aus die beiden beim Spiel. Sie erzählt mir ganz aufgeregt davon, und ich habe es aufnotiert.

Ueli: „Wir brauchen Geld. Wenn irgend etwas passiert, brauchen wir Geld. Wenn man arm ist, passiert einem etwas. Ich will reich sein."

Köbi: „Ja, ich auch."

Ueli: „Ich möchte ‚Wir brauchen Geld' spielen."

Köbi: „Ja, ‚Bauer und Händler'. Du bist der Händler, und ich bin der Bauer."

Ueli: „Nein, du bist der Händler und ich bin der Bauer, der Geld braucht."

Köbi: „Dann sind wir eben beide Bauern. Wir verkaufen dem Händler alle unsere Kühe. Dann haben wir viel Geld, und es kann uns gar nichts mehr passieren."

Ueli: „Unsere Kühe sind sehr gute Kühe mit viel Milch und Käse. Sie hatten nur frisches Gras auf der Alp und unser eigenes Heu im Stall, kein Gift. Wir müssen sie teuer verkaufen."

Köbi: „Jede eine Million."

Ueli: „Nein, mehr. Eine Million ist nicht das meiste. Jede Kuh kostet eine Trillion!"

Dann sprechen die beiden „Bauern" mit dem unsichtbaren Händler. Der tastet die Tiere ab, findet sie gut und zahlt die verlangten Trillionen. Darauf treibt er die Kühe zur Straße.

Die beiden Buben sind ganz still. Sie sitzen auf der Wiese, zupfen am Gras und schauen dem Händler nach, bis er nicht mehr sichtbar ist. Nach einem langen Schweigen sagt Ueli: „Jetzt kann uns gar nichts mehr passieren. Wir sind reich für immer mit all den Trillionen Geld." Köbi nickt, und die beiden Buben sind wieder ganz still.

Da ruft Köbi plötzlich voller Entsetzen: „Ueli, wir sind gar nicht reich! Wir sind ja ganz arm. Wir haben keine Kühe mehr!" Ueli ist ganz verzweifelt: „Keine Kühe mehr! Wir sind ganz arm!" Dann überlegen die beiden, wie sie ihre Kühe zurückbekommen könnten. Der Händler würde sie sicher nicht zurückgeben wollen, jedenfalls nicht so einfach. Und plötzlich rennen sie los, dem Händler nach.

Die Frau erzählt, daß sie noch eine Weile am Fenster gewartet habe. Dann seien die Buben zurückgekommen, jeder mit einem Stecken in der Hand, mit dem sie unsichtbare Kühe zum Stall trieben. Und sie habe aufgeatmet.

*

Etwas in diesem Kinderspiel hat mich tief betroffen und läßt mich nicht mehr los. Ich sehe das Bild vor mir: die schweigenden Buben auf der Wiese, nachdem der Händler mit den Kühen verschwunden ist. Das lange Schweigen und dann der verzweifelte Aufschrei: „Wir sind ja gar nicht reich, wir sind sehr arm. Wir haben keine Kühe mehr!"

Das Alltagsleben dieser Kinder ist noch „heile Welt". Doch leise Wellen von Unsicherheit dringen auch in ihr Wohnzimmer ein, durch den Bildschirm und die Gespräche am Mittagstisch. Schreckliches droht aus Worten wie „die großen Tierfabriken", „das Milchkontingent", „es reicht nicht mehr".

Schreckliches kann passieren, wenn kein Geld da ist. Dann muß man die Kühe verkaufen, um Sicherheit zu haben. So verkaufen die Buben im Spiel ihre Kühe. Und genau damit geschieht das Schreckliche: Kühe, Familie, Stall – die warmen Tierbäuche, an die man sich anlehnen kann, den fröhlichen Alltag: Das alles haben sie verkauft. Ihre Heimat!

Zauberland der Kinder: Der Händler war gut und einsichtig und gab die Kühe zurück. Ich denke an die erwachsene Wirklichkeit. Verkaufen wir unsere Wiesen, Wälder, Luft, Meere, Quellen und den weichen, tragenden Erdboden für „Trillionen Geld" – für das wir uns vielleicht nicht einmal mehr eine Linsensuppe eintauschen können!

Es war die Denkpause, die den Kindern erst ihr Entsetzen bewußt werden ließ und Einsicht gab. Und dies ist meine Hoffnung: Daß wir Erwachsenen auch unser Entsetzen schon in der Vorstellung so deutlich erleben mögen wie die Kinder. – Und daß wir damit zur Denkpause kommen, die uns zur Einsicht führt, worin der eigentliche Reichtum unseres Daseins besteht. Und wie wir den Ausverkauf des Lebens verhindern können.

Es gibt Anzeichen für solche Hoffnungen: Die grüne Farbe der Natur und der Hoffnung ist bereits in Privat- und Regierungshaushalte eingedrungen. Informationen, wie wir unsere Erdgüter nicht verschwenden könnten, sind allgemein zugänglich. Viele Eltern und Lehrkräfte setzen sich dafür ein, ökologisches und ökonomisches Wissen zu vermitteln. Der Bildschirm zeigt z. B. Solarmobile, von Amateuren gebaut, die bereits zum Freizeit- und Verkehrsmittel geworden sind. Mit genügend Unterstützung aus öffentlichen Forschungsmitteln und industriellem Interesse können sie zu allgemeinen Energiesparern werden.

Wir brauchen das Signal des Entsetzens. Wir brauchen die Stille, in der Gefühle und Gedanken ins Bewußtsein steigen, die uns aus dem Wirrsal herausführen können. Es geht um andere Werte als um „Trillionen Geld". Wir brauchen die Denkpause, um dies zu verstehen und um dieses Verstehen in Handlung umzusetzen.

Angst im Alter*

In diesen letzten Tagen, in denen ich diesen Beitrag schrieb, habe ich die meisten „Ängste im Altern“, die ich kenne, zusammengedrängt erlebt:

- Die *Angst*, eine Verpflichtung auf mich genommen zu haben, die unter einem Termindruck steht, ist jetzt, im Alter, ein fast unüberwindbares Hindernis. Die *Angst*, einen mir lieben Menschen, die Lektorin des Kreuz-Verlags, vielleicht enttäuschen zu müssen, rührte an meine tiefsten Kinderängste. Es war die Ursünde für uns, die Eltern zu enttäuschen.
- Die *Angst*, unter diesen Umständen meinem Anspruch an gutes Schreiben nicht gerecht zu werden, brachte mich auf die Idee, den Artikel kaleidoskopisch zu schreiben. Kleine, bunte Splitter, die nicht episch verbunden sein müssen.

Meine Seele und mein Körper sind in schmerzhaftem Aufruhr. Ich suche mir Hilfe. Eine Freundin reiste von weit her, um mich im Gedankenaustausch und im Haushalt zu unterstützen. Meine Sekretärin-Freundin fügt dem üblichen Eintagsjob etwas von ihrer Freizeit hinzu. Beides lindert meine Angst. In der Nacht wache ich von einem Knall auf. Das Diktaphon ist auf die Erde gefallen, ich vergaß, es von meiner Bettdecke herunterzunehmen. Es dauert viele nervöse Minuten, bis ich die kleine schwarze Maschine auf dem schwarzen Muster des Teppichs finde.

So passieren täglich, oft stündlich Mißgeschicke, die wichtige Arbeiten verlangsamen. Ich überspiele aus Versehen ein Bändchen, das viel Arbeit gekostet hat. Ich diktiere etwas dop-

* Der Beitrag „Angst im Alter“ ist unter dem Titel „Angst im Älterwerden“ erstmals erschienen in: H. J. Schultz (Hrsg.), Angst, Kreuz-Verlag, Stuttgart 1987.

pelt, ohne es zu merken. Am Ende eines Satzes weiß ich nicht, was der Anfang war, und spule zurück. Was mich früher eine Stunde gekostet hätte, dauert jetzt drei. Ich bin verzweifelt.

„Es ist, wie es ist", sagt die Freundin. Es ist, wie es ist, sagt die Liebe. Das könnte Erich Frieds lyrisch-geniale Verdichtung des zentralen Anliegens jeder Psychotherapie sein: „Es ist, wie es ist, und es muß nicht so bleiben." Ich benötige einen großen Teil meiner Schreibzeit zum Suchen von Gegenständen, die ich verlegt habe, oder zum Wiederfinden von verlorengegangenen guten Gedanken. Die Angst vor dem Stichtag und die Angst um meinen Körper fallen zusammen. Der Körper braucht Pflege, nicht Hetzjagden, dann geht es ihm gut.

Es ist, wie es ist, und es muß nicht so bleiben. Ich bin alt, und es fällt mir schwer, dieses neue Ich, das so vieles nicht kann, was er früher konnte, als mein Ich zu erkennen. Es ist schwer, im Alter etwas Neues zu lernen. Doch Alte müssen gerade das: sich selbst neu kennenlernen als den behinderten Menschen, der man früher nicht war.

Es ist, wie es ist. Was kann ich tun, um nicht depressiv zu werden, nicht aufzugeben, mich nicht zu verachten, wenn ich diesen Beitrag nicht fertigbekomme?

Mein Rezept: Sieh dir die Situation an, sei ehrlich mit dir; versuche, die Hilfe von anderen zu bekommen, die du brauchst, ohne dich allzusehr zu grämen oder zu schämen. Es ist, wie es ist. Akzeptiere nur, was du wirklich nicht ändern willst oder kannst.

Ich akzeptiere beziehungsweise versuche zu akzeptieren, daß ich nicht dieselbe bin, die ich war, und daß ich es doch bin. Ich habe gelernt, Paradoxe zu akzeptieren und Sachzwänge auf ihre Prämissen hin zu untersuchen. Es ist kein Sachzwang, daß ich den Beitrag so gut schreibe, wie er sein könnte. Es ist mir wichtig, ihn so gut zu schreiben, wie ich es unter diesen Umständen kann. Ich möchte andere anregen, über Angst im Altern nachzudenken.

Ich erinnere mich an meinen Lehrsatz im Gruppenleiten: „Verbinde Gefühle und Gedanken der Hier-und-Jetzt-Situation mit dem Thema, um das es geht. Laß weder dich noch die andern noch das Thema aus."

Nun habe ich versucht, Gedanken und Gefühle, die ich während des Schreibens gehabt habe und jetzt habe, darzustellen. Ich hoffe, nein, ich glaube, daß dies auch für Leser, speziell für Alternde, nützlich sein wird. Die Angst vor dem Versagen ist noch nicht ganz überwunden. Doch ich kann jedenfalls den Termin einhalten. Es ist, wie es ist, nicht perfekt.

*

„Wenn ein alter Mensch die Erde verläßt, so ist es, als verbrenne eine ganze Bibliothek" (überliefert als afrikanisches Sprichwort). Bevor Pflanzen sterben, hinterlassen sie ein Vermächtnis, als Ableger oder als Samen; das gehört zu ihrer Reifung.

Fichten, vom sauren Regen verletzt, bilden in ihren höchsten Zweigen eine Überfülle von Tannenzapfen. Ich höre die Stimme der Bäume: „Wir sind krank, und wir müssen dafür sorgen, daß es nach unserm Tod noch Fichten geben wird. Irgendwo muß auf der Erde noch Platz sein, wo der Regen nicht tötet und die Sonne warm ist und nicht brennt. Irgendwo müssen noch ein paar Vögel fliegen, die unsere Samen dorthin bringen. Und es gibt auch Menschen, die unseren Samen einfrieren, unter Beton versteckt ‚für bessere Zeiten'! Wir müssen für viele Samen sorgen. Wir werden den Boden mit unserem sterbenden Holz heilen, und der Boden wird unsere Kinder ernähren. Darum haben wir viele Zapfen ganz oben in den Wipfeln, dort wo wir den Himmel berühren."

*

Alte als Seher: Blinde Seher – nach innen schauen, um zu sehen. Nur innen kann man das Mögliche sehen und es dem Wirklichen entgegensetzen. Die Wirklichkeit sehen wir mit den Augen zur Außenwelt gewandt, die Möglichkeit nur im Innern. Wenn wir an diese Möglichkeit glauben und danach handeln, kann sie zur Wirklichkeit werden. Ist sie vielleicht Friede auf Erden und Liebe zur Natur ein Glaube, der Wirklichkeit werden kann?

*

Ehrfurcht vor dem Leben heißt auch: bewußt machen, was der eigene Leib, die Seele und die Inspiration mitteilen. Sie wollen angehört werden, ebenso wie die Aussagen und Anliegen anderer Menschen. Leibfeindlichkeit war lange das Kennzeichen unserer Kultur. Ein Mensch, der auf seine Gesundheit bedacht war, wurde oft ein Hypochonder genannt. Für den Körper war der Arzt verantwortlich, und die Arbeit am eigenen Körper war unbekannt beziehungsweise verpönt.

Wir sind am Ende einer Geschichtsperiode, wo der weiße Kittel und Weisheit als zusammengehörig erschienen. Langsam fangen wir an zu wissen – zur Zeit angespornt durch überforderte Krankenkassen –, daß mit anderen als analytisch gewonnenen Medizinen und anderer als schulmedizinischer Auffassung Menschen geholfen werden kann. Alte verachtete Volksmedizin, neue Erfahrungen von mutigen Ärzten und Heilpraktikern, Minipotenzen von Pflanzen und Mineralien der Homöopathie werden geschätzt. Und die Überzeugung der alten Chinesen, daß Ärzte nur dann bezahlt werden sollten, wenn ihre Betreuten gesund blieben, wird verständlicher. Es gibt Krankheiten und Behinderungen, für die Arzt und Patient gemeinsam verantwortlich sind. Vorbeugung durch Ernährung, Bewegung (nicht Leistungssport!), Meditation, Reflexzonen- und andere Massagen, Atembewußtheit und -übungen, Yoga, Tai Chi, Gindlermethode u. a. können hilfreich sein. Diese Erkenntnis weiterzugeben ist für mich zentral.

*

Die Alten sind vielleicht dazu prädestiniert, neue Pfade zu suchen und zu begehen, weil sie frühere Erfahrungen und Ereignisse integrieren können und sie vom täglichen Leben nicht so beansprucht sind wie Jüngere. Der Emanzipationsweg kann nicht heißen: Mann über Frau, oder Frau über Mann, oder Alte über Junge, oder Junge über Alte. Es geht um die schwierige Aufgabe, Eigenständigkeit, das eigene Stehen, nicht zu verwechseln mit dem Besiegen der andern, sondern zu begreifen, daß alles mit allen und allem zusammenhängt.

*

Die Sinnfrage gehört zu jedem Menschenleben, mehr oder weniger bewußt. Was ist die Welt? Wer bin ich? Was bedeutet Welt? Wozu lebe ich? Die Sinnfrage entwickelt sich vom erwachenden Geist des Kindes bis zum Sterben: „Warum ist Oma weggegangen? Wohin? Wo war ich, bevor ich hier war? Woher weißt du, was gut ist?“ Wenn es keine Antwort mehr gibt, kann Sinnlosigkeit erlebt werden, und es entsteht Angst. Diese kann zur Flucht, zur Apathie, zu immer mehr Konsum und immer mehr Gewalt führen und immer weniger Denken, Fühlen und Erkennen. Sie kann auch als Aufruf zur Einsicht erlebt werden: „Stimmt etwas nicht in meiner Einstellung zu mir selbst oder zu meinen Freunden oder meiner Familie? Arbeite ich am falschen Platz? Kann ich etwas verändern?“

*

Die Melodie der Sexualität ist nicht mehr in mir. Zuvor schien sie mir immer das Zentrum meiner Kraft zu sein. Die seelisch-körperliche Sehnsucht und Erfüllung gehören nicht mehr in mein Leben.

Jetzt brennt in mir die Liebe zur Erde, der Gaia. Alte Menschen haben meistens mehr Zeit als die in der Mitte des Lebens Wirkenden. Sie können sich um Visionen des Möglichen kümmern, die verwirklicht werden müssen, wenn die Menschheit überleben soll. Ich möchte daran mitwirken, Unmenschlichkeit, Genozid und den Mord an der Erde zu verhindern. Meine Beiträge sind jetzt: ich schreibe, ich leite Gruppen, speziell mit ökologischen und Friedens-Themen in Großgruppen bei Kongressen, und lehre, solche Gruppen mit der Themenzentrierten Interaktion (TZI) zu leiten. Ich glaube, daß diese Methode als Kompaß dienen kann in Richtung Frieden mit Menschen und der Natur.

*

Loslassen, wenn die Zeit gekommen ist, ist eine lebenslängliche Aufgabe. „Ein jegliches hat seine Zeit, und alle Vorhaben unter dem Himmel haben ihre Stunde – zu säen und zu ernten, zu blühen und zu verwelken, zu geben und zu nehmen, zu weinen und zu lachen, geboren zu werden und zu sterben“ (frei nach Prediger 3). Loslassenkönnen ist existentielle Notwendigkeit vom Kindsein an bis zum Sterben, vom Geborenwerden bis zum Gebären, vom Leben bis zum Tod. Loslassen ist notwendig im Alter, im Bewußtwerden des Nachlassens der Sinnesschärfe beim Hören und Sehen oder des Verlustes von Fähigkeiten wie Schnelligkeit und Ausdauer. Auch das Loslassen durch Trauern gebietet das Leben.

Es gilt zu merken, wenn es Zeit ist, festzuhalten in Treue zu Menschen und Institutionen, oder auch an einer Arbeit gegen alle Hindernisse; auch an die Möglichkeit, Krankheiten zu bekämpfen und Werte zu verteidigen. Es gilt, den Zeitpunkt nicht zu verpassen fürs Loslassen oder Festhalten. Die Balance zu finden einerseits zwischen Trauer und Verlust und andererseits der Hingabe an Kommendes ist eine lebenslange Aufgabe – auch im Altwerden, auch im Geschehnis des Sterbens.

*

Zur Entwicklung von Kindern gehört Wachstum. Zur Entwicklung von Alten gehört es, sparsam mit den Kräften umzugehen, um langsam und würdig das noch Mögliche zu tun und Abschiednehmen zu lernen.

*

Wachsen im Alter ist beides: das kann „Ich kann es noch" üben und das Verwelken, das „Ich kann es nicht mehr" zu akzeptieren.

*

Rolf ist fünfzig Jahre alt. Seine Mutter achtundsiebzig. Sie lebt allein in derselben Stadt. Sie lebt von einer bescheidenen Rente. Monatlich besucht er sie, um ihr zusätzliches Geld zu geben; dies gehört zu einem Ritual, das ihm wichtig ist. Er haßt diese Besuche. Die Mutter redet ununterbrochen, meist andere Leute kritisierend, ohne Einsicht in ihre eigenen blinden Flecken. Früher gab es viel Streit zwischen Rolf und ihr. Jetzt redet sie, und er schweigt. Nach wenigen Minuten geht er wieder. – Er hat seine Mutter auch früher gehaßt. Sie hat ihn nie vor den harten Schlägen des Vaters geschützt. Jetzt kritisiert sie Rolf, weil er nie länger als ein paar Minuten bei ihr bleibt. Rolf: „Als ich ein Kind war, hast du dich nie um meine Gefühle gekümmert – was kannst du jetzt von mir erwarten?"

Ich glaube, daß seine Mutter ihn als Kind nicht verstanden und nicht geschützt hat. Was auch immer die Ursachen dafür waren, vergangene Tatsachen sind unabänderlich. Doch wäre es Rolf möglich, Vorwürfe über die Vergangenheit ad acta zu legen und zu versuchen, eine fruchtbare Beziehung anzubahnen? Geld, Ritual, kurze schweigende Besuche führen zu nichts. Vielleicht könnte Rolf echt und taktvoll sein: „Mutter, es langweilt mich, dich über andere Leute reden zu hören. Ich möchte, daß du mir mehr über deine Kinderzeit erzählst und ob und was du liest, was dir heutzutage Freude macht und ob du von mir irgendetwas wissen willst, was dich wirklich interessiert."

Rolfs Mutter hat – wie viele alte Leute – wenig Gelegenheit, ehrliche Meinungen über sich von anderen Leuten zu bekommen. Sie weiß kaum, wann und wie sie jemand langweilt. Wenn Rolf eine bessere Beziehung zu seiner Mutter sucht, müßte er ihr die Chance geben, zu erkennen, was sie bei ihm und wahrscheinlich auch andern Leuten auslöst. Alte Menschen, wie andere auch, ertragen offene Kritik meist besser als strafendes Schweigen und Aufgegebenwerden.

*

Es wird oft gesagt und geschrieben, daß das Nachlassen des Altersgedächtnisses ein Segen sei, weil dadurch nur noch das Wichtige behalten wird. Ich wünschte, es wäre so! Mein Gedächtnis verhält sich jedoch nicht nach diesem Konzept. Es verhüllt wichtige ebenso wie völlige irrelevante Tatsachen und Begebenheiten. Gemäß der „Theorie des segensreichen Vergessens" meinen viele Menschen, daß ich sie nicht wiedererkenne, weil sie mir nie etwas bedeutet hätten. Sie sind verletzt und haben Mühe, mir meine Behinderung zu glauben, da ich ihnen ja mit Recht sonst als präsent und relativ unverändert erscheine. Ich wünsche mir eine Gedächtnisbrille, die so gut wie meine Augenbrille funktioniert und mich Goethes Gedichte,

Telefonnummern und die übrige Welt durchs einfache Aufsetzen erkennen läßt.

Ich interpretiere meine Vergeßlichkeit: Meine Energie hat zur selben Zeit oft nur für *ein* Thema Platz, so daß ein zweites Thema nicht immer hängenbleibt. Ich kann mich durchaus auf *eine* Aufgabe, *einen* Klienten, *eine* Gruppe, Kochen oder Lesen konzentrieren, aber nicht gleichzeitig auf zwei. Ich konnte Auto fahren, „wie eine Hunne im Schlaf auf dem Pferd sitzt". Ich konnte nie begreifen, warum manche Leute am Steuer nicht gleichzeitig über Schwieriges reden können. Ich hörte auf, Auto zu fahren, als ich merkte, daß ich mich aufs Lenken konzentrieren mußte. Seitdem fahre ich nicht mehr, weil ich Angst habe, Unheil anzurichten.

Wenn ich über mein Gedächtnis klage, ist üblicherweise die Antwort der Jüngeren: Das kenne ich auch. Ich vergesse auch alles. Aber da ist ein Unterschied: der zwischen einem gebrochenen Bein, von dem ich annehme, daß es heilen wird, und einem gelähmten Bein, das irreparabel ist. Man kann hilfreiche Krücken brauchen, aber das Bein bleibt gelähmt. Er wäre kränkend, einem Gelähmten zu sagen, er könne laufen, wenn er wirklich wolle. So ist mir, wenn jemand sagt: „Wenn dir etwas wirklich wichtig ist, vergißt du es nicht." Ich fühle, daß ich verantwortlich gemacht werde für etwas, das ich nicht ändern kann. Schlimm ist, wenn man mir das nicht glaubt.

*

Elisabeth Bollag war eine der ersten Therapeuten/innen, die ihre persönlichen und therapeutischen Fähigkeiten besonders alten Menschen widmeten. Sie gründete in Zürich Werkstätten für Alte schon in den sechziger Jahren. Später verwendete sie auch TZI in diesen Gruppen. Ausschnitte aus einem Gespräch zwischen ihr und mir:

Elisabeth: „Es gab auch Krisenzeiten in den Gruppen, zum Beispiel wo man sich anfangs nur von Krankheiten erzählt hat. Das war für mich sehr langweilig. Und zunächst konnte ich sie nicht herausbringen. ... Und dann habe ich gewagt zu sagen: ‚Das ist mir langweilig, das wissen wir doch schon.' ... Mit der Zeit haben alle Teilnehmer sagen können: ‚Du, das hast du ja schon mal erzählt.‘ Und das wurde auch ganz gut vertragen. Eine Frau wurde ganz apathisch, aber dann hat eine andere wunderschön gesagt: ‚Du gehst ganz in dich hinein‘. Es hat niemand gesagt: ‚apathisch.‘ Da sagte sie: ‚Es ist wahr, ich fühle mich wohler hier, aber ich kann nicht mehr aktiv teilnehmen.‘ Aber ihr Gesicht ist wunderschön geworden und zufrieden. Sie lebt noch. Und sie hadert nicht, sie akzeptiert sich selbst.“

„Ich war kürzlich bei einer alten Frau mit einem Holzbein. Sie hat einen Balkon. Und da wollte sie mir zeigen, was für ein ‚herziges Tännli‘ sie hat, das sie selbst pflanzte. Und sie hat auch noch einen kleinen Ahornbaum, in dem Vögel nisten. Dann hat sie noch ein paar Tröge. Dort sitzen die Spatzen, die ihr auf zwanzig Zentimeter nahe kommen, und sie möchte sie dazu bringen, daß sie ihr aus der Hand fressen. Und sie ist überzeugt, daß ihr das auch noch gelingen wird. Und so leidend und so krank, wie sie ist, und so schwer, wie ihr Leben war als Witwe mit dreizehn Kindern, beteuert sie, trotz ihrer Schmerzen ein schönes und reiches Leben zu führen – weil sie die Vögel hat.“

Ich finde es peinlich, wenn Menschen zu mir sagen: „Du bist ja noch ganz jung.“ Ich bin weder jung noch mittelalterlich, ich bin alt und lebendig. Ich finde, daß es eine Diskriminierung des Alters ist, wenn das Wort ‚lebendig‘ gleichgesetzt wird mit dem Wort ‚jung‘. Gefällt es Frauen, wenn man zu ihnen sagt: „Du bist ja ganz männlich“, oder Männern: „Du bist ja ganz fraulich“? Es gibt tatkräftige Frauen, warmherzige Männer und lebendige Alte.

*

„Wohnort Altersheim“ ist ein Schreckgespenst für die meisten alten Menschen, die keine Alternative vor sich sehen, wenn sie sich nicht mehr selbst versorgen können. Die alte Wohnung und die Nachbarschaft zu müssen, Angst vor einer fremden Umgebung, beraubt der meisten Gegenstände, die ihnen teuer waren, und wissend, daß sie nicht mehr frei sein werden, aufzustehen und schlafen zu gehen, zu essen und spazierenzugehen, den Tag selbst einzuteilen, wie sie es gewöhnt sind, ist grauenhaft. Wahrscheinlich werden sie auch kein Zimmer für sich allein haben und es mit einer fremden Person teilen müssen.

Diese Vorstellung entspricht fast überall den Tatsachen. Es kommt dazu, daß Pflegepersonal oft knapp ist und meist ohne Ausbildung in Geriatrie. Die Arbeit mit Alten ist sehr schwierig und für die meisten unbefriedigender als die mit jungen Menschen. Ihr Gesprächston klingt oft herablassend oder betulich, wie es auch vielfach kleinen Kindern zugemutet wird. Ohne nahe Beziehung zu häufigen Besuchern verfallen alte Menschen oft sehr schnell. Der Prozeß ähnelt dem von hospitalisierten Säuglingen in zärtlichkeitsarmer Umgebung.

Der Anblick von Greisen und Greisinnen, die die Wände entlang eines kalkweißen Raumes auf harten Stühlen sitzen, mit starrem Ausdruck, als ob sie ihre Seele bereits verloren hätten, verfolgt mich.

*

Ich glaube, daß die generelle Ablehnung der Alten ihre Entsprechung findet in der Sehnsucht nach Alten, die weise sind. Diese sind archetypisch.

Je nach Kultur sind die Alten geehrt oder mißachtet worden. Wo immer der Geist weniger gilt als das Materielle, werden sie geächtet. Da „goldene Kalb" erwartet junge Tänzer. Mühsam wanderte der alte Mann Moses auf den Heiligen Berg und versuchte, das Gebot des Geistes auf Schiefertafeln einzufangen. Diese zerschellten und zerschellen weiter. Geist in Freiheit bleibt ein Geheimnis.

Eine junge Lehrerin, die in Tansania war, berichtete, daß sie dort, wie früher in China, eine selbstverständliche Ehrfurcht vor den Alten und deren Weisheit erlebte. Sie erzählte von einem uralten Mann, den die jungen Leute verehrten und um Rat fragten, nicht nur in der Angelegenheit des Forstprojekts, an dem sie arbeiteten, sondern auch in andern schwierigen Fragen. Niemand erwartete, daß er sich am Projekt beteiligte, doch sie fühlten, daß seine Aussagen immer Bedeutung hatten. Alte, die sich nicht nutzlos oder bedeutungslos vorkommen, haben eine viel größere Chance, weise zu werden, als solche, die seelisch oder sozial an den Rand der Gesellschaft gedrängt werden.

*

Man sagt oft, daß alte Menschen störrisch seien, sie beharren zum Beispiel darauf, daß bestimmte Dinge gestohlen worden seien, die sie selbst verlegt haben. Oder wenn sie immer wissen, „wo es langgeht" in der Erziehung ihrer Enkel, oder wenn sie den Jüngeren den einzig richtigen Weg aufdrängen wollen, der ein moralisch einwandfreies Leben gewährleistet. Sie können wirklich sehr störrisch sein, die Alten.

Aber auch Jüngere sind oft störrisch, zum Beispiel, wenn sie auf einem Umbau der Küche ihrer Eltern bestehen, obwohl diesen ihre altvertrauten Möbel und die gewohnte Ordnung wichtiger sind. Hartnäckig können sie die Eltern zur Reformkost bekehren wollen oder ihnen verbieten, den Kindern Schokolade zu kaufen. Sie können wirklich auch störrisch sein, die Jüngeren.

Ich glaube, daß oft auch ein alter Mensch ganz genau weiß, was gut für ihn ist oder nicht. Er mag wissen, wann ihm das offene Fenster guttut und wann nicht. Doch manche Angehörigen oder Krankenschwestern besorgen die Pflegeaufgabe nach eigenem Gutdünken oder nach der Routine des Spitals oder des Altersheims. Der oder die Alte fühlt sich überfahren und reagiert, der eigenen Persönlichkeit entsprechend, passiv resigniert oder aggressiv störrisch.

*

Alter verändert. Es verändert mein Außen, es verändert mein Innen. Ich bin nicht mehr die, die ich gekannt habe. Ich bin eine andere. Ich muß lernen, mich neu kennenzulernen. Das ist sehr schwer zu einer Zeit, wo Neues schwer erlernbar ist. Das Wort „noch" bekommt eine unheimliche Bedeutung. Was werde ich noch verlieren? Alte Freunde, Fähigkeiten, Bedeutung für andere, körperliches Wohlbefinden? Was ich immer noch lernen muß, ist, „Meisterin in der Gestaltung meines Abhängigseins im Alter zu werden", sagt meine Freundin.

Jeder Augenblick ist für den Erlebenden ein „Hier und

Jetzt". Das jeweilige Hier und Jetzt ist die Zentralstelle des menschlichen Bewußtseins, seines Fühlens, Denkens, Empfindens, Glaubens und auch der Augenblick des Entscheidens und des Handelns. Das Dort und Damals der Vergangenheit und das Dort und Dann der Zukunft senden Botschaften in diese Zentrale, die sie im Hier und Jetzt integriert.

Für Kinder und Alte hat das Hier und Jetzt einen besonderen Glanz. Es öffnet Kindern ein Tor zu den Abenteuern des Lebens und Alten zum Zusammenfügen des Gelebten und zum Tor des „eigenen Todes" (Rilke).

*

Meine Freundin hat mich in begeisterter und begeisternder Weise beim Endspurt dieses Artikels begleitet. Sie schrieb dieses: „Angst im Älterwerden – unvermeidlich; ich will weiter lernen, zum Altern ja zu sagen, immer wieder. In Ängsten leben, gelähmt sein und auferstehen zum Weitergehen. Es hilft mir, meine Ängste in Worte zu fassen; ihnen Namen zu geben heißt sie entmächigen. Steh auf, die du älter wirst, vielleicht hast du noch eine weite Reise vor dir!"

Wir sind wie ein Gras, das da frühe blüht und des Abends verwelkt. Lehre uns bedenken, daß wir sterben müssen, damit wir klug werden (nach Psalm 90).

Literatur zur TZI (eine Auswahl)

Erstellt von Rüdiger Standhardt

Belz, Helga (Hrsg.): Auf dem Weg zur arbeitsfähigen Gruppe. Kooperationskonzept von Helga Belz – Prozeßberichte aus TZI-Gruppen. Mainz 1988 (2. Auflage 1992)

Birmelin, Rolf/Hahn, Karin/Schraut-Birmelin, Marianne/Schütz, Volker/Wagner, Christel (Hrsg.): Erfahrungen lebendigen Lernens. Grundlagen und Arbeitsfelder der TZI. Mainz 1985 (2. Auflage 1990)

Cohn, Ruth C.: Von der Psychoanalyse zur Themenzentrierten Interaktion. Von der Behandlung einzelner zu einer Pädagogik für alle. Stuttgart 1975 (10. Auflage 1991)

Cohn, Ruth C.: Themenzentrierte Interaktion. Ein Ansatz zum sichselbst und Gruppen leiten. In: Heigl-Evers, Annelise (Hrsg.), Psychologie des 20. Jahrhunderts. Band VIII. Lewin und die Folgen. München 1979, S. 873-883

Cohn, Ruth C./Farau, Alfred: Gelebte Geschichte der Psychotherapie. Zwei Perspektiven. Stuttgart 1984 (2. Auflage 1987)

Cohn, Ruth C./Terfurth, Christina (Hrsg.) Lebendiges Lehren und Lernen. Stuttgart 1993

Cohn, Ruth C./Klein, Irene (Hrsg.): TZI in Großgruppen (Arbeitstitel). Reihe Aspekte Themenzentrierte Interaktion. Mainz 1993

Hahn, Karin/Schraut-Birmelin, Marianne/Schütz, Volker/Wagner, Christel (Hrsg.): Gruppenarbeit: themenzentriert. Entwicklungsgeschichte, Kritik und Methodenreflexion. Mainz 1987

Hahn, Karin/Schraut, Marianne/Schütz, Volker/Wagner, Christel (Hrsg.): „Beachte die Körpersignale ...“. Körpererfahrung in der Gruppenarbeit. Mainz 1991

Herrmann, Helga: Ruth C. Cohn – Ein Porträt. In: Löhmer, Cornelia/Standhardt, Rüdiger (Hrsg.): TZI. Stuttgart 1992, S. 19–36

Klein, Irene: Gruppen leiten ohne Angst. Ein Handbuch für Gruppenleiter. München 1984 (2. Auflage 1989)

Kroeger, Matthias: Themenzentrierte Seelsorge. Über die Kombination Klientzentrierter und Themenzentrierte Arbeit nach Carl R. Rogers und Ruth C. Cohn in Theologie und schulischer Gruppenarbeit. Stuttgart 1973 (4. Aufl. 1989)

Kroeger, Matthias: Profile der Themenzentrierten Interaktion. In: Wege zum Menschen, 26 (1974) 11/12, S. 458–478; zugleich: Birmelin, Rolf u. a. (Hrsg.), Erfahrungen lebendigen Lernens. Mainz 1985, S. 23–47

Langmaack, Barbara/Braune-Krickau, Michael: Wie die Gruppe laufen lernt. Anregungen zum Planen und Leiten von Gruppen. Ein praktisches Lehrbuch. Weinheim, Basel 1985 (3. Auflage 1989)

Langmaack, Barbara: Themenzentrierte Interaktion. Einführende Texte rund ums Dreieck. Weinheim 1991

Löhmer, Cornelia/Standhardt, Rüdiger: Themenzentrierte Interaktion. Die Kunst, sich selbst und eine Gruppe zu leiten. Mannheim 1992

Löhmer, Cornelia/Standhardt, Rüdiger (Hrsg.): TZI. Pädagogisch-therapeutische Gruppenarbeit nach Ruth C. Cohn. Stuttgart 1992

Matzdorf, Paul/Cohn, Ruth C.: Themenzentrierte Interaktion. In: Corsini, Raymond J. (Hrsg.), Handbuch der Psychotherapie. Band 2. Weinheim, Basel 1983, S. 1272–1314; verändert: Löhmer, Cornelia/Standhardt, Rüdiger (Hrsg.), TZI. Stuttgart 1992. S. 39–92

Matzdorf, Paul: Die humanistischen Axiome der TZI. Grundlagen und Perspektiven für pädagogisches, therapeutisches und politisches Handeln. In: Birmelin, Rolf u. a. (Hrsg.), Erfahrungen lebendigen Lernens. Mainz 1985, S. 48–58

Matzdorf, Paul: Das Gruppenkonzept in der Themenzentrierten Interaktion. In: Petzold, Hilarion/Frühmann, Renate (Hrsg.), Modelle der Gruppen in Psychotherapie und psycho-sozialer Arbeit. Bd. 2. Paderborn 1986, S. 127–152

Ockel, Anita/Wrage, Karl Horst: Die Themenzentrierte Interaktion nach Dr. phil. h. c. Ruth C. Cohn. Ein Wegweiser für die Fort- und Weiterbildung. Hannover 1989 (für 6,– DM zu bestellen bei: WILL-International, Sekretariat, Zinnhagweg 8, CH-4144 Arlesheim).

Ockel, Anita/Cohn, Ruth C.: Das Konzept des Widerstands in der Themenzentrierte Interaktion. Vom psychoanalytischen Konzept des Widerstands über das TZI-Konzept der Störung zum Ansatz einer Gesellschaftstherapie. In: Petzold, Hilarion (Hrsg.), Widerstand. Ein strittiges Konzept in der Psychotherapie. Paderborn 1981, S. 255–282; zugleich: Löhmer, Cornelia/Standhardt, Rüdiger (Hrsg.): TZI. Stuttgart 1992

Quitmann, Helmut: Das „Thema“ als Verbindung zwischen Mensch und Welt – Das Konzept der Themenzentrierten Interaktion (TZI). bei Ruth Cohn. In: Quitmann, Helmut, Humanistische Psychologie. Göttingen 1985, S. 175–204

Raguse, Hartmut: Was ist Themenzentrierte Interaktion? Versuch einer neuformulierten Antwort. In: Wege zum Menschen, 34 (1982) 8/9, S. 308–327; verändert: Hahn, Karin u. a. (Hrsg.), Gruppenarbeit: themenzentriert. Mainz 1987, S. 117–143

Rietz, Ulrike/Schaper, Janne: Humanisierung der Schule – über Umsetzung humanistischer Ideen im Schulalltag. In: Völker, Ulrich (Hrsg.), Humanistische Psychologie. Weinheim, Basel 1980, S. 229–249

Rubner, Eike (Hrsg.): Störung als Ereignis. Zum Verständnis des Störungspostulats der TZI in Gruppen. Mainz 1992

Schlüter, Werner (Hrsg.): Bibliographie zur Themenzentrierten Interaktion (TZI) mit Kommentierungen der Autoren. Arlesheim, 2. erw.

Auflage 1992 (zu bestelllen bei: WILL-International, Sekretariat, Zinnhagweg 8, CH-4144 Arlesheim).
Stollberg, Dietrich: Lernen, weil es Freude macht. Eine Einführung in die Themenzentrierte Interaktion. München 1982 (2. Auflage 1990)
Themenzentrierte Interaktion (halbjährlich erscheindende Zeitschrift im Grünewald Verlag), 1. Jahrgang, September 1987, Heft 1, WILL-INTERNATIONAL (Hrsg.) ff

Adresse des TZI-Ausbildungsinstitutes:

WILL-International
Sekretariat
Zinnhagweg 8

CH-4144 Arlesheim.